Reihe Motorik
Band 18

Klaus Fischer

Entwicklungstheoretische Perspektiven der Motologie des Kindesalters

Reihe Motorik

Herausgegeben von

Prof. Dr. phil. Friedhelm Schilling
Prof. Dr. phil. Ernst J. Kiphard
Hochschuldozent Dr. phil. Klaus Fischer

Bisher erschienen:

Reihe
Motorik

Klaus Fischer

Band **18**

Entwicklungstheoretische Perspektiven der Motologie des Kindesalters

Verlag
Karl Hofmann
Schorndorf

Die Deutsche Bibliothek – CIP-Einheitsaufnahme

Fischer, Klaus :
Entwicklungstheoretische Perspektiven der Motologie des Kindesalters /
Klaus Fischer. – Schorndorf : Hofmann, 1996
  (Reihe Motorik ; Bd. 18)
  ISBN 3-7780-7018-5
NE : GT

Bestellnummer 7018

Erschienen als Band 18 der „Reihe Motorik"

Gesamtherstellung in der Hausdruckerei des Verlags

Printed in Germany · ISBN 3-7780-7018-5

Inhalt

Vorwort

Die von Klaus FISCHER vorgelegte Monographie mit dem Thema „Entwicklungstheoretische Perspektiven der Motologie des Kindesalters" läßt erkennen, daß sich FISCHER konsequent darum bemüht, theoretische Erkenntnisse und empirische Forschungsergebnisse zur motorischen Entwicklung so zu strukturieren und in ihren praktischen Konsequenzen zu reflektieren, daß hieraus im Laufe der Jahre ein schlüssiges Konzept einer motopädagogischen Elementarförderung auf der Basis von Bewegungsaktivitäten entstanden ist. Dabei wurden insbesondere Bezüge zur psychischen, sozialen und kognitiven Entwicklung hergestellt, die in dieser Form als innovativ bezeichnet werden müssen. Die aktuelle Theoriediskussion ist gekennzeichnet durch die Annäherung der zugrundeliegenden Konzepte in der Sportpädagogik und Motopädagogik, die eine komplementäre interdisziplinäre, auch wissenschaftstheoretische Verständigung anstrebt. Vorherrschend ist gegenwärtig nach FISCHER eine Betonung der Subjektorientierung bei gleichzeitigem Lebensweltbezug innerhalb des pädagogischen Geschehens. Die Theorielegung in der Motologie folgt eher einer holistischen Wissenschaftsauffassung mit dem Bestreben, die ganzheitliche Sichtweise des Menschseins psychomotorischer Praxisauffassung theoretisch zu fundieren.

Als Ergebnis der Diskussion um das Ganze und dessen Teile bzw. um die Erklären-Verstehens-Kontroverse weist FISCHER eine Defizitlage in der entwicklungstheoretischen Fundierung des motopädagogischen Förderkonzeptes aus. Er folgt damit der Perspektive, daß die Aufgabe einer Grundlegung der Motologie nur metatheoretisch als Integration verschiedener Theoriestränge angegangen werden kann. Die der Erklären/Verstehen-Kontroverse zugrundeliegende Dichotomisierung auf der Methodenebene in der Motologie in eine *subjektive,* durch die Beteiligung des Forschers sinnverstehende Erkenntnishaltung versus einer durch unbeteiligte Beobachtung *objektiven* Haltung des Forschers soll aufgelöst werden zugunsten einer mehrperspektivischen, methodenintegrierenden Fundierung des motologischen Wissenschaftsgebietes im Bezugsfeld der Entwicklungstheorien.

Die handlungstheoretische Perspektive konzentriert sich im dritten Kapitel auf zwei Schwerpunkte:

Erstens auf die konzeptionelle Bedeutung des Handelns im Sinne der Entwicklung der Planungsfähigkeit des Kindes, also auf das Handeln als Problemlösung; die zweite Betrachtung zielt auf eine Integration von Wahrnehmungs- und Handlungsthemen. Dabei richtet sich das zugrundegelegte Begriffsverständnis auf die handlungsgebundene Wahrnehmung nicht als Sinnestätigkeit, sondern als Leistung des erkennenden Subjekts infolge des Erkundungshandelns in der Theorietradition der ökologischen Wahrnehmungs- und Entwicklungstheorie GIBSONS. FISCHER sieht hier die Notwendigkeit, Parallelen und Unterschiede zur bewegungswissenschaftlichen Handlungsforschung aufzuzeigen.

Die Entwicklung des Kindes gestaltet sich nach FISCHER vor allem durch dessen Eigenaktivität. Läßt man Kindern die Möglichkeit, sich handelnd mit den dinglichen und personalen Gegebenheiten ihrer Umwelt auseinanderzusetzen, so erwerben sie schon sehr früh die Kompetenz, das Bedingungsgefüge der Aufgabenstellungen verstehen zu lernen und für zukünftige Problemlösungen zu nutzen. Diese Kompetenz nennt FISCHER *Planungsfähigkeit.* Anhand einer praxisbezogenen Beispielsequenz wird der Nachweis erbracht, daß Erfolg und Qualität aktualgenetischer Planungsprozesse prinzipiell durch zwei Faktorenkomplexe bedingt sind: Durch das Wissen und Können, über das Kinder aus früheren Planungssituationen verfügen können (strukturelle Ebene), und durch die Fähigkeiten und Möglichkeiten, situative Merkmale und Ereignisse integrieren zu können (prozessuale und kontextuelle Ebene). Dabei liegt die generelle Entwicklungslogik in der allmählichen Ablösung handlungsgebundener Planungsprozesse zugunsten der mentalen, aber interaktiv und sozial vermittelten Strategiebildung.

Die Verschränkung von Handlung und Kognition wird zu einem zentralen Anliegen, in dem Wahrnehmung – als eine wesentliche Kategorie der motologischen Theorielegung – als *Erkundungsaktivität des Kindes* ausgelegt wird.

FISCHER versucht schließlich eine Abgrenzung und inhaltliche Klärung der Begriffe *Identität – Selbstkonzept – Körperkonzept.* Weitere Überlegungen führen dazu, *Körpererfahrung* (Körperkonzept) als Teilkonzept der Identitätsentwicklung auszuweisen. Persönlichkeitspsychologisch gesehen ist die Körpererfahrung im Rahmen eines hierarchischen Modells zu verstehen, bei dem auf der untersten Ebene einfache, vorreflexive Bewegungshandlungen anzusiedeln sind, die zunehmend an Komplexität gewinnen und dem handelnden Subjekt Informationen über die eigene Person und die personale und materiale Umwelt vermitteln. Diese Prozesse führen auf der obersten Hierarchieebene zu einem kognitiv und emotional repräsentierten Selbstsystem, der Identität. Um dies zu verdeutlichen, werden die für die motologische Theoriekonstruktion wesentlichen Begriffe des *Körperschemas* und des *Körperbildes* systematisch diskutiert und der Begriffshierachie zugeordnet. Als Ergebnis dieser Diskussion konnte FISCHER in Anlehnung an EPSTEINS (1984) Realitätstheorie den Nachweis erbringen, daß Körpererfahrungen einen besonderen Beitrag zum Aufbau einer personalen Identität leisten, die sowohl Erfahrungsdaten über die eigene Person (Selbsttheorie) als auch über die Außenwelt (Umwelttheorie) beinhaltet. Damit wird die Brücke zum ökologisch-systemischen Entwicklungskonzept geschlagen, das die Person-Umwelt-Bezüge zum Schwerpunkt der Betrachtungen macht.

Um eine ökologische Orientierung in der Motologie zu konkretisieren, beruft sich FISCHER auf zwei Schwerpunkte ökopsychologischer Forschungstradition: die *sozialen* und die *sozialräumlichen Aspekte* der Person-Umwelt-Interaktion. Zunächst werden die Grundlagen der ökologischen Entwicklungstheorie BRONFENBRENNERs (1979/1989) kritisch gesichtet und die aktuellen Theorieanpassungen vor allem unter der Fragestellung des Erkenntnisfortschritts des Ökologiebegriffs für die Erklärung des Entwicklungsgeschehens ausgewiesen. Insbesondere die chronosystemischen Überlegungen sowie das Konzept der ökologischen Übergänge sind nach FISCHERS Meinung dazu geeignet zu verdeutlichen, daß die Entwicklung des Kindes immer aus der Verflochtenheit personengebundener und kontextueller Variablen erklärt werden muß.

FISCHER weist schließlich die Motologie als entwicklungstheoriegeleitete Handlungswissenschaft aus, die ihr Forschungsinteresse auf die dynamische Person-Umwelt-Interaktion zentriert, um inhaltliche und methodische Perspektiven für ein Förderkonzept der Persönlichkeitsentwicklung durch Bewegungsaktivitäten zu gewinnen.

Er kommt zu der Schlußfolgerung, daß die Komplexität der Entwicklungsphänomene im Kindesalter es notwendig macht, verschiedene Entwicklungstheorien zur Erklärung heranzuziehen. Eine solche Synopse erhält dann die Bedeutung einer Rahmentheorie oder auch Metatheorie, der die Funktion der wissenschaftlichen *Orientierung* für das Entwicklungsgeschehen bzw. für pädagogische Entscheidungen zukommt.

Die Umsetzung der entwicklungstheoretischen Erkenntnisse für pädagogische Entscheidungen demonstriert FISCHER im fünften Kapitel am Beispiel des Erwerbs der Schriftsprache. Der Prozeß des Schriftsprachenerwerbs wird einer dimensionalen Analyse unterzogen in dem Bestreben, diejenigen handlungsbezogenen Teilprozesse zu identifizieren, die dem eigentlichen „Schreibenlernen" entwicklungslogisch vorausgehen. Durch eine Analyse interdisziplinärer Forschungsergebnisse, die eine Betrachtung sprachhistorischer Aspekte einschließt, gelingt es FISCHER die neuronalen Verarbeitungsmodalitäten der Komplexleistung „Graphomotorik" (Sprache, Wahrnehmung, Feinmotorik) in einem integrativen Modell zu sichern und diese in die für eine Förderung relevante entwicklungslogische Ereignisfolge (Bewegungs-) *Handeln – Sprechen – Schreiben* zu transformieren.

FISCHER liefert mit dieser Arbeit einen wichtigen Beitrag zur entwicklungstheoretischen Fundierung der motopädagogischen Praxis und zeigt darüber hinaus wegweisend frühe Lehr-/Lernprozesse über das Medium Bewegung als selbständiges Auseinandersetzen des Lernenden mit seiner materialen und personalen Umwelt als einen vielversprechenden Weg zur umfassenden Persönlichkeitsförderung im Kindesalter auf.

Marburg, den 27. 6. 1996   FRIEDHELM SCHILLING

1 Problemaufriß und Standortbestimmung

Das Wissenschaftsgebiet der Motologie ist noch relativ jung; entsprechend gestaltet sich die Theoriekonstruktion des jungen akademischen Faches[1] nicht ohne Widersprüche in dem System voneinander abhängiger Aussagen. Unbestrittener Hauptleitgedanke der Motologie – zumindest in ihrer Programmatik – ist historisch wie aktuell die Entwicklungsthematik in der Anwendungsperspektive auf pädagogische wie therapeutische Handlungsfelder (Motopädagogik und Mototherapie).

Inhaltlich geht die Motologie von dem Grundgedanken aus, *„daß Persönlichkeitsentwicklung durch Handeln, in dem kindliche Bewegungs- und Wahrnehmungstätigkeit, Erleben und Kognition eine untrennbare Einheit bilden, durch die tätige Auseinandersetzung mit der materialen und sozialen Umwelt geschieht"* (SCHILLING 1990a, 70–71). Damit versteht sich die Motologie heute eindeutig als entwicklungstheoriegeleitete Handlungswissenschaft mit Ausrichtung auf die Erforschung der dynamischen Person-Umwelt-Interaktionen.

Historisch[2] geht die Motologie auf die von KIPHARD in den 50er Jahren begründete *Psychomotorische Übungsbehandlung* (Psychomotorik) im kinder- und jugendpsychiatrischen wie heilpädagogischen Kontext zurück (vergl. HÜNNEKENS/KIPHARD 1960, 1985). Ein Schwerpunkt der psychomotorischen Interventionsthematik ist nach wie vor eine anerkannt wirkungsvolle Förder*praxis* im klinisch-therapeutischen Bereich und deren konzeptionelle Grundlegung als *Psychomotorische Therapie bzw. Mototherapie* (vergl. HÜNNEKENS 1981; VOLKAMER/ZIMMER 1986; JAROSCH/GÖBEL/PANTEN 1989; ALTHERR 1990; NEUHÄUSER 1990; KESSELMANN 1993; HÖLTER 1988, 1993 für den Erwachsenenbereich). Während für KIPHARD (1983 a, b) Mototherapie ein Sammelbegriff aller bewegungsorientierten Therapieformen darstellt, expliziert SCHILLING (1986a, b; 1987a, b; 1988a; 1989) die Begründungslinien der Mototherapie als eigenständige Behandlungsform zwischen Physiotherapie und Psychotherapie.

Im Zuge der wissenschaftlichen Systematisierung des Fachgebietes und der Anwendung des Konzepts in den sozial-, heil-, sonder- und sportpädagogischen Handlungsfel-

---

[1] Die universitäre Etablierung des Faches erfolgte 1983 durch Einrichtung des Aufbaustudienganges Motologie im Fachbereich Erziehungswissenschaften der Philipps-Universität Marburg. Im Wintersemester 1993/94 nahm die Pädagogische Hochschule Erfurt ebenfalls den Studienbetrieb in einem Aufbaustudiengang Motologie auf. Motologische Abteilungen bzw. psychomotorische Schwerpunktsetzungen vornehmlich in sonderpädagogischen Studienrichtungen existieren in den jeweiligen Fachbereichen für Erziehungswissenschaften der Universitäten Dortmund und Hannover. Der Studienschwerpunkt „Psychomotorik" des Fachbereichs Psychologie der Gesamthochschule/Universität Kassel integriert die in der Psychologie tradierte Kognitions- und Motorikforschung (vergl. RÜSSEL 1976; HEUER/KEELE 1993) und den in der Motologie verwandten Psychomotorikbegriff.

[2] Es ist nicht Gegenstand dieser Arbeit, die historischen Quellen der Psychomotorik (Motologie) in Deutschland nachzuzeichnen. Dazu sei auf die Explikationen von HÜNNEKENS/KIPHARD 1990; IRMISCHER 1984, 1989; JAROSCH/GÖBEL/PANTEN 1989; KIPHARD 1984, 1989a, 1990; SCHÄFER 1989; SCHILLING 1990a; SEEWALD 1991a verwiesen. Quellenbezüge werden nur insoweit hergestellt, als sie zur thematischen Zentrierung dieser Arbeit einen Beitrag leisten.

dern wird von KIPHARD (1980a) der Begriff *Motopädagogik* in Abgrenzung zur *Mototherapie* eingeführt[3]. Dieses Konzept versteht sich als Weiterführung des ursprünglichen Ansatzes von KIPHARD/HUPPERTZ (1968) und löst in der Folge die Diskussion um die Theorie-Praxis-Bezüge der Psychomotorik/Motologie aus[4]. SEEWALD (1991, 4) spricht in seiner fachhistorischen Nachzeichnung mit Recht vom Entwicklungsweg einer „Meisterlehre" bis zu einem eigenständigen wissenschaftlichen Ansatz. Im Rahmen dieser stärker pädagogisch orientierten Grundlegung führen die Entwicklungslinien der Psychomotorik zum Konzept der „Erziehung durch Bewegung" und damit auch zur Abgrenzungsproblematik zur Sportpädagogik als Konzept der „Erziehung zur Bewegung" (BIELEFELD 1987; FISCHER 1990; FUNKE 1988, 1990; KIPHARD 1981, 1989b; SCHILLING 1977a).

HILDENBRANDT (1979, 86) sieht das als Motopädagogik bezeichnete Anwendungsfeld „im Schnittpunkt verschiedener Disziplinen", deren jeweilige „spezifische Begrifflichkeiten miteinander interferieren". Für die Motopädagogik konstitutiv – und für diesen Zeitpunkt höchst different von der Sportpädagogik – ist die zentrale *Kategorie der Entwicklung.* *„Psychomotorische Entwicklungsförderung kann deshalb auch umfassend als gezielte Verbesserung der Handlungsfähigkeit angesehen werden, wie es das Programm des Aktionskreises[5] formuliert und in Ich-, Sach- und Sozialkompetenz aufgeschlüsselt hat. ... Der erzieherische Auftrag, nämlich Entwicklungsförderung durch Bewegung, hat ebenfalls eine entscheidende Verbreiterung seiner Basis erfahren. Erziehung durch Bewegung bedeutet eben Einflußnahme auf die Gesamtpersönlichkeit und ihre Handlungsfähigkeit in der Auseinandersetzung mit sich selbst und seiner Umwelt"* (HILDENBRANDT 1979, 88–89).

In dem Maße wie die Sportpädagogik einerseits (noch während der 80er Jahre) die pädagogische Dimension der Persönlichkeitsentwicklung des Kindes und die Integrationsproblematik entwicklungsgefährdeter und behinderter Kinder, Jugendlicher und Erwachsener vernachlässigt, und Sonderpädagogik, (Entwicklungs-)Psychologie und Medizin andererseits das Bildungs- und Förderpotential von Körper, Bewegung, Spiel und Sport nicht hinreichend thematisieren, erhält die Motopädagogik die „entscheidenden Legitimationsargumente" (HILDENBRANDT 1979, 89).

Die aktuelle Theoriediskussion ist gekennzeichnet durch die Annäherung der zugrundeliegenden Konzepte, die eine komplementäre interdisziplinäre, auch wissenschaftstheoretische Verständigung anstrebt. Vorherrschend ist gegenwärtig eine Betonung der Subjektorientierung bei gleichzeitigem Lebensweltbezug innerhalb des pädagogischen Geschehens. Nach FUNKE (1990, 90) entwickelt sich in der Sportpädagogik – in Analogie,

---

[3] Dieser terminologischen Differenzierung vorausgegangen waren Diskussionen in der Grundlagenkommission des Aktionskreises Psychomotorik e.V., die u. a. dazu führten, das Fachorgan *„Psychomotorik"* (1976–1977) in eine wissenschaftliche, interdisziplinär ausgerichtete Zeitschrift umzubenennen, die seit 1978 den Titel *„MOTORIK – Zeitschrift für Motopädagogik und Mototherapie"* trägt. Die *„Psychomotorik"* erscheint ab 1978 unter dem Titel *„Praxis der Psychomotorik".*

[4] Als Quellennachweis siehe EGGERT 1987a, b; 1994b; EGGERT/LÜTJE 1990; IRMISCHER 1987; IRMISCHER/FISCHER 1989; KIPHARD 1984, 1989a; PHILIPPI-EISENBURGER 1990; SCHILLING 1981,1982; 1984, 1990a; SCHULKE-VANDRÉ 1982, SEEWALD 1991a, 1992a.

[5] Referat, das auf der Jahrestagung des Aktionskreises Psychomotorik am 6. Oktober 1978 in Marburg gehalten wurde; in überarbeiteter Form erschienen in HILDENBRANDT (1979).

nicht in der Rezeption der Psychomotorik – seit einiger Zeit ein neues „Paradigma", das sich von einer rein sach-orientierten Angebotsstruktur kulturell tradierter Bewegungs-inhalte, bei der der Schüler lediglich in einer „nehmend-erfüllenden Rolle gesehen und gehalten" wird, zugunsten einer stärkeren Beziehungsgestaltung der Lernenden „zu den Dingen in der Bewegung" (FUNKE 1990, 85) umstrukturiert. Die Sportpädagogik nimmt damit Bezug auf das dialogische Bewegungskonzept GORDIJNS (1975), das seinerseits in der Tradition der medizinischen Anthropologie V. WEIZSÄCKERS (1947) und der anthropo-logischen Bewegungstheorie BUYTENDIJKS (1956) steht. GORDIJNS dialogische Sichtweise zeigt sich in seinem Verständnis von Entwicklung: Er verwirft die dimensionale Trennung kognitiver, affektiver und motorischer Entwicklung zugunsten eines person-einheitlichen Sich-Bewegens als Mensch-Welt-Beziehung im Sinne einer Dialoggestaltung. Diese, die Subjektseite des Bewegungsgeschehens betonende Sichtweise, wird konsequent von TAMBOER (1979, 1985, 1989) und TREBELS (1992) vertreten[6].

Die Gestaltkreislehre V. WEIZSÄCKERS stellt auch ein entscheidendes Konzept für die wis-senschaftliche Grundlegung der Motologie dar (vergl. SCHILLING 1976). VON WEIZSÄCKERS Anliegen ist es, bisher getrennt vorliegende Ansätze der Medizin, der Biologie und der Philosophie, unter anthropologischen Prämissen zusammenzuführen. Die Motologie be-ruft sich auf den Gestaltkreis, um die enge Verbindung des Individuums mit seiner Um-welt durch die Einheit von Wahrnehmung und Bewegung zu betonen[7]. VON WEIZSÄCKER geht es nicht um die Erforschung der objektiven Erkenntnistätigkeit per se, sondern um die Beschreibung des Umgangs von Subjekten mit Objekten, der Begegnung von Person und Umwelt – genau dieses ist die Ausgangsbasis des motologischen Paradigmas.

Mit der ursprüglichen Begründung der Motologie als Fachgebiet der Medizin (SCHILLING 1976) und der Anwendung auf den therapeutischen Bereich (HÜNNEKENS/ KIPHARD 1960) gerät die wissenschaftstheoretische Grundlegung des Konzepts in ein Dilemma: Einer-seits folgt die Theorielegung einer holistischen Wissenschaftsauffassung mit dem Be-streben, die ganzheitliche Sichtweise des Mensch-Seins psychomotorischer Praxisauf-fassung theoretisch zu fundieren, andererseits gerät die Implementationsthematik moto-logischer Erkenntnisse innerhalb medizinisch-therapeutischer Anwendungsfelder mit der dort vorherrschenden naturwissenschaftlichen Wissenschaftsauffassung und der einzelheitlichen, empirisch-analytischen Forschungsmethodik in Widerspruch zum for-mulierten Ganzheitsanspruch (vergl. REINCKE 1991, 350).

Als Ergebnis der Diskussion um das Ganze und die Teile bzw. die Erklären/Verstehen-Kontroverse[8] kann eine Defizitlage in der entwicklungstheoretischen Fundierung bewe-gungsbezogener Förderkonzepte ausgewiesen werden. Unsere Forschungsbemühun-

---

6 Wir beziehen uns hier auf die deutschsprachigen Manuskripte, die von LOCKMANN/TREBELS (Universität Han-nover) aus dem Holländischen übersetzt wurden. Siehe ferner TREBELS (1988).

7 Eine ausführliche Interpretation und inhaltliche Projektion der Theorie des Gestaltkreises auf das Fachgebiet der Motologie wurde von PHILIPPI (1989) vorgenommen; siehe auch PHILIPPI-EISENBURGER (1991).

8 Die Ganzheits-Kontroverse der Fachdisziplin wird hier nicht nachgezeichnet, sondern in ihren Resultaten für die Standortmarkierung dieser Arbeit interpretiert. Verwiesen sei auf die Diskussionsbeiträge von MATTNER 1985, 1987, 1988; MECHLING 1987; STEHN/EGGERT 1987 unter Bezugnahme auf HERRMANN 1976; SCHILLING/KIP-HARD 1987; PROHL/SCHEID 1990; REINCKE 1991; SEEWALD 1991a; PROHL 1991a (Exkurs: 118–128); LOOSCH 1990 (aus bewegungswissenschaftlicher Sicht).

gen folgen der Perspektive, daß die Theoriekonstruktion der Motologie nicht auf der methodologischen Ebene gelöst werden kann, sondern nur auf einer metatheoretischen Ebene als Integration theoretisch explizierter und methodologisch gestützter Erkenntnisse. Die der Erklären/Verstehen-Kontroverse zugrundeliegende Dichotomisierung auf der Methodenebene in eine *subjektive,* durch die Beteiligung des Forschers sinnverstehende Erkenntnishaltung versus einer durch unbeteiligte Beobachtung *objektiven* Haltung des Forschers (vergl. HEINEMANN 1988) soll aufgelöst werden zugunsten einer mehrperspektivischen Fundierung des motologischen Wissenschaftsgebietes im Bezugsfeld der Entwicklungstheorie.

Damit ist der **inhaltliche Rahmen dieser Arbeit** abgesteckt. Die anfänglichen Analysen knüpfen an die strukturgenetische Tradition der motologischen Theorierezeption an. Dabei wird die klassische Position PIAGETS aufgrund der hinreichenden Referenzen sport- und motopädagogischer Analysen (SCHERLER 1975; ZIMMER 1981a, b; SCHILLING 1977a, 1982; PHILIPPI-EISENBURGER 1991) nur in ihren Kernannahmen evaluiert. Im Vordergrund stehen das Spätwerk PIAGETS, genauer gesagt die Konzeptentwicklungen der Genfer Schule, die sich inhaltlich an der Bedeutungsintegration (Sinnperspektive) festmachen lassen (PIAGET 1983; INHELDER 1978, 1993; zur Oeveste 1987; SCHMID-SCHÖNBEIN 1989a, b; SEILER 1991; BEILIN 1993; EDELSTEIN 1993; HOPPE-GRAFF/EDELSTEIN 1993). Die inhaltlichen Dimensionen der PIAGETschen Entwicklungstheorie (Bereichsspezifität) werden vornehmlich an dessen Invarianzbegriff (Objektpermanenz) und Raum-Zeit-Konzept diskutiert, wobei letzteres unter einem körper- und bewegungsbezogenen Anwendungsbezug eine hohe Relevanz impliziert. Dieser Raum-Zeit-Bezug wird facettenartig mit jeweils unterschiedlicher inhaltlicher Akzentuierung in mehreren Kapiteln dieser Publikation thematisiert.

Ein entscheidender Stellenwert für den Perspektivenwechsel in der postpiagetschen Ära von einer rein epistemischen zu einer stärker psychologischen Subjektorientierung (INHELDER 1993) in der (strukturgenetischen) Entwicklungstheorie muß der Handlungstheorie zugeschrieben werden (z. B. LENK 1978; NITSCH 1982, 1986; FUHRER 1983b; BRANDSTÄTTER 1984, 1986; OERTER 1984a, 1987a, 1989a; ALLMER 1985; SILBEREISEN 1986; HURRELMANN/MÜRMANN/WISSINGER 1986; SCHAUB 1993) . Die handlungstheoretische Perspektive unserer Analysen konzentriert sich in diesem Verständnis auf zwei Schwerpunkte (Kapitel 3.1 – 3.3): Erstens auf die konzeptionelle Bedeutung des Handelns im Sinne der Entwicklung der Planungsfähigkeit des Kindes, also auf das Handeln als Problemlösung; die zweite Betrachtung zielt auf eine Integration der Wahrnehmungs- und Handlungsthematik. Dabei richtet sich das zugrundegelegte Begriffsverständnis auf die handlungsgebundene Wahrnehmung nicht als Sinnestätigkeit, sondern als Leistung des erkennenden Subjekts infolge des Erkundungshandelns in der Theorietradition der ökologischen Wahrnehmungs- und Entwicklungstheorie Eleanor GIBSONS (1988, 1992). Hier ergibt sich die Notwendigkeit, Parallelen und Unterschiede zur bewegungswissenschaftlichen Handlungsforschung auszuweisen (z. B. LEIST 1988; MUNZERT 1989, 1991, 1992; LOIBL 1990a; NEUMEISTER/MESTER 1990).

Entwicklung als individuell-sinnhaftes Geschehen wird in der Motologie von jeher unter der Perspektive der Persönlichkeitsentwicklung beschrieben. Mit der prävalenten

PIAGET-Rezeption erhält das Konzept der Person allerdings ein kognitionsbezogenes Übergewicht. Die in Kapitel 4.1–4.3 zu explizierende Diskussion intendiert, komplementäre, die subjektiv-emotionale Erlebnisqualität des Handelns betonende Sichtweisen der kindlichen Entwicklung unter Bezugnahme auf die psychosoziale Entwicklungstheorie ERIKSONS (1950) und aktuelle Ergebnisse der Selbstkonzeptforschung (FILIPP 1984a; PAULUS 1986; GERGEN 1990) in das Persönlichkeitskonzept der Motologie zu integrieren.

Die Ökologiediskussion der Entwicklungs- und Sozialisationsforschung der 80er Jahre (z. B. BRONFENBRENNER 1979 (1989), 1986, 1989, 1990; ECKENSBERGER 1979; FUHRER 1983a, b; OERTER 1987a, b; GEULEN 1987; LANG 1988; LERNER 1988) hat zwingend verdeutlicht, daß ein Verstehen kindlicher Verhaltensweisen und deren wissenschaftliche Erklärung sich immer auf mehrdimensionale Analyseebenen richten muß, die sämtliche Umfeldverhältnisse des Kindes berücksichtigen. Hier versucht das Kapitel 4.4 anzusetzen. Im Zuge der Konkretisierung einer ökologischen Orientierung in der Motologie richten sich unsere Theoriebezüge auf zwei Schwerpunkte kontextualistischer bzw. ökopsychologischer Forschungstradition: die sozialen und die sozial-räumlichen Aspekte der Mensch-Umwelt-Interaktion. Zu analysieren sind die Systembausteine der Ökologie der menschlichen Entwicklung BRONFENBRENNERS (Mikro-, Meso-, Exo-, Makro- und Chronosystem) in ihrer Bedeutung für eine mehrdimensionale Förderung kindlicher Entwicklung. Aufgrund des Wandels von Kindheit und Lebenswelt kommt insbesondere der Veränderungsperspektive kindlicher Bewegungswelten in Sinne eines erweiterten Handlungs(spiel)raumes ein wesentliches Entwicklungspotential zu.

Im letzten Kapitel dieser Arbeit verschränken sich zwei komplementäre Intentionen: Metatheoriekonstruktion und Theorie-Praxis-Bezug. Erstere erfolgt als Konvergenz zahlreicher zugrundegelegter Konzepte oder Theorieansätze. Als Ergebnis explizieren wir ein metatheoretisches Entwicklungsmodell, das Entwicklung und deren Förderung über Körper und Bewegung im Kindesalter als Konstruktionsprozeß in der triadischen Struktur zwischen dem Kind als Person und dessen personaler und materialer Umwelt ansiedelt. Der Bewegungshandlung kommt dabei nicht nur die Funktion des „Brückenschlages" zwischen Entwicklungs- und Sozialisationstheorie zu (HURRELMANN/MÜRMANN/WISSINGER 1986; siehe auch BAUR 1988, 1989a, b); sie ist in unserem Sinne tragendes Element angewandter Wissenschaftsorientierung. Ausgehend von der Neubelebung des entwicklungspsychologischen Konzepts der Entwicklungsaufgaben, das die Verbindung zwischen Entwicklung und Erziehung herstellt, konzentriert sich die Diskussion auf die ökologische Übergangssituation des Anfangsunterrichts. Als entwicklungsorientierte Handlungswissenschaft richtet die Motologie ihr Forschungsinteresse nicht nur auf Bewegungshandlungen im früheren Kindesalter, die spätere sportmotorische Aktivitäten vorbereiten, sondern unterstellt eine weite Begriffsfassung der bewegungsbezogenen Handlungsthematik. Als Forschungsbeispiel wird der Prozeß des Schriftsprachenerwerbs einer dimensionalen Analyse unterzogen in dem Bestreben, diejenigen handlungsbezogenen Teilprozesse zu identifizieren, die dem eigentlichen „Schreibenlernen" entwicklungslogisch vorausgehen. Die Erkenntnisse sollen in einem motopädagogischen Fördermodell exemplifiziert werden. In einem Ausblick wird auf aktuelle Beiträge und notwendige Entwicklungen motopädagogischer Anwendungsfelder im Kindesalter Bezug genommen.

2 Die strukturgenetische Tradition der Entwicklungstheorie

2.1 Bewegung und Erfahrung: Eine Pɪᴀɢᴇᴛsche Perspektive

Erfahrungslernen in bezug auf Bewegung ist zuerst von Sᴄʜᴇʀʟᴇʀ (1975, 1976) in die bewegungspädagogisch orientierte Diskussion eingeführt worden. Dabei geht es um die Erkenntnis, daß das Kind über grundlegende Bewegungstätigkeiten wie Schaukeln, Rutschen, Balancieren, Rollen, Klettern etc. eine Vorstellung von Schwung, Gleichgewicht, Schwerkraft oder Reibung gewinnt und sukzessive komplexe Repräsentationsschemata generiert.

Der Erfahrungsbegriff wird in diesem Sinne zu einer wichtigen didaktischen Kategorie (Mᴀʀᴀᴜɴ 1983; Pʜɪʟɪᴘᴘɪ-Eɪsᴇɴʙᴜʀɢᴇʀ 1991, 121), weil er den Prozeß beschreibt, wie das Kind durch den handelnden Umgang mit den Dingen Qualifikationen erwirbt, die wir mit *Ich-Kompetenz, Sachkompetenz, Sozial- oder Handlungskompetenz* bezeichnen. Das Erfahrungslernen ist strukturbildend im doppelten Sinne für Können und Wissen. Wissen stellt dabei die abstrahierte Form der Tätigkeit dar. Bewegung ist insofern Basis für Können, als sie durch vielfältige, den Prinzipien des Variierens und des Experimentierens folgende Bewegungstätigkeit die Handhabung von Dingen (Können) vervollkommnet. Dazu gehört auch das Prinzip der Wiederholung: Im Sinne der Bewegungsregulation ist es wichtig, das Ziel der Bewegungshandlung im Auge zu behalten, die Ausführung der Bewegung aber nicht festzulegen. Insofern ist jede Wiederholung ein eigenständiger individueller Bewegungsakt und entspricht eher einer Variation der Handlungsmöglichkeiten, niemals jedoch einem an die starre Bewegungsausführung gebundenen Training (vergl. Kᴜ̈ᴘᴘᴇʀ 1989).

Diese Erkenntnisse gehen letztlich auf Pɪᴀɢᴇᴛ zurück, der die allgemeine Bedeutung der sensomotorischen Handlung für den Prozeß der Erkenntnisgewinnung (das Wissen um die Dinge der Welt, für das Verstehen von Bedeutungen und Zusammenhängen) zum Gegenstand seiner Betrachtungen gemacht hat. Es ist ein besonderes Verdienst Sᴄʜᴇʀʟᴇʀs, mit seinem Konzept der materialen oder auch aktionalen Erfahrung einen programmatischen Entwurf gezeichnet zu haben, der als entwicklungstheoretisch orientierte pädagogische Konzeption bezeichnet werden kann. Dadurch, daß er der Bewegungshandlung eine generelle Bedeutung für den Aufbau von Könnens- und Wissensstrukturen auch über die sensomotorische Entwicklungsperiode hinaus zuschreibt, erhält Sᴄʜᴇʀʟᴇʀs Ansatz eine Relevanz für die bewegungs- und spielorientierte Vor- und Grundschuldidaktik.

Programmatisch ist Sᴄʜᴇʀʟᴇʀs Ansatz auch in dem Sinn, daß er die Pɪᴀɢᴇᴛ-Rezeption der Sport- und Motopädagogik für nunmehr fast zwei Jahrzehnte stärker auf die Aspekte *Materalisation* und *Sozialisation* als auf die *Personalisation* lenkt (siehe *Abb. 1*)[9]. Dieses entspricht thematisch einer Zentrierung des Erfahrungsbegriffes auf das handlungsgebun-

---

[9] Die Quellennachweise der Abbildungen sind dem Verzeichnis im Anhang zu entnehmen.

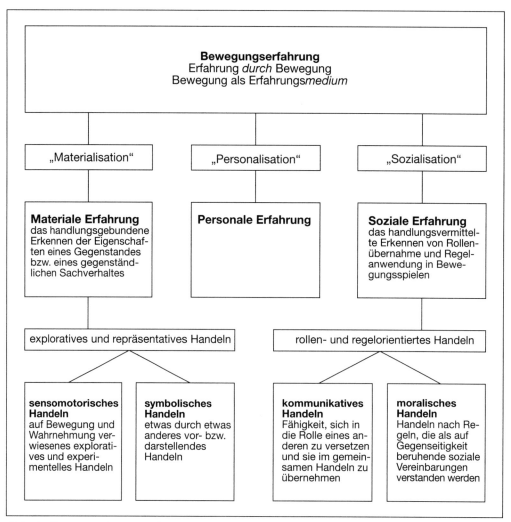

Abb. 1: *Zusammenhang von Bewegung und Erfahrung innerhalb der kognitiven Entwicklung nach der* PIAGET-*Rezeption* SCHERLERS *(1976, 93).*

dene Erkennen der Eigenschaften eines Gegenstandes bzw. eines gegenständlichen Sachverhaltes und der Erfassung der Symbolfunktion von Bewegungs- und Spielhandlungen (SCHERLER 1976, 95,98).

Die bewegungspädagogische Theorierezeption PIAGETs folgt bis heute[10] weitestgehend dem von SCHERLER vorgezeichneten Theorieausschnitt in der Bezugnahme auf die sensomotorische Entwicklungsstufe und ist damit aus unserer Sicht in zweierlei Hinsicht revisionsbedürftig. Zum einen erscheint es notwendig, auch andere für eine Theorie der Er-

---

[10] Siehe dazu neben den im Eingangskapitel vorgenommenen Verweisen auf ZIMMER 1981a, b; SCHILLING 1977a und PHILIPPI-EISENBURGER 1991 auch: FUNKE 1979; ZIMMER 1983a; Kiphard 1987; SCHEID/PROHL 1987 sowie SCHEID 1989.

ziehung durch Bewegung relevante Konzepte zu evaluieren, vor allem PIAGETS Konzept der raum-zeitlichen Operationen, das sich nur als Konstruktionsprozeß über die senso-motorische Entwicklungsstufe hinaus begreifen läßt. Macht man sich des weiteren bewußt, daß die Theoriebezüge üblicherweise zu Grundlagen hergestellt werden, die von PIAGET und seinen Mitarbeitern in der Zeit von 1936 bis 1948 erarbeitet wurden, wird die Notwendigkeit einer Berücksichtigung von Theorieentwicklungen in PIAGETS Spätwerk und danach evident[11].

2.2 PIAGETS klassische Position: Das Grundkonzept

Ein überwiegendes Forscherinteresse zieht PIAGETS Werk nach wir nach vor von seiten der Kognitionspsychologie auf sich. Kognition als psychologisches Konstrukt erfährt dabei engere und weiter gefaßte Definitionen (PERLMUTTER 1988; KEGEL 1993): Klassische Positionen differenzieren die Aspekte Wahrnehmung, Gedächtnis, Intelligenz, Problemlösungs- oder Entscheidungsprozesse als selbständige Konstrukte. Forschungsanalytisch sind diese Differenzierungen sinnvoll, doch aus der Entwicklungsperspektive der Frage, wie Kinder ein Bild ihrer selbst in bezug zu der sie umgebenden Welt aufbauen, erhält die Betrachtung eher konstruktiven Charakter. In dieser erweiterten (ganzheitlichen) Sicht erhalten beispielsweise Wahrnehmungen und Problemlöseverhalten eine integrierende Funktion bei der Genese kognitiver Strukturen.

Die Vorstellung der Strukturgenese geht auf PIAGET zurück, der Erkenntnisentwicklung als Äquilibration kognitiver Strukturen konzeptualisiert. Genau genommen ist PIAGET Epistomologe, da sein Werk das Genetisch-Strukturalistische der Kognition im allgemeinen akzentuiert und weniger individuelle Biographien kindlicher Wissensaneignung nachzeichnet. Dennoch gilt PIAGET als genialer Entwicklungstheoretiker (FLAMMER 1988, 134), weil er die universellen Mechanismen kindlichen Erkenntniserwerbs von der Handlungsebene über das anschauliche Denken zur symbolischen Repräsentation beschreibt.

PIAGETS Thema ist die Intelligenz. Zentrales Anliegen seines Ansatzes ist eine systematische Durchdringung des Phänomens, was ihm durch mehrere entscheidende Merkmalsgebungen gelingt. Intelligenz ist nicht eine Verhaltensreaktion auf einen von außen gegebenen Reiz (wie es die vorherrschende Doktrin seiner Zeit glauben machte), sondern eine geistige Aktivität auf der Basis vor allem interner psychischer Verarbeitungsprozesse. Kognitionen sind Ausdruck einer dynamischen Auseinandersetzung eines aktiven Subjekts mit den Gegebenheiten und Veränderungen seiner Umwelt, eine Charakteristik, die einer interaktiven Genese interner Strukturen den Erkenntnisweg ebnet.

---

[11] Eine erste umfassende PIAGET-Evaluation der sechziger und siebziger Jahre legte STEINER (1978) mit seinem Sammelband vor. Zur aktuellen Diskussion um PIAGET sei verwiesen auf neue Übersichten (a) und Teildarstellungen einzelner Entwicklungsabschnitte im Kindesalter, die PIAGETS kognitive Entwicklungstheorie berücksichtigen (b). Zu (a): LIBEN (1981), MAIER (1983); THOMAS/FELDMANN (1986); MONTADA (1987); FLAMMER (1988); TRAUTNER (1991); SEILER (1991); MILLER (1993); MUSSEN/CONGER/KAGAN/HUSTON (1993); zu (b): OERTER (1987c); RAUH (1987, 1993); SCHMID-SCHÖNBEIN (1989b); KELLER (1993).

2.2.1 Strukturen

PIAGET setzt seinen Begriff der *Struktur weitgehend dem des Systems gleich: „Ich möchte den Begriff der Struktur weit fassen: als ein System mit Ganzheitsgesetzen oder -eigenschaften"* (PIAGET 1987, 265; zit. nach PHILIPPI-EISENBURGER 1991, 91). *„Struktur meint also ein geordnetes Zusammensein von einzelnen, auf der betreffenden Ebene nicht weiter analysierten Elementen. Es ist immer möglich, diese Elemente weiter aufzulösen, sie ihrerseits als Systeme oder Teilsysteme zu verstehen"* (SEILER 1978, 629)[12]. Für PIAGET ist dieses System eine Ganzheit. Er sieht sich in seiner systemischen Perspektive stärker in der Tradition der Gestaltpsychologie, etwa zum Begriffsverständnis der Übersummativität von EHRENFELS, nach dem „das Ganze mehr ist als die Summe seiner Teile" und distanziert sich von einem behavioristischen Elementarverständnis des Verhaltens[13]. Wenn er von *Elementen spricht, sind darunter Teilstrukturen seines kognitiven Systems zu verstehen, die auf einer anderen Betrachtungsebene von* PIAGET auch als Inhalte bezeichnet werden. Wird beispielsweise die Greifhandlung vom Säugling variiert, verändert sich auch das Greifschema[14] auf der Repräsentationsebene. Die kognitive Struktur erfährt eine qualitative Transformation, ohne daß ihr Funktionieren als Ganzes zerstört wird (vergl. ZUR OEVESTE 1987, 19). Dieses Beziehungsgefüge von Handlungen und Handlungsverläufen, von Eigenschaften und Zuständen in der Betrachtungsweise der dynamischen Struktur bezeichnet SEILER (1991, 105–108) als Strukturbegriff erster Ordnung[15]. Diesem sind zur Spezifikation fünf Grundannahmen zuzuordnen:

1. **Strukturen entstehen immer aus schon vorhandenen Strukturen.** Diese Sicht entspricht PIAGETS biologischer Provenienz; sie löst auf der funktionalen Ebene die Frage nach dem Ursprung der strukturellen Veränderungen, indem alle komplexen Handlungen und Operationen auf die Reflextätigkeit und reflexartigen Handlungsmuster zu Beginn der sensomotorischen Phase zurückgeführt werden können. In der diametralen Umkehr, der progredienten Sichtweise, entwickeln sich alle Strukturen durch Regulationsprozesse infolge der Person-Umwelt-Interaktionen.

2. **Strukturen sind dispositionell dynamisch und auf Veränderung ausgerichtet.** Nach SEILER ergibt sich diese Entwicklungsdynamik aus der immanenten Handlungstendenz des Organismus. In diesem Sinne dürfen auch Teilstrukturen, wie das

---

[12] Eine erste Auseinandersetzung mit dem Strukturbegriff erfolgte bei BRAINERD (1978) – dort vor allem in der Differenzierung zum bis dahin vorherrschenden Stufenbegriff in der Entwicklungstheorie – und SEILER (1978). Ich folge hier der Begriffsdifferenzierung der überarbeiteten Fassung von SEILER (1991).

[13] Zu den Zusammenhängen PIAGETS Entwicklungstheorie und der Gestaltpsychologie siehe MEILI (1978).

[14] In dieser Arbeit werden die Begriffe *Struktur* und *Schema synonym* verwendet. SCHERLER (1975, 79) weist darauf hin, daß auch PIAGET die Begriffe selten differenziert, gelegentlich Strukturen als übergeordnete Systeme, Schemata als deren Subsysteme oder Teilstrukturen bezeichnet. SCHERLER selbst verwendet den Begriff *Plan* häufiger als den des Schemas.

[15] Der Strukturbegriff zweiter Ordnung bezieht sich auf die Theorie der Strukturgenese (Stadienfolge), die wir unter dem Begriff Hierarchie diskutieren. In einem vergleichbaren Begriffssystem spricht INHELDER (1978) vom Verhältnis der mikro- zu makrogenetischen Sequenzen. Mikrogenese entspricht dabei den aufeinanderfolgenden *Lernsequenzen* und Makrogenese der wesentlich längeren Entwicklung. Diese Begriffswahl entspringt der Kritik, daß der strukturelle Aspekt des Erkenntniserwerbs, der die hierarchische Ordnung seiner zeitlichen Formen bestimmt, allein nicht die Dynamik des Entwicklungsfortschritts erklären kann, sondern in den regulierenden Mechanismen gesucht werden muß. Wir möchten darauf hinweisen, daß diese Differenzierung die aktuelle Diskussion bestimmt und nicht Gegenstand der klassischen Position PIAGETS entspricht.

sensomotorische System nicht als statische Analyseeinheiten mißverstanden, sondern müssen als dynamische Prozeßeinheiten in der Strukturgenese begriffen werden. Dieses entspricht einer integrierten und integrierenden Funktion im Konstruktionsprozeß von Kognitionen, wie es weiter oben angesprochen wurde.

3. *Der Begriff Struktur beinhaltet einen Erkenntnis- und Repräsentationsaspekt.* In der dynamischen Auseinandersetzung des Subjekts mit der Wirklichkeit erhalten die Strukturen die Bedeutung eines Referenz- oder Repräsentationsystems, das Erkenntnis aktiv erzeugt und nicht aus der Umwelt abbildet. In diesem Verständnis sind Strukturen (Schemata) prinzipiell Kognitionen.

4. *Strukturen haben eine „innere Erlebnisseite"* in der Weise, daß sie emotional besetzt sind und Veränderungen dynamisch beeinflussen. Emotionale oder affektive Aspekte entsprechen Komplementen eines Ganzen und strukturieren sich im Handeln. Nach PIAGET ist die Emotion durch ihre energetische Qualität auf die inhaltliche Dimension der Handlung gerichtet und generiert die Differenziertheit der Strukturbildung (vergl. GEPPERT/HECKHAUSEN 1990; SCHMITT 1991)[16].

5. *Die Qualität der Generierung neuer Strukturen* ergibt sich aus der Entwicklungsdynamik zur Differenzierung und Flexibilisierung sowie aus der systemischen Tendenz zur Integration der Teilstrukturen (Verinnerlichung von Handlungen). Die sich wechselseitig ergänzende Anpassungsleistung von internen und externen Bedingungen wird von PIAGET als der eigentliche Motor der Entwicklung angesehen.

2.2.2 Mechanismen

Alle Entwicklungen des Individuums – betrachten wir sie nun über größere Zeiträume oder im aktualgenetischen Geschehen einer Problemlöseperiode – werden nach PIAGET (1975 Bd. I, 12 ff.) durch funktionale Invarianten vorangetrieben. In Analogie zur Biologie legt er der Intelligenzentwicklung zwei komplementäre Funktionsprinzipien zugrunde: *Organisation* und *Adaptation*[17]. Der Terminus Organisation hat eine Affinität zum Strukturbegriff und bezeichnet die Tatsache, daß lebende Systeme (Organismen) immer die Tendenz haben, Teilfunktionen in einem integrierten Ganzen zu koordinieren. PIAGET transferiert dieses Funktionsprinzip auf die Kognition. So bedeutet es etwa für den „Aufbau der Wirklichkeit beim Kinde", daß Kinder zu jedem Zeitpunkt ihrer Entwicklung über ein kohärentes Weltbild verfügen (vergl. MILLER 1993, 77). Für sie ist ihre Vorstellungswelt die einzig richtige; defizitär wird eine Handlung oder ein Vorstellungsakt erst aus der Betrachterperspektive des Erwachsenen. Dieses holistische Menschenbild der altersadäquaten Erkenntnisstrukturierung ist bekanntlich eine Stärke der Entwicklungstheorie. Somit sind qualitative Differenzierungen zwischen dem Vorstellungsvermögen eines Vorschulkindes oder der operativen Repräsentationsleistung eines Jugendlichen in bezug auf den Organisationsbegriff nicht zulässig.

---

[16] Auf das Verhältnis von Kognition und Emotion im Handeln wird in Kapitel 3 näher eingegangen.

[17] Die Mechanismen der Entwicklung werden hier lediglich in einer komprimierten integrierten Weise dargestellt. Neben der Originalquelle wird dabei auf SCHERLER 1975, 73–99; SEILER 1978, 1991; BUGGLE 1985; TRAUTNER 1991, 157–192; PHILIPPI-EISENBURGER 1991, 89–117 und MILLER 1993, 45–111 Bezug genommen.

Der Mechanismus der Adaptation bezeichnet die Interaktion zwischen Individuum und Umwelt. Diese funktionale Beziehung gestaltet sich durch *Assimilations-* und *Akkommodationsprozesse.* Während der Begriff der Assimilation sich auf die aktive oder repräsentative „Inbesitznahme der Umwelt" richtet, bezeichnet Akkommodation die erfahrungsbedingte Änderung der Handlungsstrategie im Sinne kognitiver Umstrukturierung.

„In der Assimilation vereinnahmt das Subjekt seine Umwelt gemäß seiner eigenen Strukturiertheit. Die Assimilation ist also ein Verknüpfungsprozeß von Daten aus der Umwelt mit Daten des Subjekts. Solche subjektiven Daten sind in Plänen und Strukturen organisiert" (SCHERLER 1975, 76). Für PIAGETs Theorie ist es wesentlich, daß die Entwicklung kognitiver Mechanismen auf einer Differenzierung vorhandener organisierter Strukturen beruht[18]. Erkenntnisfortschritt ist also immer Assimilationsprozeß an eine schon bestehende Struktur (vergl. BEILIN 1993). PIAGET differenziert dabei vier Formen der Assimilation, die die Qualität der Strukturgenese beeinflussen: Die wiederholte Anwendung eines Schemas führt zu dessen Konsolidierung *(funktionelle oder reproduktive Assimilation).* Die Ausweitung des Anwendungsbereiches, etwa der Greifbewegung des Säuglings auf unterschiedliche Objekte, *generalisiert den Assimilationsakt.* Durch wiederholte und differenzierte Handlungen werden die Spezifika des Handlungsprozesses und des Zielobjektes wiedererkannt *(rekognitive Assimilation).* Dieses gilt vor allem für die sensomotorische Entwicklung, solange das Kind noch nicht über symbolische Mittel der Darstellung verfügt. Die vorhandenen, bisher getrennt vorliegenden Assimilationsschemata verknüpfen sich zu übergeordneten, koordinierten und komplexen Strukturen *(reziproke Assimilation)* und bilden so die Voraussetzung für jegliche Mittel-Ziel-Differenzierung (SCHERLER 1975; PHILIPPI-EISENBURGER 1991).

Die *Akkommodation* entspricht dem komplementären Aspekt der Person-Umwelt-Interaktion. Sie beinhaltet die kognitive Organisation an die Erfordernisse der Wirklichkeit. Eine Neuorganisation des Denkens wird immer dann notwendig, wenn die situativen Bedingungen nicht von der Strukturorganisation der vorhandenen Assimilationsschemata erfaßt werden können. Akkommodation zielt also auf eine kognitive Anpassungsleistung des Subjekts im Spannungsfeld zwischen Person und (materialer) Umwelt, wobei das Objekt selbst unverändert bleibt. Beide Prozesse, Assimilation wie Akkommodation, stehen letztlich trotz ihrer konträren Funktionsrichtungen im Dienste der Realitätskonstruktion durch das Kind. Dreh- und Angelpunkt in PIAGETs Entwicklungstheorie ist das Subjekt und dessen kognitive Handlungsorganisation. In diesem Prozeß wird das Verhältnis der Assimilations- und Akkommodationsakte sensu PIAGET einseitig gewichtet. Dadurch, daß die Akkommodation nur eine „abgeleitete Aktivität" (SCHERLER 1975, 86) darstellt, die die Richtung der strukturierenden Assimilation beeinflußt und der damit allenfalls eine modifizierende Funktion zufällt, muß pointiert vom Primat der Assimilation gegenüber der Akkommodation gesprochen werden. Eine echte Reziprozität der strukturierenden Mechanismen der kognitiven Entwicklung liegt – dieser klassischen Konzeption – nicht zugrunde.

Die Konstruktion der Entwicklung im Sinne struktureller Organisation aufgrund adaptiver Person-Umwelt-Interaktionen impliziert eine dritte Systemeigenschaft, die PIAGET MIT

---

[18] Dieses entspricht dem oben genannten ersten Strukturprinzip.

Äquilibration bezeichnet. Auch sie stellt eine fundamentale Invariante dar, die den Prozeß der Beseitigung interaktionaler Ungleichgewichte beschreibt. Als *Prozeß*variable des Systems zeigt sie zwangsläufig eher die Eigenschaft der Flexibilität als die der Rigidität, wobei die Qualität der flexiblen Ausgestaltung der Assimilationsprozesse von der Variabilität des Aneignungsprozesses abhängt. Auf einer praktischen Ebene wird in der Bewegungserziehung beispielsweise darauf hingewiesen, die Lösungswege der Bewegungshandlung variabel zu gestalten, um eine flexible Verfügbarkeit der Strukturen und damit das für die Entwicklung unerläßliche Prinzip der Generalisierbarkeit zu erhalten. Unter der Perspektive der Prozeßorganisation konzeptualisiert die Äquilibration also eher „progressive Tendenzen" (TRAUTNER 1993, 171) durch Orientierung an akkommodativen Prozessen.

Jedes System verfolgt primär die Tendenz der Systemerhaltung. Dieser assimilative Aspekt der Person-Umwelt-Interaktion definiert das „konservative" Komplement in PIAGETS Äquilibrationskonzept, das üblicherweise mit *Gleichgewicht* bezeichnet wird. Entwicklung ist in diesem Sinne als konfligierender Prozeß zwischen der aktuellen Gleichgewichtsherstellung und der fortschreitenden Orientierung an immer höheren Gleichgewichtszuständen zu bezeichnen[19].

Da sich Entwicklung somit als Konstruktionsprozeß in der Zeit darstellt, ist auch dieser Sachverhalt zu thematisieren. PIAGET expliziert seine Zeitvorstellungen in bezug auf die funktionalen Invarianten der Entwicklung nicht zusammenhängend, sie beziehen sich aber auf drei unterschiedliche Zeitspannen[20]:

1. *Auf den adaptiven Prozeß der Ausbalancierung von Assimilations- und Akkommodationsakten.* Jede Einzelhandlung erfordert eine Anpassung an die situativen Bedingungen, z. B. die Veränderung des Wurfschemas durch die Variation des Werfens mit verschiedenen Bällen oder Gegenständen.

2. *Auf den Konsolidierungsprozeß innerhalb einer Entwicklungsstufe.* Wenn beispielsweise das elfjährige Kind in der Lage ist, sich in seinem Denken von den eigenen Wünschen und Vorstellungen zu lösen, um einen (fremden) Sachverhalt zu verstehen, so basiert dieses relativ sichere dezentrierte Denken auf einem Erfahrungsprozeß, der sich makroperspektivisch aufgrund ständiger Umstrukturierungen aus einem früheren egozentrischen Denken entwickelt hat.

3. *Auf die Entwicklung über die gesamte (untersuchte) Lebensspanne.* Diese umfaßt in PIAGETS Theorie den Zeitraum bis zum ausgehenden Jugendalter, wenn formale Operationen ein abstraktes und reversibles Denken ermöglichen.

In PIAGETS Theorie ist die Äquilibration die die Entwicklung generierende Kraft. Sie entspricht dem nach innen gerichteten und von innen gesteuerten Erkenntnisinteresse des Individuums, das sich über die Entwicklungsspanne hinweg qualitativ verändert und hierarchisch strukturiert. Die Äquilibration ist die umfassende Systemregulative, die un-

---

[19] Der Begriff *Konflikt* ist ein Terminus aus PIAGETS „neuer Theorie". In seinem klassischen Konzept ist die Rede von *Störungen,* was eher der systemtheoretischen Terminologie entspricht. Konflikt impliziert eine stärkere Hinwendung zu interpersonalen Bezügen.

[20] Siehe MILLER 1993, 80–82; TRAUTNER 1993, 171.

abhängig von konkreten Inhalten die Entwicklung des Kindes vorantreibt. Hier gerät PIA-GETs Konstrukt in ein Dilemma: Zum einen benötigt es die modifizierende Kraft der Umweltgegebenheiten (im Sinne der Akkommodation), zum anderen wird das Entwicklungspotential *konkreter* und *spezieller* Erfahrungen und Umweltbezüge für das Individuum geleugnet oder unterschätzt.

PIAGET löst dieses Problem systemimmanent, indem er streng zwischen nomothethischer Entwicklung und empirischer Erfahrung (Lernen im engeren Sinne) differenziert. Seine enge Fassung des Lernbegriffes erfolgt aus seiner Kritik der klassischen Lernpsychologie (Behaviorismus), die Verhaltensänderung und damit Entwicklung als Prozesse betrachtet, die unter der Kontrolle externer Einflußgrößen (Reize, Kontingenzen) stehen. Ein solches Begriffsverständnis ist mit der Entwicklungsvorstellung als kognitiver Konstruktion unvereinbar (HOPPE-GRAFF 1993, 308).

Bei PIAGET wird Lernen als explikatives Konstrukt für Entwicklungsprozesse nicht zu einem zentralen Begriff, weil er vor allem vermeiden will, das Begriffsverständnis des Äquilibrationsprinzips in die assoziative Nähe eines empirischen Abbildungsmodells äußerer Realität zu bringen. Akkommodation als Produkt der Erfahrung ist immer nur als Akkommodation von Assimilationsschemata an neue Objekte und Situationen modellkonform (vergl. SCHERLER 1975, 95). Um die Subjektseite zu betonen, akzentuiert PIAGET die Aktivität des Kindes als Basis jeglicher Erkenntnisgewinnung. In diesem Sinne wird Erfahrung als personzentriertes aktionales Konstrukt auch zur Basismetapher der Motopädagogik.

2.2.3 Hierarchie

PIAGETs innovative Erkenntnis bezieht sich auf das Faktum, daß Denkstrukturen sich hierarchisch organisieren und in ihrer Genese rekonstruiert werden können. Dieses entspricht – in SEILERs (1991) Terminologie – dem Strukturbegriff zweiter Ordnung, der sich auf das Stadienmodell der genetischen Kognitionstheorie bezieht. Innerhalb der zeitlichen Periodisierung der Entwicklung (sensomotorische, präoperationale Stufe, Stufen der konkreten und formalen Operationen) erfolgt eine qualitative Umgestaltung der Strukturen, die sich in dem Gesamtsystem der kognitiven Möglichkeiten eines Individuums jeweils bezogen auf die Entwicklungsperiode als *sensomotorische Schemata, (anschauliche) Vorstellungen, Begriffe* oder *Operationen* ausweisen lassen.

Ausgangspunkt der kognitiven Strukturbildung ist die Sensomotorik. Diese läßt sich als ein System von Erkundungshandlungen über Bewegungs- und Wahrnehmungsprozesse verstehen. Die Realitätserfassung über sensomotorische Schemata erfolgt ausschließlich an realen Objekten in konkreten Situationen. PIAGETs eigene Begriffswahl der „Elaboration des Weltbildes" (1975, II, 337) impliziert die Aktivität und zunehmende Intentionalität des kindlichen Verhaltens. In diesem Sinne ist das Kind von Anfang an *Gestalter der eigenen Entwicklung* (LERNER/BUSCH-ROSSNAGEL 1981). Der Prozeß der Interiorisierung ermöglicht eine Ausgestaltung einer *Vorstellungswelt* des Kindes, die zunehmend von der Anwesenheit des Gegenstandes unabhängig wird und sich der Außenperspektive eines Betrachters entzieht (SEILER/WANNENMACHER 1987; SEILER 1991).

Durch die fortschreitende Vernetzung des kindlichen Handlungsfeldes erfahren die Strategien der Welterfassung eine Abstraktion im Sinne mentaler Repräsentationen konkreter Erfahrungen. PIAGET versteht diesen Ablöseprozeß als dynamische Konstruktion, wobei auch *Begriffsbildungen und formale geistige Operationen* immer auf ihre aktionalen Dimensionen früherer Erkenntnisstufen zurückgeführt werden können. Damit werden zwei Aspekte des Hierarchiepostulates angesprochen: Entwicklung als Konstruktion eröffnet zum einen auch immer die Möglichkeit der Rekonstruktion, also der Reversibilität von Sichtweisen in der Bedeutung eines Informationsaustausches zwischen Systemebenen. Zum anderen ist gerade reversibles, also flexibles geistiges Denken nur möglich, wenn von einem engen Situationsbezug oder einer egozentrischen Position abstrahiert werden kann. Entwicklungsgenetisch sind somit (formale) Operationen als die höchste Stufe geistiger Aktivität definiert, die durch ein Höchstmaß an formaler Abstraktion bei gleichzeitiger geistiger Mobilität gekennzeichnet ist.

Der Prozeß der Erreichung dieses Entwicklungszieles gestaltet sich im Kindesalter vor allem durch die Entwicklung des begrifflichen (symbolischen) Denkens. Für PIAGET hat diese Form des Denkens eine weite Bedeutung und ist keinesfalls auf das verbale Begriffssystem beschränkt. Begriffe *„vermitteln zwischen den vielfältigen Innen- und Außenimpulsen einerseits und dem Handeln andererseits, während sie zugleich die gegebene Information strukturieren".* ... Sie *„fungieren in prozessualer Hinsicht als regulative Mittler (Mediatoren) und sie werden im Ergebnis als Ordnungsprinzip, Schema oder Plan zu Bestandteilen unserer kognitiven Struktur"* (BULLENS 1982, 429). Begriffe entstehen durch Anbindung an Inhalte, die affektiv und kognitiv besetzt sind und damit für das Kind eine Bedeutung erhalten. Dabei steht ihr Repräsentationscharakter im Vordergrund. Begriffe sind keine Kopie der Wirklichkeit, sondern ein personzentriertes Modell realer Erfahrungen, die bei Bedarf aktualisiert, d. h. rekonstruiert werden können. Nur so ist ein schneller Zugriff und damit geistige Mobilität möglich[21].

Kognition erfordert die innere Vergegenwärtigung von *Inhalten.* PIAGET geht davon aus, daß die Genese der Kognition in bereichsübergreifenden synchronen Prozessen erfolgt (Parallelitätshypothese). Die von ihm untersuchten Kategorien – er nennt sie Inhaltsbereiche – sind die Konzepte des Objekts, der Zeit, des Raumes und der Kausalität. Die Parallelitätshypothese besagt nun, daß sich in allen vier Inhaltsbereichen gleichartige Strukturen bilden, die sich in einer übergreifenden Betrachtung als alterstypische und universelle Intelligenzleistungen beschreiben lassen. *Abbildung 2* stellt die Stadien der kognitiven Entwicklung im Überblick dar. An dieser Stelle werden die wesentlichen Erkenntnisfortschritte in komprimierter Form resümiert. In einem zweiten Schritt werden die Konzepte der raum-zeitlichen Operationen in ihrer Verlaufsstruktur einer exemplarischen Analyse unterzogen.

An zentraler Stelle für die Erklärung der Genese der kognitiven Strukten steht das Invarianzprinzip. Für die ersten beiden Lebensjahre *(sensomotorisches Stadium)* entspricht dieses der Erkenntnis, daß der Begriff eines festen Gegenstandes als Funktion der Koordination der Handlungen mit Gegenständen erfahren, d. h. konstruiert wird (Objektper-

---

[21] Das Thema der Begriffsbildung wird im Kapitel 2.4, Abschnitt 3 vertieft und im Sinne der aktionalen Repräsentation in Kapitel 3 unter der Handlungsperspektive erneut aufgenommen.

Ungefähres Alter	Entwicklungsstadium	Beschreibung
Geburt bis 2 Jahre	1. Sensomotorische Periode	Das Kind entwickelt und koordiniert senso-motorische Schemata (z. B. visuelle Steuerung des Greifens). Es führt wiederholt Effekte herbei. Gegenstands-Schema: Objekte hören nicht auf zu existieren, wenn man sie nicht mehr sieht. Werkzeugdenken: z. B. Benutzen eines Stabes zum Herbeiholen einer Puppe.
2–7 Jahre	2. Präoperationale Intelligenz	Das Denken ist egozentrisch (Standpunkte außerhalb können nicht eingenommen werden) und nicht dezentriert (nur eine Dimension kann beachtet werden)
2 – 4 Jahre	Vorbegrifflich-symbolisches Denken	Das Kind kann mit Symbolen, die für Handlungen und Gegenstände stehen, umgehen. Spracherwerb und -gebrauch. Symbolspiel und Nachahmung.
4 – 7 Jahre	Anschauliches Denken	Wenn Anschauungen und Denken überein-stimmen, kommt es zu richtigen Lösungen (z. B. große Menge: mehr Raum, kleine Menge: weniger Raum). Das Denken versagt jedoch, wenn mehrere Dimensionen berücksichtigt werden müssen und/oder wenn die Anschauung trügt. Ein Denkvorgang ist noch nicht umkehrbar.
7–11 Jahre	3. Konkret-logische Operationen	Benutzung logischer Operationen (abstrahierte verinnerlichte Handlungen), die umkehrbar (reversibel) sind und für die Lösung konkreter Probleme (Umgang mit Zahlen, Raum- und Zeitproblemen) eingesetzt werden können.
ab etwa 12 Jahren	4. Formal-logische Operationen	Operationen können systematisch und bewußt im Denken eingesetzt werden. Schlußfolgerndes Denken gelingt nun bei beliebigen fiktiven Annahmen: Gedankenexperimente

Abb. 2: PIAGETS *Stadien der kognitiven Entwicklung (nach* OERTER/IMMELMANN *1988).*

manenz) (vergl. INHELDER 1978, 1166). Der Begriff von einem Gegenstand entsteht beim Kind also über den Prozeß der Handhabung der gegenständlichen Welt (vom Greifen zum Begreifen). Dieses gilt als eine universelle Erkenntnis[22]. Am Ende des sensomotorischen Entwicklungsstadiums ist das Kleinkind in der Lage, Objekte auch dann als existent zu begreifen, wenn diese nicht mehr direkt sensomotorisch kontrollierbar sind. Es ist dies ein erster kategorialer Meilenstein, die in Zeit und Raum transiente Welt in einer subjektiven Vorstellungswelt zu relativieren.

---

[22] Eine ausführliche Darstellung der Greifentwicklung und der Objektpermanenz in der frühen Kindheit erfolgt in RAUH (1987).

Die Fähigkeit, Objekte und sensomotorisch erfahrene Phänomene mental zu repräsentieren, differenziert sich im Vorschulalter *(präoperationale Intelligenz)*. Charakteristisch ist das vorbegriffliche Denken, das auf Symbolhaftigkeit und Anschaulichkeit beruht. Handlungen entsprechen zunehmend Vorstellungsbildern, Gegenstände können unabhängig von den ursprünglich erfahrenen Funktionen spielerisch umgedeutet werden (Symbolspiel). Dennoch bleiben die Spielhandlungen an konkrete Gegenstände gebunden. Die Handlungsdynamik wird zum strukturierenden Medium des Denkens. Durch Handeln differenziert das Kind zwischen Handlungseffekt (= Sequenz und Konsequenz); in der Handlung erfährt es sich als Urheber der Aktivitäten (Subjekt), das sein Interesse auf Ziele und Objekte richtet. Eine solche Handlungsgrammatik „Akteur – Handlung – Objekt" entsteht lange vor der sprachgrammatikalischen Folge „Subjekt – Prädikat – Objekt" und bereitet die Logik der Sprache vor (BRUNER 1987; OERTER 1989b; FISCHER/WENDLER 1994). PIAGET vertritt die Priorität des Denkens gegenüber der Spachentwicklung – anders als die Kontexttheoretiker der Kulturhistorischen Schule, z. B. WYGOTSKI (1971). Nicht der Gebrauch von Wörtern führt zu symbolischem Denken, sondern erst das repräsentative Denken ermöglicht die Verwendung der Sprache und der Zeichensysteme (z. B. der Schriftsprache). In der präoperationalen Periode werden Kognition und Sprache als Kommunikationssystem parallelisiert und integriert. Integrierendes Moment ist die Symbolfunktion (vergl. KEGEL 1993, 257; MILLER 1993, 65).

Im Laufe des Vor- und Grundschulalters modifiziert das Kind sein Invarianzkonzept im Erfahrungsfeld der physikalischen Größen Substanz, Gewicht und Volumen. Die klassischen Experimente zur Erhaltung der Quantitäten und zur Invarianz der Mengen von PIAGET und SZEMINSKA (1975, 15–57) sind mehrfach Gegenstand der Darstellung (z. B. MONTADA 1987; MILLER 1993; TRAUTNER 1993). Wir exemplifizieren hier den Invarianzbegriff der Substanz (Flüssigkeitsmenge) unter Bezugnahme auf ZUR OEVESTE (1982, 107–108; 1987, 27–30):

Den Kindern werden zunächst zwei zylindrische Gefäße gleichen Ausmaßes gezeigt, die gleichviel Flüssigkeit enthalten. Anschließend wird die Flüssigkeit aus einem der Gefäße in ein anderes umgegossen, das sich in seiner Form vom Ausgangsgefäß unterscheidet. Es ist einmal höher und schmaler und einmal niedriger und breiter. Schließlich wird die Flüssigkeit auch noch in eine Reihe kleinerer Gläser umgefüllt. Die Kinder werden gefragt, ob sich die Flüssigkeitsmenge nach dem Umgießen verändert hat und sollen ihr Urteil auch begründen.

In dem Altersabschnitt von 4 bis etwa $5^1/_2$ Jahren ist das Denken rein an die Anschauung gebunden und auf die jeweils wahrnehmbaren Zustände gerichtet. Entsprechend wird die Flüssigkeitsmenge gemäß der Formveränderung variant als mehr oder weniger beschrieben. Kinder dieses Alters beziehen sich nur auf einen der Gesichtspunkte (Höhe oder Breite der Flüssigkeitssäule, Zahl der Gefäße bzw. der Umfüllungen), die miteinander koordiniert werden müssen. Der Lösungsprozeß unterliegt einer graduellen Entwicklung, bei der die Kinder zwischen anschaulichen Äußerungen und logischen Vermutungen schwanken. Erst etwa Mitte des achten Lebensjahres sind sie in der Lage, die Basisvariablen miteinander zu verrechnen. Sie verstehen, daß z. B. die Hebung des Flüssigkeitsniveaus durch eine Verringerung der Breite ausgeglichen wird (logische Multiplikation) und daß die auf mehrere Gläser verteilte Flüssigkeit wieder zur ursprünglichen Gesamtmenge zusammengefügt werden kann (ZUR OEVESTE 1982, 108). Durch Stabilisierung des Invarianzbegriffes (der Substanz) hat die Denkstruktur des Kindes ein größeres Handlungsfeld erfahren.

Das Invarianzkonzept ist in der wissenschaftlichen Bewertung als Basiskonzept der kognitiven Entwicklung anzusehen. Die Qualität bzw. Komplexität des Konzeptes ist eine Funktion der handelnden Auseinandersetzung des Kindes mit den Gegebenheiten der physikalischen Umwelt. An dieser Stelle werden auch die Berührungspunkte zwischen dem motopädagogischen Förderkonzept und der strukturgenetischen Tradition der Entwicklungstheorie offensichtlich. Die Motopädagogik stellt die mediale Bedeutung der Bewegungshandlung in den Mittelpunkt des Förderinteresses. Nach dieser Auffassung differenziert sich das Verständnis für Objekteigenschaften (groß, klein, hart, weich, rund, eckig, leicht, schwer etc.) durch die Kontrastbildung des handlungsbezogenen Umgangs mit der gegenständlichen Welt. In der Motopädagogik wird der Körper zum Referenzsystem der Erfahrung, aus der sich das Weltwissen des Kindes zunehmend konstruiert.

Im konkret-operationalen Entwicklungsstudium, das mit leicht zeitlicher Versetzung (7–11 Jahre) etwa dem Grundschulalter entspricht, werden die Handlungen des Kindes sukzessive als verinnerlichte Denkprozesse geregelt. In dieser Entwicklungsperiode kann der Erhaltungsbegriff als Kriterium gewertet werden, ob das Kind den Entwicklungsschritt zu den kognitiven Operationen vollzogen hat (vergl. MILLER, 69). Entwicklungsspezifische Inhalte der konkreten Operationen lassen sich in logische, arithmetische und raum-zeitliche Operationen untergliedern (ZUR OEVESTE 1987). Die Darstellung des Invarianzbegriffes hat verdeutlicht, daß Kinder zunehmend in der Lage sind, sich Objekte und physikalische Phänomene unabhängig von der Erscheinungsform als transformierbar und damit als weiterhin existent vorzustellen. Mit Hilfe des Denkens vermag das Kind Transformationsregeln zu begreifen und damit sein Wahrnehmungsfeld zu strukturieren. Es lernt Objekte zu vergleichen und aufgrund der Merkmale zu klassifizieren sowie Reihungen vorzunehmen. Diese logischen Operationen ermöglichen es dem Kind, den Zahlenraum zu begreifen (den Begriff der Kardinalzahl und der Ordinalzahl zu erwerben), rechnerische Transformationen (Addition, Subtraktion, Multiplikation, Division) vorzunehmen und die Rechenoperationen in ein Gesamtsystem zu integrieren. Da die geistigen Prozesse dieser Entwicklungsstufe immer an konkrete Objekterfahrungen gebunden bleiben, bezeichnet PIAGET die Denkleistungen des Kindes als konkret operational. Erst die Fähigkeit des Jugendlichen, sich von konkreten Objekten zu lösen und „Gedankenexperimente" hypothetisch-deduktiv, also schlußfolgernd vorzunehmen, qualifiziert das Denken als formal-logische Operationen.

Eine die Realität ordnende und die Person strukturierende Funktion kommt in einem besonderen Maße den Konzepten des *Raumes* und der *Zeit* zu. Beide sind entwicklungspsychologisch als kognitive Schemata zu verstehen, die durch Bewegung stattfindende Positionsveränderungen von Objekten koordinieren. Zeit als Ordnungskonzept berücksichtigt im Gegensatz zum Raum die Geschwindigkeit der Bewegungen (ZUR OEVESTE 1982). Als kognitive Konstrukte, die beide auf Bewegung rekurrieren, haben die Konzepte eine besondere Bedeutung für die motologische Theoriebildung.

2.3 Die Entwicklung des Raum-Zeit-Konzeptes beim Kind

Der Aufbau der Wirklichkeit beruht auf der Konstruktion raumzeitlicher Orientierungssysteme, die entwicklungslogisch auf eine aktionale – sensomotorische – Basis zurückgeführt werden können. PIAGET distanziert sich mit seiner Modellvorstellung der Entwicklung als aktiver Konstruktion explizit von den naturwissenschaftlich geprägten philosophischen Vorstellungen, die Raum und Zeit in der Tradition KANTs als a priori gegeben, somit als rein objektive und vom Denken unabhängig existierende Größen annehmen. Zeit- und Raumbegriff beim Kind stellen eine mit der Erfahrung engstens verbundene Logik dar, die sich aus Ereignissen aufbaut[23]. PIAGET (1974) sowie PIAGET und INHELDER (1975, 1977) betonen immer wieder, daß die Begriffe *nur* aus der *Aktion* entstehen. Sie formulieren in bezug auf den Raum:

- *„Das Bild (des Raumes) ist nie etwas anderes als die verinnerlichte symbolische Imitation früher ausgeführter Handlungen."*
- *„Alle Formen räumlicher Intuition, die wir studiert haben, gründen sich auf Handlungen".*
- *„Die (innere) Repräsentation ersetzt die Aktion wirklich erst, nachdem sie durch die Aktion selbst genügend informiert worden ist" (PIAGET/INHELDER 1975, 524, 528; zit. nach CIOMPI 1988, 216).*

Für unsere Betrachtung ist von besonderem Interesse, daß die Konzepte von Raum und Zeit nicht unabhängig voneinander erworben werden, sondern miteinander über das Bindeglied der Bewegung in Beziehung stehen. Die Zeit erscheint dabei als „Koordination von Bewegungen mit verschiedenen Geschwindigkeiten, während der Raum eine Koordination der Positionen, aber ohne Berücksichtigung des Geschwindigkeitsmoments darstellt" (CIOMPI 1988, 216; vergl. auch ZUR OEVESTE 1987, 48).

Die Konstruktion der raumzeitlichen Begriffe durchläuft nach PIAGET dieselben Entwicklungsperioden wie alle anderen kognitiven Prozesse, wobei der sensomotorischen Entwicklungsstufe wegen des direkten Körperbezuges eine besondere Rolle zukommt (vergl. SCHERLER 1975, 32–48). Ihren Abschluß findet auch diese Entwicklung in der kognitiven Reversibilität des Raum-Zeit-Konzeptes auf der Stufe der formalen Operationen. Dieses bedeutet etwa für den Zeitbegriff:

„Die Zeit verstehen, heißt also durch geistige Beweglichkeit das Räumliche überwinden. Das bedeutet vor allem Umkehrbarkeit (Reversibilität). Der Zeit nur nach dem un-

---

[23] CIOMPI (1988, Kap. 3, 82–127) stellt die Raum- und Zeitvorstellungen der Naturwissenschaft in Beziehung zu den sich verändernden (philosophischen) Erkenntnissen über die Genese psychischer Strukturen. Diese zielt vor allem auf die Parallelität der Erkenntnis, daß die Vorstellung der NEWTONschen Physik von Zeit und Raum als voneinander unabhängigen Größen durch EINSTEIN zugunsten eines relativistischen Raum-Zeit-Kontinuums umformuliert wurde, bei der die Größen nicht als von vornherein gegeben, sondern im Sinne von Epiphänomenen erst durch die tatsächlichen materiellen Vorgänge (Ereignisse) „geschaffen" werden. Damit aktualisiert die moderne Physik die philosophischen Erkenntnisse von LEIBNITZ, nach denen der Raum keineswegs einen „leeren Behälter" darstellt, sondern „die Gesamtheit der Zusammenhänge zwischen den Körpern" repräsentiert (CIOMPI 1988, 217; siehe auch FRANKE 1985, 19–21).

> *mittelbaren Lauf der Ereignisse folgen, heißt nicht sie verstehen, sondern sie erleben, ohne ihrer bewußt zu werden. Sie kennen heißt dagegen, in ihr voraus- und zurückschreiten und dabei ständig über den wirklichen Verlauf der Geschehnisse hinauszugehen"* (PIAGET 1977, 365).

In der motologischen Theorierezeption wird der Thematik – allerdings mit einer Überbetonung des Raumthemas – in den letzten Jahren zunehmend Bedeutung beigemessen (siehe BERTRAND 1982; HÖLTER 1987; SEEWALD 1987; JOANS 1989; FISCHER 1993a; HAAS 1993; VORTISCH/WENDLER 1993; ZIMMER 1993a). Die Bezüge werden vor allem zur Entwicklungs- und Sozialpsychologie (PIAGET/INHELDER 1975; HALL 1976; KRUSE/GRAUMANN 1978; ARGYLE 1979; BRONFENBRENNER 1981) sowie zur Anthropologie und Phänomenologie (PLÜGGE 1964; MERLEAU-PONTY 1966; BOLLNOW 1976[3;] SCHMITZ 1985) hergestellt. Das motologische Interesse richtet sich auf die Erforschung des komplexen Beziehungs- und Wirkgefüges zwischen dem Menschen und seiner körperlichen (leiblichen) Räumlichkeit sowie seiner materiellen und sozialräumlichen Umwelt. Die Entwicklung von Raumerleben und Raumerfassung beim Kind kann dabei insgesamt als eine zunächst auf den eigenen Körper (Leib) zentrierte, dann zunehmend auch auf die lebensweltlichen Bedingungen ausgerichtete Entwicklung beschrieben werden (BERTRAND 1982; JOANS 1989). Raumerleben und Raumbegriff stehen somit im Spannungsfeld zwischen Körperlichkeit (Subjektraum) und Dinglichkeit (Objektraum).

Die Unterscheidung in einen „objektiven" und einen „subjektiven" Raum geht auf den phänomenologisch-anthropologischen Forschungsansatz E. HUSSERLs (1950; 1962) zurück und wurde erstmals von FRANKE (1985) im Rahmen einer sportwissenschaftlichen Grundlagendiskussion thematisiert. Danach ist der *„gestimmte Raum der Raum, den der Mensch oft vor jeder Reflexion mit Gefühlsmomenten besetzt (nah, fern, Gegenden etc.). Er bildet zwar subjektiv die Basis der Raumwahrnehmung, ist aber nicht auszugestalten ohne den Anschauungsraum. Er ist quasi die Voraussetzung für jeden Wahrnehmungsraum, da in ihm die Beziehung der Dinge und die Dinge selbst bestimmt werden"* (FRANKE 1985, 25). Der gestimmte Raum läßt sich danach der Kategorie *subjektiver Raum*, der Anschauungsraum der Kategorie *objektiver Raum* zuordnen. Respektive ist der objektive Raum der absolute Raum, der nach mathematisch-physikalischen Gesetzmäßigkeiten beschreibbar und damit quantitativ bestimmbar ist. Der *subjektive Raum* ist der durch das handelnde Individuum wahrgenommene und bewertete Raum, der qualitativ bestimmbar ist: Nur beide Aspekte zusammen machen das Ganze der kindlichen (Re-) Konstruktion der Wirklichkeit aus. Diese ergibt sich über den Prozeß der Wahrnehmung.

> *„Es gibt in unserer Welt keine direkte Information über räumliche Beziehungen. Alle unsere Information über räumliche Lokalisierung erhalten wir durch Hinweisreize, die interpretiert werden müssen, um uns räumliche Konzepte liefern zu können"* (KEPHART 1977, 124).

Der direkteste räumliche Hinweisreiz ist die Bewegung. In der Eroberung des Raumes spielt sie eine wesentliche Rolle. Indem Kinder sich bewegen, fortbewegen, rutschen, laufen, drehen, balancieren, springen, in die Höhe klettern, erfahren sie alle Freiheitsgrade der Bewegungsmöglichkeiten und machen Erfahrungen – Selbst- und Umwelterfahrungen –, die sie in die Lage versetzen, die räumliche Realität zu erfassen. Dieser Konstruktionsprozeß ist geradezu eine Funktion des Wahrnehmungsprozesses infolge der motorischen Handlung. Nach neueren Wahrnehmungstheorien (E. GIBSON 1988, 1992; NEISSER 1979, 1985; siehe Kap. 3.3) ist der Wahrnehmungsprozeß nicht als ein passives Aufnehmen von Informationen zu verstehen, sondern als ein aktiver Vorgang im Handlungsgeschehen, bei dem das (wahrnehmende) Kind seine personale, gegenständliche und räumliche Welt auf der Basis von repräsentiertem Wissen und bisherigen Erlebnissen subjektiv ordnet (vergl. NEISSER 1979, 27; FISCHER 1991a, 21). Dabei vermittelt jede Wahrnehmungsaktivität „Informationen über den Wahrnehmenden wie über die Umgebung, über das Ich wie über die Welt" (NEISSER 1979, 31). Die entscheidenden Bedeutungsdimensionen des Raum-Zeit-Konzeptes sind also das *Ich* und die *Umwelt*[24].

2.3.1 Räumlichkeit und Zeitlichkeit als aktionale Repräsentationen

Raum und Zeit sind komplexe Schemata, die das Kind über einen längeren Zeitraum erwirbt und die einer qualitativen Differenzierung unterliegen. Die Raumrepräsentation läßt sich allgemein als eine Entwicklungslinie von der Orientierung am eigenen Körper (Körperraum) über eine Orientierung im Raum vom eigenen Körper aus (egozentrischer oder topologischer Raum) zu einer außerkörperlichen Raumrepräsentation (euklidischer Raum) charakterisieren. Der Zeitbegriff entwickelt sich von einer rein an Aktionsschemata gebundenen praktischen Zeit über die anschauliche Zeit zu Operationen, bei denen sich die Zeit als Invariante aus der Koordination von Bewegungen mit verschiedenen Geschwindigkeiten ergibt. Die Strukturgenese des komplementären Doppelkonzeptes wird lediglich aus analytischen Gründen (jeweils für die einzelnen Entwicklungsstadien) getrennt nachvollzogen.

In den ersten Lebensmonaten ist allein der Körper der Ausgangspunkt der kindlichen Raumerfahrung. Der Säugling bezieht alle Empfindungen auf sich, auf seinen Körper – zwischen „Ich" und „Umwelt" kann er noch nicht unterscheiden. Im Zusammenhang mit dem Saugen entwickelt sich der Mundraum; daran anschließend gewinnt durch das Greifen der taktile Raum für die körpernahe Orientierung an Bedeutung; dieser wird zunehmend durch das Auge kontrolliert. Durch die Koordination der manuellen Tätigkeit und der Augenbewegungen in Abhängigkeit von der Stabilisierung des Kopfes entwickelt sich der visuelle Raum, der mit Beginn des Laufalters den sogenannten Fernraum bildet. Diese verschiedenen körperzentrierten Räume werden zunehmend miteinander integriert und erlauben dem Kind eine systematische Erforschung der Realität.

---

[24] Aus der Perspektive der Motologie sind drei Zugänge dieses Person-Umwelt-Kontextes sinnvoll. Zunächst werden die Meilensteine der raum-zeitlichen Begriffsbildung in ihrer Bedeutung für die kindliche Entwicklung diskutiert. Der Diskussionsfaden wird unter dem Aspekt der Bedeutung der Körpererfahrung für die Herausbildung eines Körperschemas und Körperbildes in Kap. 4.3 erneut aufgenommen. Schließlich werden Raum und Zeit als soziale Konstruktion, d. h. die raum-zeitlichen Gegebenheiten in der gesellschaftlichen Welt (Kap. 4.4) zu diskutieren sein.

Die fortschreitende Differenzierung der Bewegungsaktivität im ersten Lebensjahr ermöglicht dem Kind Körperstellungen, die nach MAGNUS, STERN und KLEIN (1970; zit. n. BERTRAND 1982, 138) *als erste orientierte Bewegungen nach oben, unten, hinten und vorne anzusehen sind. Mit eineinhalb Jahren vereinigt das Kind dank seiner erreichten Bewegungsfreiheit die verschiedenen Wahrnehmungsräume zu einem einzigen Bewegungsraum, den es autonom beherrscht.* Die Kontrolle der eigenen Bewegungshandlungen erfolgt durch das sich differenzierende Körperschema. Die mit Hilfe des Körperschemas ausgerichtete Orientierung im Raum bewirkt, daß das Kind räumliche Zusammenhänge herzustellen und zu verstehen lernt. Dies ergibt sich aus der Integration des eigenen Körpers und seiner Teile in den Raum.

Die wichtigste Lebenserfahrung des Kleinkindes ist die Entdeckung aller Bewegungsfreiheitsgrade und des Bewegungstempos. Mit gut einem Jahr lernt das Kind zu stehen und zu laufen. Entgegen der einzig existierenden Orientierungskonstante – der Schwerkraft – richtet es sich auf, und bald darauf kann es auch laufen. Es hat die Raumdimensionen oben und unten entdeckt. Dieses Können und Wissen verfeinert sich nun zusehends. Das 3- bis 4jährige Kind will auf Gegenstände (hinauf-) klettern, (hinunter-) rutschen und den Kitzel des (Hinab-) Springens erleben. Es will auch seine Laufschnelligkeit auf die Probe stellen, indem es alle zur Verfügung stehenden Räume durcheilt. Bewegungsaktivität ist sein vorherrschendes Lebensthema. Durch seine Aktivität lernt es seine Umwelt in ihren räumlich-zeitlichen Bedeutungen (oben–unten, vorn–hinten, seitlich, Ereignisreihenfolge) kennen, und durch sein zielstrebiges Bewegungshandeln entwickelt es eine positive Einstellung zu sich selbst (Körperbild).

Im ersten Lebensjahr existiert das *Zeiterleben* nur als Aktionsschema. Es ist untrennbar mit der Tätigkeit des Kindes verbunden; deshalb spricht PIAGET von sensomotorischer Zeit. Diese praktische Zeit differenziert sich für jede Handlungskoordination und ist noch nicht als einheitliche Zeit repräsentiert (vergl. OERTER 1973, 430). Im Entwicklungsabschnitt von 2–7 Jahren erwirbt das Kind ein zeitliches Ordnungskonzept: Es lernt, daß Handlungen einem zeitlichen *Verlauf* untergeordnet sind und daß die Ereignissequenzen von unterschiedlicher Dauer sein können. Der Zeitbegriff dieses Alters ist noch sehr stark an die direkte „Anschauung" gebunden, was sich darin äußert, daß das Kind noch nicht korrekt zwischen zeitlicher Folge und räumlicher Ordnung differenzieren kann. In einem seiner klassischen Experimente läßt PIAGET (1974) auf einem Tisch zwei Puppen zum gleichen Zeitpunkt, aber mit unterschiedlicher Geschwindigkeit, „loslaufen" bzw. Sprünge unterschiedlicher Weite durchführen und zugleich anhalten. Kinder verschiedenen Alters werden systematisch danach befragt, welche der beiden Puppen zuerst stehengeblieben ist und ob eine Puppe länger unterwegs war (OERTER 1973; ZUR OEVESTE 1987).

Die Angaben jüngerer Kinder (4–5;6 Jahre) sind widersprüchlich. Einerseits nehmen sie wahr, daß die Puppen zum selben Zeitpunkt loslaufen und anhalten, andererseits habe eine Puppe längere Zeit benötigt, weil sie eine größere Strecke zurückgelegt habe. Jüngere Vorschulkinder sind somit noch nicht in der Lage, die zeitliche Dauer einer Bewegungssequenz von deren räumlicher Ordnung zu differenzieren. Diese kognitive Leistung differenziert sich nur allmählich und wird erst ab dem 8. Lebensjahr als *operativer Zeitbegriff* gebildet. Das Denken löst sich von der Anschaulichkeit raumzeitlicher Ereignisse;

durch kognitive Dezentrierung wird das ältere Kind fähig, das *Invariante* bewegungsbezogener Handlungsketten zu repräsentieren und damit *Zeit* begrifflich zu erfassen (vergl. CIOMPI 1988, 225).

Analog der Zeit unterliegt auch der Raumbegriff einer qualitativ gestuften Genese, die PIAGET UND INHELDER (1975) in Anlehnung an die mathematische Geometrie in topologische, projektive und euklidische Beziehungen differenzieren (BERTRAND 1982; ZUR OEVESTE 1982). Jenseits des sensomotorischen, rein körperbezogenen Raumerlebens in den beiden ersten Lebensjahren wird die außerkörperliche Welt sukzessive strukturiert. Ausgangs- und Bezugspunkt dieser Entwicklung bleibt jedoch der Körper. Während die Bewegung entwicklungslogisch als die Integration des Körpers in den Raum definiert werden könnte, ist unter der geistigen Repräsentation des Raumes der umgekehrte Prozeß zu verstehen, der der Verinnerlichung der aktional erfahrenen Raumdimensionen in den eigenen Körper.

Die erste Phase dieser Entwicklung entspricht einer vorwiegend topologischen Raumvorstellung. Das Vorschulkind (präoperationales Stadium) denkt in Beziehungskategorien wie Geschlossenheit – Offenheit, Eingeschlossensein – Ausgeschlossensein, Nachbarschaft – Trennung, Ordnung oder Kontinuität. Dabei gewinnen PIAGET UND INHELDER (1975, 73–109) ihre Erkenntnisse vor allem aus der Interpretation der Raumorganisation spontaner Kinderzeichnungen und aus Nachzeichnungen euklidischer Figuren (Kreis, Quadrat, gleichseitiges Dreieck, Ellipse, Rechteck). Erste Differenzierungen in Richtung einer euklidischen Raumerfassung zeigen sich in einer Unterscheidung von *rund* und *eckig* ab 4 Jahren. Interessanterweise geht der visuellen Relativierung die Fähigkeit zur taktilen Diskrimination voraus, eine Erkenntnis, die ZUR OEVESTE (1987, 45–46) bei einer Synopse von Nachfolgeuntersuchungen – etwa LOVELL (1959) und PAGE (1959) – sichern konnte. Dieses entspricht auch der gängigen psychomotorischen Förderpraxis, etwa sensomotorisch deprivierte Kinder zunächst mit vielfältig geformten (natürlichen) Materialien, die sich durch einen Reichtum an Konfigurationen auszeichnen, spielen zu lassen, bevor mit geometrischen Formen und Körpern systematisch manuell gearbeitet wird (BRAND/BREITENBACH/MAISEL 1988; SEIDL-JERSCHABEK 1991)[25]. Erst nach dem 7. Lebensjahr können komplexe euklidische Figuren rekonstruiert werden.

Parallel zur Konstruktion der euklidischen Beziehungen werden aus der topologischen Raumorganisation projektive Raumbeziehungen aufgebaut, *„die eine Ordnung von Objekten relativ zueinander ermöglichen, ohne daß jedoch Abstände berücksichtigt werden (z. B. A kommt vor B, B kommt vor C, usw.)"* (ZUR OEVESTE 1987, 42–43). Kindergartenkinder sind noch nicht in der Lage, Perspektiven – auch Raumbezüge von Gegenständen zueinander – von einem anderen Standpunkt als von ihrem eigenen zu betrachten. Zur Verdeutlichung des Sachverhalts soll der Drei-Berge-Versuch PIAGETS herangezogen werden. PIAGET und INHELDER (1975; s. MONTADA 1987, 421; siehe *Abb. 3*) setzten Kinder vor das Modell einer Landschaft mit drei deutlich unterscheidbaren Bergen. Die Kinder

---

[25] Siehe das Schwerpunktheft „Gestaltung von Erfahrungsräumen" der Zeitschrift *Motorik* 1991/3, dort vor allem die Gestaltungsvorschläge und Materialsammlung für einen nach motopädagogischen Gesichtspunkten gestalteten Förderraum (SEIDL-JERSCHABEK 1991).

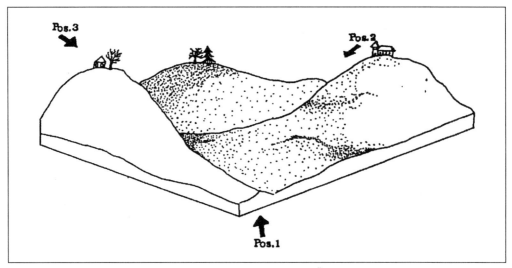

Abb. 3: Der Drei-Berge-Versuch von PIAGET und INHELDER zur Überprüfung der Raumwahrnehmung von Kindern (nach MONTADA 1987, 421).

sollen verschiedene Positionen zum Modell einnehmen und jeweils gleichzeitig aus einer Auswahl von Zeichnungen bzw. Fotos aus unterschiedlichen Perspektiven der Landschaft die zugehörige Perspektive bestimmen. Dieses können ältere Kindergartenkinder in der Regel bewältigen. Die Aufgabe, eine vorgegebene andere als die aktuell eingenommene Position zuzuordnen, erweist sich als eine Überforderung für alle Kinder. Bis zum Alter von 7 Jahren wählten sie immer das Foto aus der eigenen Perspektive. Diese vom Körperraum und seinen Dimensionen abhängige Raumwahrnehmung entspricht der egozentrischen Sichtweise der Kinder, die sich erst mit 7–9 Jahren allmählich verändert.

Die entscheidende qualitative Veränderung im präoperationalen Entwicklungsstadium liegt in der Differenzierung und Repräsentation des Handlungsraums vor und hinter dem Kind. Erkenntnisleitend ist also die *Strukturierung der Vorne-Hinten-Perspektive:* durch Bewegung wird der Aktionsraum zum Lebensraum. Schwierigkeiten hat das Kind dieses Alters noch mit der Seitenzuordnung. Gemäß seiner egozentrischen Denkweise ist links oder rechts immer *mein Links* oder *mein Rechts.* Ein Hinweis der Erzieherin, einen Gegenstand zu finden oder aufzuheben, der sich rechts (neben ihr) auf dem Boden befindet, ist sprachlich redundant, da das Kind noch nicht in der Lage ist, sich gedanklich in die Raumposition der gegenüberstehenden Person zu versetzen. In der Regel findet das Kind den Gegenstand, weil es aktiv danach sucht und weil der ausgestreckte Arm der Erzieherin bei der Positionsbestimmung hilft. Eine lediglich verbale Kommunikation mit dem Kind dieses Alters ist keine entwicklungsadäquate Interaktion.

Erst mit 9 Jahren sind Kinder in der Lage, einfache projektive Relationen im Anschauungsraum von der eigenen Position aus vorzunehmen (z. B. der grüne Berg befindet sich rechts neben dem grauen), aber nur allmählich bildet sich die Fähigkeit zur Konstruktion multipler projektiver Relationen heraus (ZUR OEVESTE 1987, 47). Im Vordergrund steht immer weniger der eigene Körper, sondern die Möglichkeit, ein Beziehungssystem (Koordinatensystem) im Außenraum aufzubauen. Das Kind versteht nun zunehmend, was die senkrechte und die waagerechte Raumlinie bedeuten. Durch logische Operationen in Vorstellung und Denken werden Gegenstände mit ihren räumlichen Qualitäten (gerade, gebogen, winklig) repräsentiert. Dieser Meilenstein der Konstruktion multipler Relationen bzw. einer euklidischen Raumvorstellung steht aber nach SCHERLER (1975, 68) *„zu der ursprünglich sensomotorischen Intelligenz in funktioneller Kontinuität, denn selbst komplexe Vorstellungen des Raumes begreift PIAGET als virtuelle, verinnerlichte Handlungen (…). So gesehen ist auch die geometrische Anschauung des Raumes nur die objektivierte Form einer aktionalen Metrik (wie Schrittlänge, Reichweite oder Sprunghöhe) sensomotorischen Verhaltens“.*

Wie der operative Raumbegriff beinhaltet auch der operative Zeitbegriff eine metrische Dimension: die objektive Zeiteinheit (Sekunde, Minute, Stunde, etc.), die sich retrospektiv als Invariante früherer Handlungsorganisationen und prospektiv als Maßeinheit zukünftiger Handlungsplanungen verstehen läßt. In einer übergreifenden Betrachtung erweist sich die Bewegung somit als Basiseinheit raumzeitlicher Orientierung und wird damit zum Träger der kognitiven Strukturgenese.

2.3.2 Aktuelle Revisionen des Raum–Zeit–Konzeptes

Es hat zahlreiche Versuche gegeben, die Entwicklungstheorie PIAGETS empirisch zu überprüfen. Der daraus abgeleitete Hauptkritikpunkt richtet sich gegen die Parallelitätshypothese, weniger gegen die hierarchisch strukturelle Sichtweise der Theorie. Entsprechend werden heute prozessuale Aspekte der Erkenntnisgewinnung favorisiert (zusammenfassend siehe FLAMMER 1988, Kap. 8, 130–161; SCHMID-SCHÖNBEIN 1989b). Das Raum-Zeit-Konzept PIAGETS ist nur selten Gegenstand der kritischen Revision. Die umfangreichste Nachfolgeuntersuchung mit 700 Kindern zwischen 2 und 12 Jahren liegt von LAURENDEAU und PINARD (1970) vor. Die Ergebnisse bestätigen die von PIAGET vorgeschlagene Entwicklungshierarchie, jedoch mit zeitlich-strukturellen Verschiebungen innerhalb des Teilkonzeptes Raum (vergl. ZUR OEVESTE 1987, 46). Dies zum Anlaß nehmend, legt ZUR OEVESTE (1987) die im deutschsprachigen Raum umfassendste Revisionsstudie aller Inhaltsbereiche vor. Die Hamburger Untersuchung erfaßt den kognitiven Entwicklungsstand von 120 Kindern im Alter von 4–11 Jahren und bezieht sich im wesentlichen auf die von PIAGET und Mitarbeitern vorgelegten Untersuchungsdesigns.

Die Ergebnisse sind für das handlungsorientierte Förderkonzept der Motologie in mehrerer Hinsicht interessant. Auch nach dieser Studie läßt sich eine strukturgenetische Perspektive kindlicher Kognition prinzipiell empirisch bestätigen, doch muß eindeutig und endgültig Abstand genommen werden von einem Konzept dimensionaler Parallelität zugunsten einer bereichsspezifischen individuellen qualitativen Hierarchisierung.

„Das einzige Konzept, das in seinem hierarchischen Aufbau perfekt mit dem von PIAGET angegebenen übereinstimmt, ist das Invarianzkonzept, das in der Folge Substanz, Gewicht und Volumen für die physikalischen Größen erworben wird“ (ZUR OEVESTE 1987, 134–135; siehe *Abb. 4*).

	Entwicklungsstufe	Kognitive Organisation
I	Kindergartenalter (bis 5 Jahre)	• Einfache Klassifizierung • Verständnis der zeitlichen Sukzession und Dauer
II	Vorschulalter (5–6 Jahre)	• Einfache Seriation • Kardinale Korrespondenz • Einfache euklidische Beziehungen
III	Frühes Grundschulalter (6–7 Jahre)	• Invarianz der Substanz • Multiple Seriation • Einfache projektive Beziehungen
IV	Mittleres Grundschulalter (8–9 Jahre)	• Invarianz des Gewichts und des Volumens • Multiple Klassifizierung • Ordinale Korrespondenz • Komplexe euklidische Beziehungen
V	Spätes Grundschulalter (ab 10 Jahre)	• Verständnis der Klasseninklusion • Multiple projektive Beziehungen

Abb. 4: *Hierarchische Ebenen der kognitiven Entwicklung nach den Ergebnissen der Revisionsstudie* ZUR OEVESTES *(1987, 136).*

Zudem muß – anders als es das klassische Konzept PIAGETS vorsieht – ein relativ großer, altersunabhängiger Varianzanteil angenommen werden, der auf situationsspezifische Erfahrungen (Lernen) zurückgeführt werden kann. ZUR OEVESTE (1987, 138–141) spricht von einem mehrdimensionalen Entwicklungskonzept, bei dem die dimensionalen Entwicklungszusammenhänge nicht nach dem für „PIAGET bedeutsamen Operationalitätskriterium" bestimmbar sind, sondern auf dem Komplexitätsgrad der beteiligten Konzepte beruhen. Entscheidend nun für ein dimensionales Förderkonzept ist die Bestimmung von strukturellen Basiskonzepten und die Möglichkeit bereichsspezifischer Förderung im Sinne der kognitiven Komplexitätsverbesserung.

Als Entwicklung generierendes Basiskonzept kristallisiert sich die Bewegungshandlung heraus. Genau dieses ist das tragende Element (Basiskategorie) des psychomotorischen (motologischen) Förderkonzepts. Allerdings ist hier begrifflich eine Unterscheidung zu treffen. Die ältere (funktionale) Psychomotorikauffassung geht von einer linearen Transferhypothese zwischen Bewegung und Kognition aus, d. h. von der „Annahme, daß über die Bewegungs- und Wahrnehmungsförderung auch eine Steigerung der kognitiven Fähigkeiten und schulischen Lernleistungen erreicht werden kann" (EGGERT/LÜTJE 1991, 157). Darin eingeschlossen ist auch die triviale Förderannahme, daß Entwicklung im motorischen Bereich selbst durch direktes Training motorischer Funktionen gefördert werden kann. Die aktuelle ganzheitliche Psychomotorikkonzeption sieht die Bewegung im Handlungskontext als integralen Bestandteil der Persönlichkeitsentwicklung. Entsprechend ist unter psychomotorischer Förderung der Versuch zu verstehen, sensomotorische Basiskompetenzen in den Gesamtkontext motivationaler, emotionaler sowie sozial-kognitiver Handlungen bzw. Hilfen zu integrieren.

> *„Generell ist davon auszugehen, daß alle Handlungen sich innerseelisch ereignen, dabei Ereignisse und Phänomene der physikalischen und psychologischen Umwelt widerspiegeln und in Sprache und Bewegung sichtbar für die Umwelt werden: Jede Bewegung ist Sinnbild für eine äußerliche wie innerliche Aktivität des Kindes"* (EGGERT/LÜTJE/JOHANNKNECHT 1990, I, 109).

Eine besondere Bedeutung für die kognitive Entwicklung des Kindes hat die Konstruktion raumzeitlicher Strukturen aus symbolisierten Handlungen, *„denn über deren Organisation und Strukturierung entwickelt sich die Fähigkeit des Kindes, sich intelligent mit seiner Umwelt auseinanderzusetzen und die räumliche und zeitliche Struktur seines individuellen Universums zu erleben – eine entscheidende Voraussetzung u. a. für die Aneignung von Schriftsprache"* (EGGERT 1994, 8)[26].

Genau hier liegen die konzeptuellen Konvergenzen des psychomotorischen Förderparadigmas und der strukturgenetischen Kognitionstheorie in der Revision ZUR OEVESTES. Basis für alle komplexeren Konzepte sind die Fähigkeit, die praktische Welt der Gegenstände und Ereignisse in begrifflichen Klassen zu ordnen (einfache Klassifizierung) und das Verständnis für die zeitliche Ordnung von Prozessen im frühen Kindergartenalter (s. *Abb. 4).* Generell ist eine Entwicklungslinie von der einfachen über die serielle Verknüpfung von Handlungsereignissen nachweisbar, die ihren Abschluß in der Konstruktion eines geschlossenen Vorstellungsraumes findet, „in dem sämtliche Perspektiven frei miteinander koordiniert werden können" (ZUR OEVESTE 1987, 136, 137). Für die Ausbildung eines mehrdimensionalen kognitiven Vorstellungsraumes haben somit die Konzepte *Bewegungshandlung, Zeit* und *Raum* in aufsteigender Linie über die sensomotorische Stufe hinaus eine fundamentale Bedeutung für die Entwicklung im Kindesalter.

Einen völlig anderen Zugang zum Problembereich wählt die ***Informationsintegrations-Theorie von*** ANDERSON/CUNEO (1978), ANDERSON (1981) und die darauf beruhende Forschung von WILKENING (1978; 1981; 1986) sowie WILKENING/LAMSFUSS (1990). Die entwicklungspsychologische Ausgangsposition dieser Theorie ist die, daß kognitive Entwicklung infolge veränderter Verknüpfungsregeln situativer Gegebenheiten beschreibbar ist. Integration physikalischer und geometrischer Zusammenhänge erfolgt analog einfacher mathematischer Operationen: Vorschulkinder verknüpfen nach der additiven Regel, mit zunehmendem Alter können Grundschüler auch multiplikativ integrieren (WILKENING 1986, 28; MONTADA 1987, 434). Die Autoren schließen ihre Ergebnisse aus zahlreichen Experimenten mit einfachen physikalischen Größen (Raum, Zeit, Geschwindigkeit, Beschleunigung etc.) und werten diese als Beweis gegen PIAGETS „Zentrierungshypothese", nach der Kinder im voroperativen Stadium sich nur relativ zu anderen dimensionalen Größen auf einen Aspekt gleichzeitig konzentrieren können (vergl. das Beispiel zur Invarianz der Flüssigkeit; Kap. 2.2). Zwei Beispiele sollen die Unterschiede verdeutlichen:

---

[26] Die Seitenangabe bezieht sich auf das Manuskript der Monographie zur Sonderpädagogischen Psychomotorik, das mir in Teilen vorliegt (siehe EGGERT 1994).

Was die Entwicklung des Zeitbegriffs anbetrifft, bezog sich Jean PIAGET auf folgendes Experiment, welches hier zur Illustration seiner Vorgehensweise und Schlußfolgerungs-Logik kurz skizziert werden soll: Zwei Spielzeuglokomotiven fahren auf parallelen Gleisen mit gleicher oder verschiedener Geschwindigkeit. Dabei starten und stoppen sie auf gleicher oder unterschiedlicher Höhe und legen somit gleiche oder verschiedene Strecken zurück. Die Versuchsperson wird anschließend gefragt, welche Lokomotive die längere Zeit gefahren ist. Erst im Alter von 11 Jahren geben die Kinder richtige Antworten. Jüngere Kinder lassen sich von der Distanzinformation leiten. Für sie ist stets die Lokomotive zeitlich länger gefahren, die zum Schluß weiter vorne steht. PIAGETS Interpretation für dieses Verhalten ist: Die Kinder haben kein Zeitkonzept; ihre Denkstruktur ist eindimensional und kann daher die relevante Information über Weg und Geschwindigkeit nicht miteinbeziehen (WILKENING/LAMSFUSS 1990, 16).

Die Autoren selbst bewerten die Situation völlig anders. Aus ihrer Sicht vergessen die jüngeren Kinder die Startpunkte der Lokomotiven und nehmen die Fahrzeit direkt visuell wahr. Die Problembewätigung sei intuitiv und nicht deduktiv (WILKENING/ LAMSFUSS 1990, 18). Sie gehen davon aus, daß Wissen nicht konstruiert wird und im operativen Stadium zur Verfügung steht, sondern über den gesamten Entwicklungsverlauf auf unterschiedlichen Wissensebenen zum Ausdruck kommt. In einem eigenen Experiment interpretieren die Autoren die Ebenen kindlichen Wissens über Wurfbahnen beim horizontalen Wurf (siehe *Abb. 5*).

Abb. 5: *Ein Kind beim horizontalen Wurf. Schon Kinder wissen hierbei, daß ein Ball nicht senkrecht nach unten fällt, sondern in Abhängigkeit von Abwurfhöhe und -geschwindigkeit in mehr oder weniger großer Entfernung landet (nach WILKENING/LAMSFUSS 1990,14).*

Gegeben waren horizontale Bahnen in unterschiedlichen Höhen über dem Fußboden, auf denen ein Ball mit verschiedener Geschwindigkeit rollen konnte. Nach etwa einem Meter Anlaufstrecke endete die Bahn, so daß der Ball auf den Boden fiel. Dort sollte er ein Ziel treffen, welches sich in verschiedenen horizontalen Entfernungen vom Ende der Bahn befand. Die Frage war: Wie schnell muß der Ball sein, damit bei der jeweiligen Ausgangskonfiguration (Höhe und Distanz) das Ziel getroffen wird? Die vermutete Geschwindigkeit konnte entweder (a) symbolisch auf einer einem Tachometer nachempfundenen Skala angegeben oder (b) motorisch produziert werden. Dazu konnten die Kinder (und auch Erwachsene) den Ball so anstoßen, daß er ihrer Meinung nach dem Ziel möglichst nahe kam (WILKENING/LAMSFUSS 1990, 20).

Interessanterweise bringen die beiden Versuchsbedingungen völlig unterschiedliche Ergebnisse. Wenn die Personen die Geschwindigkeit selbst produzieren können (motorische Situation), ergeben sich keine Entwicklungstrends. Kinder wie Erwachsene sind intuitiv in der Lage, die Dimensionen Höhe und Distanz zu berücksichtigen. Völlig anders ist das Bild in der symbolischen Situationsbedingung. Es gab kaum ein Kind (und interessanterweise immer noch einige Erwachsene), „aus dessen Urteilen man hätte schließen können, daß es die hier geltenden Gesetzmäßigkeiten begriff. Etwa die Hälfte der Kinder ignorierte die Höhe völlig und machte die Geschwindigkeit nur von der Distanz abhängig. Andere Kinder beachteten zwar die Höhe, zogen sie aber in genau umgekehrter Richtung in ihr Urteil ein, nach dem Prinzip: Je höher der Abwurfpunkt, desto schneller muß der Ball sein" (WILKENING/LAMSFUSS 1990, 20).

Hauptzielrichtung der Informationsintegrations-Theorie ist der Nachweis, daß Kinder schon relativ früh im Vorschulalter funktionale Zusammenhänge physikalischer Größen auf qualitativem Niveau (intuitiv) erfassen können und nicht erst in der späten Kindheit über abstrakte Formeln verstehen. Allerdings müssen die Autoren die besondere Problematik der Überwindung rein linearen Denkens bei zahlreichen funktionalen Zusammenhängen als alters- bzw. lernabhängige Variable anerkennen. So bereitet *„das Verstehen nicht-linearer Funktionen, wie sie bei Beschleunigungs- und Bremsvorgängen vorliegen, (...) den Kindern offensichtlich Schwierigkeiten, je jünger sie sind"* (WILKENING 1986, 28).

Aus motologischer Sicht ist an dieser Perspektive von besonderer Relevanz, daß schon 5jährige Kinder ein funktionales Verständnis für Verknüpfungen situativer Entscheidungskomponenten zeigen und damit relativ früh eine situativ-ganzheitliche Handlungskompetenz für komplexe Problembewältigungen demonstrieren. Dieses verweist erneut auf die Bedeutung des aktionalen Erfahrungserwerbs, betont aber auch die Notwendigkeit spezifischen Kenntniserwerbs durch Regelwissen bzw. pädagogische Hilfestellung in späteren Entwicklungsperioden. Anders als bei PIAGET wird in der Informationsintegrations-Theorie dem Lernen ein entscheidender Stellenwert für den Aufbau der Erkenntnis zugeschrieben. Kritisch ist jedoch mit der Zurückweisung der Entwicklungstheorie PIAGETS als reduktionistisch umzugehen. In der Kontroverse mit WILKENING (1978; 1983) weist GIGERENZER (1983a, b) die Abgrenzungen der Informationsintegrations-Theorie als ahistorisch und in bezug auf die Zentrierungsaussage PIAGETS als mißverständlich zurück. In ihrem Ansatz distanzieren sich ANDERSON & CUNEO (1978) sowie WILKENING

(1978) von der Kognitionstheorie PIAGETS, indem sie deren erkenntnistheoretische Stufenstruktur in Frage stellen.

Am Beispiel der Flächenwahrnehmung in einer Population von Kindern im voroperationalen Alter weisen sie nach, daß diese sehr wohl in der Lage sind, Flächenunterschiede von Rechtecken (Schokoladentafeln) aufgrund additiver Verknüpfungsregeln (Höhe und Breite) einzuschätzen. Älteren Kindern ist es dann auch möglich, die mathematisch richtige Multiplikationsregel anzuwenden. Mit diesem Konzept der „Nicht-Zerlegbarkeit" sei PIAGETS Zentrierungshypothese falsifiziert und damit der informationsintegrative Zugang der kognitiven Entwicklungspsychologie begründet. Die Autoren übersehen dabei, daß PIAGET Zentrierung immer nur in einem relativen Sinn versteht, in der Bedeutung der „Überschätzung der zentrierten Dimension" (MONTADA 1987, 434). Gerade die Möglichkeit der Umzentrierung der Wahrnehmung auf die andere Dimension (Höhe oder Breite) macht deren Relativität und damit die Verknüpfung der (beiden) zu berücksichtigenden Aspekte bei der Urteilsfindung im Sinne eines integrativen Konzeptes offensichtlich (vergl. GIGERENZER 1983b, 217). Auch wenn PIAGETS Entwicklungstheorie nicht als gestaltpsychologisch zu bezeichnen ist, hat sie doch eine gewisse Affinität zu der entwicklungspsychologischen These der Gestaltpsychologie, daß Entwicklung (der Wahrnehmung) von einer ganzheitlichen (undifferenzierten, integralen) zu einer analytischen (differenzierten, dem Konzept der geistig „trennbaren" Dimensionen entsprechenden) Qualität voranschreitet (vergl. GIGERENZER 1983a, 109). PIAGET überträgt dieses Basisphänomen auf die Erkenntnistätigkeit des Kindes, die sich durch eine zunehmende Variabilität des Denkens auszeichnet. Nach GIGERENZER (1983a) ist dieses durch die Informationsintegrations-Theorie in Anspruch genommene „genuine" Integralitätsprinzip (Holismus), das sich auch in der entwicklungspsychologischen Wahrnehmungstheorie E. J. GIBSONS (1969) nachweisen läßt, über die frühen gestaltpsychologischen Forschungen BRUNSWIKS (1934; 1955) in die angloamerikanische Kognitionstheorie integriert worden und ist heute als Bereicherung der prozeßorientierten Kognitionsforschung anzusehen.

Die Experimente in den verschiedenen inhaltlichen Bereichen – vor allem zum Raum-, Zeit- und Geschwindigkeitskonzept – zeigen, daß (physikalisches) Wissen nicht allein über abstrakte Formeln, sondern schon sehr früh über funktionelle Prozesse angeeignet wird (WILKENING 1986; WILKENING/LAMSFUSS 1990). Genau hierin liegt die Bedeutung des Zugangs: In der Anreicherung der strukturgenetischen Position durch eine Theorie der Performanz, die dem situativen Lernkontext und der individuellen Bedeutungszuweisung im Prozeß der kognitven Entwicklung einen höheren Stellenwert beimißt.

2.4 Aktuelle Perspektiven der kognitiven Entwicklungstheorie in der Tradition PIAGETS

In ihrem Nachwort zur ersten deutschsprachigen PIAGET-Anthologie (STEINER 1978) resümiert INHELDER (1978) nicht nur den Stand der Genfer Forschung am Ende der siebziger Jahre, sie verweist auch auf die Forschungsperspektiven der „neuen Zeit", womit sie sowohl PIAGETS Spätwerk als auch die in die Zukunft weisenden Forschungsschwerpunkte der Genfer Schule markiert. Diese lassen sich heute – retrospektiv – als Schwerpunkt-verschiebung vom „epistemischen zum psychologischen Subjekt" und von einer Orientierung an der Strukturgenese zu einer Hinwendung zu prozeduralen Aspekten kognitiver Konstruktionen beschreiben (INHELDER 1993; HOPPE-GRAFF/EDELSTEIN 1993). Die wichtigsten Aspekte der Diskussion um PIAGETS Spätwerk und der postpiagetschen Ära (vergl. SCHOELER 1987) sollen in ihrer Bedeutung für die motologische Theoriekonstruktion evaluiert werden. Dabei stehen drei inhaltliche Schwerpunkte im Brennpunkt: 1. die Interessensverlagerung zum psychologischen Konstruktionsbegriff; 2. die Hinwendung zu funktionellen oder prozessualen Elementen sowie 3. die Emergenz des Verstehens im Kontext des kognitiven Konstruktivismus.

2.4.1 Konstruktion als Leitbegriff

Bezüglich PIAGETS Grundkonzept (Kap. 2.2) haben wir den Prozeß der kognitiven Entwicklung von seiten der Mechanismen beschrieben. Danach ist die Kognition ein Konstrukt adaptiver Prozesse, die vom Individuum selbst initiiert und sich infolge oszillierender Bewegungen zwischen assimilativer und akkommodativer Gerichtetheit als Denkstrukturen manifestieren. Dieser kognitive Niederschlag bildet den universellen Kern des Erkenntnisinteresses der Kognitionstheoretiker und wird je nach inhaltlicher Schwerpunktsetzung als *Struktur, Schema, kognitive Kompetenz* oder „abstrahierte *Repräsentation* von *Fertigkeitsstrukturen* (Skills)" bezeichnet (Kurt W. FISCHER 1980; K. W. FISCHER/PIPP 1984; siehe KAGAN 1979; HOPPE-GRAFF/EDELSTEIN 1993, 9). Gemeinsam ist allen Ansätzen, daß sie kognitive Entwicklung als integrativen Veränderungsprozeß basaler handlungsbezogener Formen zu Formen zunehmender Komplexität beschreiben. Die Komplexitätsverdichtung erfolgt als Balanceakt kontrastiver Ansprüche zwischen Person und Umwelt. Entsprechend kann PIAGETS Theorie mit BEILIN (1993, 36) als *interaktiver* oder *„dialektischer Konstruktivismus"* bezeichnet werden.

> *„Die Dialektik spiegelt die Bemühungen wider, den Gedanken der Struktur mit dem der „Genese, Geschichte und Funktion" (1970, 120 und 115) in Einklang zu bringen. Die Theorie ist dialektisch in ihrer Betonung der „historischen Entwicklung" (des Individuums und der Gattung), der „Gegenüberstellung von Gegensätzen (Assimilation/Akkommodation, Affirmation/Nagation)", der „Synthese" (des integrativen Aspekts der Struktur) und der „Ganzheit" (der Gesamtheiten, die Erkenntnis integrieren und organisieren) (1970, 121)"*[27, 28].

Für BEILIN (1993) sind die Strukturen des Verstandes zwar einheitliche, aber keine statischen Entitäten. Die integrative Kraft der Strukturgenese (das Prinzip der Generalisierung) schafft personale Identität, während die dialektische Grundtendenz (das Prinzip der Differenzierung) die Dynamisierung des Systems und damit die kognitive Weiterentwick-

---

[27] BEILIN faßt die Revisionen des „klassischen PIAGET" in zwei Beiträgen (1989; 1992) zusammen. Wir beziehen uns auf die deutsche Übersetzung des Beitrags von 1989 in EDELSTEIN/HOPPE-GRAFF (1993). Die Seitenangaben des Zitats nehmen Bezug auf die englischen Fassungen von PIAGETS Konzeptanpassungen.

[28] Diese Klärung löst auch die Begriffskonfusion von GRÖSSING (1993, 140, 263), der die Anwendung des Dialektik- und des Konstruktionsbegriffes von BAUR (1989b, 47–54) auf PIAGETS Entwicklungstheorie als unvereinbar, zumindest mißverständlich begreift.

lung sichert. PIAGETS Konstruktionsbegriff ist zunächst einmal als strukturgenetisch zu bezeichnen, weil er das Allgemeine, quasi Gattungsbezogene der Erkenntnisgewinnung akzentuiert und die auf das Individuum bezogene, subjektive Konkretisierung des Konstruktionsbegriffes vernachlässigt. Auch muß PIAGET sich den Vorwurf gefallen lassen – und dieses gilt für das Gesamtwerk – die die Erkenntnis generierenden Einflüsse sozialer Kontexte als Quellen individueller Varianz nicht hinreichend erkannt oder richtiger thematisiert zu haben. Daher ist die Anwendung des dialektischen Konstruktionsbegriffes auf PIAGETS Entwicklungskonzeption prinzipiell als konsistent, dennoch als gewichtet zu bezeichnen, wobei Piagets pointiertes Interesse zeitlebens der Kernannahme anhaftet, *„daß Strukturen (und nicht etwa isolierte Verhaltensweisen oder Einzelfähigkeiten) Träger der Kognition sind"* (HOPPE-GRAFF/ EDELSTEIN 1993, 11).

Theorieanpassungen nimmt PIAGET (1974; 1976a, b; 1978) in seiner späten Schaffensperiode vor allem durch Modifikationen seines Erkenntnismodells (Äquilibrationstheorie) vor. Seine Forschungsschwerpunkte lassen sich durch die Hinwendung zu funktionalen, also stärker auf die Mechanismen der *Veränderung* gerichteten Fragestellungen charakterisieren. Von besonderem Interesse ist der Stellenwert der Handlung in der Reformulierung des Äquilibrationsmodells, das HOPPE-GRAFF (1993, 303) in Anlehnung an PIAGETS eigenen Theorieüberblick (1983) als das *„Herzstück der strukturgenetischen Auffassung von der Natur des Entwicklungsprozesses" begreift*[29]. Handlung stellt in der „neuen Theorie" den Konzeptualisierungsprozeß zur Bewußtwerdung des Subjekts sicher und wird zum Träger des Erkenntnisprozesses auch über die sensomotorische Entwicklungsstufe hinaus. Während PIAGET in seinem klassischen Modell die Äquilibration ausschießlich auf die innere Koodination von Schemata bezog, wird jetzt den Handlungsvarianten durch ihren systemdestabilisierenden, konfligierenden Charakter ein Eigenwert zugeschrieben, der durch die erforderlichen inneren Kompensationen zu Systemmodifikationen führt. Um Mißverständnissen vorzubeugen: PIAGETS Lebenswerk ist und bleibt der Genese von Strukturen und Systemen logischen Denkens gewidmet. Kognitive Entwicklung ist aber immer als Konstruktionsprozeß eines aktiven Subjekts aufzufassen. Konstruktiv sind diese Prozesse in dem Sinne, *„daß sie weder das Ergebnis einer einfachen Abbildung externer Strukturen (sind) noch die bloße Entfaltung von präformierten inneren Strukturen; vielmehr (sind sie) das Resultat der kontinuierlichen* **Interaktion** *(Hervorhebung K. F.) zwischen dem Subjekt und der äußeren Welt (Objekt)"* (HOPPE-GRAFF 1993, 312). In der neuen Theorie wird in der Interaktion das aktionale Element hervorgehoben. Es ist das Variationspotential der Handlungsmöglichkeiten oder -alternativen, das ein kognitives Anregungspotential provoziert.

PIAGET ist um eine Präzisierung seines Interaktionsmodells, also der wechselseitigen Wirkweise von Erfahrungen über die Außenwelt und der strukturierenden Tätigkeit des Subjekts bemüht[30]. Dazu unterscheidet er zunächst zwischen *beobachtbaren Tatbeständen* und der nicht beobachtbaren *schlußfolgernden Koordination*. Die Merkmale von

---

[29] Die Ausführungen zum Äquilibrationsmodell beziehen sich vor allem auf die Darstellungen von BEILIN (1993) sowie CELLERIER (1993), HOPPE-GRAFF (1993), MILLER (1993), SCHMID-SCHÖNBEIN (1989a, b).
[30] Siehe PIAGET (1976, 48 ff.); SCHMID-SCHÖNBEIN (1989a, 12–17); BEILIN (1993, 55–58).

Objekten (der materialen Umwelt) und Ereignissen[31] sind durch faktische (empirische) Beobachtung zu erfassen. Genauso lassen sich auch Handlungsabläufe empirisch spezifizieren. Während die Objektmerkmale durch die Objekte selbst bzw. durch den Umgang mit ihnen handelnd erzeugt werden, stellen die schlußfolgernden Koordinationen Bewertungen der realen Gegebenheiten durch das Subjekt dar. Diese sind nicht beobachtbar, sondern sind Konstrukte des Verstandes, somit entspringen sie der Logik des Subjekts. Auch hier differenziert PIAGET zwischen der subjektiven Handlungskoordination und der schlußfolgernden Koordination, die Objektbeziehungen (kausal, temporär) generiert. Die genannten Aspekte werden als *Komponenten* des Äquilibrationsmodells bezeichnet.

Die Komponenten werden im Interaktionsprozeß in Beziehung gesetzt und bilden durch zwei komplementäre Hauptrichtungen in der Bezugsetzung (= Relativierungen) die Prozesse ab, die in der Persongenese der subjektiven Konstruktion der äußerlichen Welt entsprechen. Die erste Bezugsetzung verläuft von den Objekt-Aspekten zu Subjekt-Aspekten und die zweite in umgekehrter Folge (PIAGET 1976a, 57; SCHMID-SCHÖNBEIN 1989a, 15). Die Objekt-Subjekt-Interaktion führt zur Bewußtwerdung der Tätigkeit des Subjekts bzw. zur subjektiv bewußten Handlungskoordination über die erfolgreiche Objektmanipulation. Der Weg wird von PIAGET wie folgt beschrieben: Die beobachtbaren Eigenschaften eines Gegenstandes (Handlungsobjekts) werden mit den beobachtbaren Merkmalen des Handlungsvollzuges in Beziehung gesetzt. Im bewegungspädagogischen Kontext sprechen wir von körperbezogenen Erfahrungen, die ein Individuum im handelnden Umgang mit Gegenständen erwirbt (materiale Erfahrungen). Das Ergebnis dieser ersten Bezugsetzung ist die Bewußtwerdung der eigenen Handlung, die aus der Manipulation von Objekten entsteht. BEILIN (1993, 56) bezeichnet diesen Prozeß als *empirische Abstraktion,* weil sie sich nur auf die spezifischen Kontextmerkmale bezieht. Ist das Protoschema einer Erkenntnis gebildet (vergl. CELLERIER 1993, 73), beginnt der zweite Interaktionsprozeß in der Richtung vom Subjekt zum Objekt: In der Subjekt-Objekt-Interaktion versetzt sich das Individuum in die Lage, die bereits vorhandenen Handlungsschemata mit den (neuen) situativen Gegebenheiten zu verrechnen. *Es kann nicht nur Einzelaspekte von Objekten registrieren (direkt beobachten), sondern auch zwischen Objekten bestehende Beziehungen erschließen, es kann „durch die Vermittlung seiner eigenen Operationen die kausalen Relationen zwischen den Objekten begreifen", die „über die Grenzen des Beobachtbaren hinausgehen"* (PIAGET 1976a, 59; zit. nach SCHMID-SCHÖNBEIN 1989a, 15). Das Ergebnis ist eine Koordination verinnerlichter Handlungen, die das Subjekt zu noch höherer „reflektierender Abstraktion" (vergl. BEILIN 1993, 56) befähigt.

Mit der Reformulierung des Äquilibrationsmodells entwirft PIAGET keine Performanztheorie. Das Modell entspricht aber einer Hinwendung zur Begründung funktionaler Aspekte innerhalb eines prinzipiell strukturgenetischen Konstruktionsbegriffes orientiert am epistemischen Subjekt. PIAGETS neues Interesse gilt den regulativen Vorgängen und der Frage, *wie* Erkenntnis im Sinne immer ausgleichenerer „majorierender" Gleichgewichtssysteme generiert wird. Dieses entspricht durchaus einer Öffnung zur *psychologischen Kon-*

---

[31] Erinnert sei an das Beispiel der Lokomotiven, deren Fahrgeschwindigkeit direkt wahrnehmbar ist (Kap. 2.3).

struktion, auch wenn PIAGET selbst individuelle Entwicklungsverläufe in seinem Werk nicht speziell thematisiert.

2.4.2 Prozeßorientierung der Entwicklung

Erst mit INHELDER (1978) und der Genfer Forschergruppe (INHELDER/SINCLAIR/BOVET 1974) gerät das individuelle Subjekt stärker ins Blickfeld; das Forschungsinteresse richtet sich auf die *„Repräsentationen und Handlungsintentionen des Subjekts, wobei die Hand-lungsstrategien und Sinnattributionen aufs engste miteinander verknüpft sind"* (INHELDER 1993, 24). Der Motor der Entwicklung wird stärker in den funktionalen Mechanismen ge-sucht, entsprechend tritt der individuelle *Lernprozeß* in den Vordergrund des wissen-schaftlichen Geschehens. INHELDER (1978, 1063) differenziert zwischen Mikrogenese, womit zu untersuchende Lernsequenzen oder Problemlöseepisoden bezeichnet wer-den, und der makrogenetischen, wesentlich längeren *Entwicklung.* Diese Differenzierung hat sich heute – entgegen der traditionellen Sicht PIAGETS – in der konstruktivistischen Entwicklungspsychologie durchgesetzt. In der Mikrogenese wird ein Problem durch in-nere Koordinierung der Schemata in Wechselwirkung mit den situativen Umweltbedin-gungen umstrukturiert, was nach Durchlauf der „Äquilibrationsschleife" (CELLERIER 1993, 72) in einer makrogenetischen Transformation resultiert. Diese ist wiederum Basisstruk-tur zukünftiger mikrogenetischer Anwendungsepisoden. Der Weg zur kognitiven Kon-struktion ist somit nur als Synthese struktureller und funktioneller Elemente denkbar (vergl. CHAPMAN 1987, 290).

In seinen letzten Jahren orientierte sich PIAGET stärker an den funktionellen Mechanismen der Entwicklung. Nach seiner reformierten Modellvorstellung generieren nicht allein die vorhandenen Strukturen angeregt durch das Konfliktpotential der Umwelt *neue Sche-mata,* sondern diese entstehen durch das Wechselspiel von *Veränderungsmöglichkeiten* und *-notwendigkeiten* (le possible et le nécessaire; PIAGET 1987; Original 1981/1983). Da-nach entsteht Erkenntnis als Konsequenz zuvor geschaffener Möglichkeiten. In Anwen-dungsepisoden werden diese transformiert und zunehmend modifiziert. Es ist die Varia-bilität der Performanz, die das Repertoire der Handlungsmöglichkeiten erweitert und da-mit die Handlungsstrategien zukünftiger Problemlöseaufgaben vorbereitet.

Zur Erklärung führt PIAGET eine neue Schemaklassifikation ein (PIAGET 1987a, 4–5; CHAP-MAN 1987, 308–309; BEILIN 1993, 51–52). *Präsentationale Schemata* (representational schemes; sowohl sensomotorische als auch kognitive) enthalten die „simultanen Cha-rakteristika der Objekte" *(*PIAGET 1987, 4). Diese sind hierarchisch geordnet und in ihrer abstrahierten Form kontextunabhängig[32]. *Prozedurale Schemata* (procedural schemes) sind handlungsleitend und sichern das Erreichen des Zieles. Sie koordinieren die Hand-lungsabfolge sukzessiv und sind daher zeit- und kontextabhängig. Operationale Sche-mata (operational schemes) stellen die Synthese der zuvor genannten Schemata dar; sie liegen auf einer übergeordneten Hierarchieebene. Aufgrund ihrer synthetischen Struktur verfügen sie über die Systemeigenschaften beider Schemata. Die amodale Struktur ent-

---

[32] Man könnte sie in Anlehnung an die bewegungswissenschaftliche Terminologie auch als *generalisierte Sche-mata* bezeichnen (siehe FISCHER 1988a, 101–115).

spricht der synchronen Handlungskontrolle, während die prozedurale Qualität den Handlungsablauf sichert. Die *neue* Erkenntnis PIAGETS besteht darin, *„daß die Entwicklung operationaler Schemata das Ergebnis einer allgemeineren Evolution ist und nicht in oder durch sich selbst erklärt werden kann. Operationen erfordern die Synthese von Möglichkeit und Notwendigkeit. Möglichkeit ergibt sich durch die prozedurale Unabhängigkeit (Flexibilität); Notwendigkeit ist durch Selbstregulation und systemgebundene Kompositionen gegeben"* (BEILIN 1993, 51). Die pädagogisch/therapeutischen Implikationen dieser Sichtweise sind weitreichend: Nicht die Ausbildung von Fertigkeitsstrukturen stehen im Vordergrund, sondern die Flexibilisierung des Handlungspotentials (der Möglichkeiten) durch variable Aneignung. Dieses entspricht der gängigen motologischen theoriegeleiteten Vermittlungspraxis (vergl. SCHILLING 1977a, 1982; FISCHER 1985, 1988a).

In der aktuellen Diskussion im Rahmen der konstruktivistischen Tradition sind zwei Konzeptentwicklungen vorherrschend: Zum einen ist es die stärkere Berücksichtigung ökologischer Kontexte für den Begründungszusammenhang mikro- und makrogenetischer Prozesse, zum anderen die Betonung des praktisch handelnden Problemlösens. HOPPE-GRAFF (1993) vertritt ein liberalisiertes Lernkonzept und favorisiert den *Erfahrungsbegriff*. Danach werden heute die frühen Kompetenzen des Säuglings und Kleinkindes durch Interaktionen begründet, an denen sowohl das Kind als auch seine Partner aktiv beteiligt sind (PAPOUSEK/PAPOUSEK 1984, 1985, 1987). Indem er einen modernen, handlungsbezogenen Lernbegriff unterstellt, sieht HOPPE-GRAFF selbst die strukturelle Abhängigkeit von Entwicklung und Lernen und damit „das Diktum des genetischen Strukturalismus" bestätigt: *„… indem die Wirkung der Erfahrung tatsächlich von entwicklungsspezifischen Möglichkeiten ihrer Nutzung abhängt und indem die Erfahrungswelt des Kindes durch seine Partner in Abhängigkeit vom Entwicklungsstand unterschiedlich strukturiert wird. Angesichts dieser Veränderungen ist die Gegenüberstellung von ‚aktiv vom Individuum vollzogenen' Konstruktionsprozessen und ‚von außen oktroyierten' Lernprozessen"* – wie im klassischen Modell PIAGETS (Anmerkung K. F.) – *„überholt"* (HOPPE-GRAFF 1993, 309).

Die jüngsten Entwicklungen innerhalb der konstruktivistischen Entwicklungspsychologie thematisieren viel stärker die Individualität in der biographischen Forschungsperspektive und konvergieren damit mit dem motologischen Paradigma (vergl. FISCHER 1989b). Eine adäquate Förderung ist danach nur möglich, wenn man jedes Individuum als Persönlichkeit begreift, dessen dimensionale Persönlichkeitsstruktur sich als Einheit gestaltet, und die nur aus den interaktiven Prozessen mit den individuellen ökologischen Entwicklungskontexten verstanden werden können. Dabei existieren sehr wohl – wie es der Gegenstandsbezug der Motologie mit entwicklungsbeeinträchtigten und behinderten Menschen nahelegt – intra- und interindividuelle Unterschiede in den Entwicklungsbereichen und der Beziehungsgestaltung, die auch nur in ihrem Gewordensein gedeutet werden können.

Besonders nah am psychomotorischen Konzept sind die Forschungen von EDELSTEIN (1993) und SCHMID-SCHÖNBEIN (1989a, b). EDELSTEIN untersucht die Entwicklungs*prozesse* unter einer differentiellen Perspektive, die Varianten in der (kognitiven) Entwicklung in einer sozial-konstruktivistischen Bestimmung analysiert. Für ihn tritt das Thema der Variabiltät „ von einem Seiteneingang in die Theorie ein", da PIAGET das Thema individueller Differenzen erst sehr spät erkennt. Seine Position akzentuiert die *Ökologie der Erfahrung:*

> *„Da Erfahrung ihren Ursprung in Interaktion hat, erzeugt die soziokulturelle Qualität der Interaktion Unterschiede in der Erfahrung, die ihrerseits die Entwicklung der Kognition beeinflussen. Die Muster der Erfahrung hängen ab von Zeit, Ort, Kultur und der Position der sozialen Struktur"* (EDELSTEIN 1993, 95).

SCHMID-SCHÖNBEIN konzeptualisiert die Erkenntnisentwicklung des konkreten individuellen Subjekts als tätigkeitsbezogenen Prozeß:

> *„Das Subjekt setzt sich mit Hilfe seiner Tätigkeiten mit den Objekten der Realität auseinander. Es organisiert seine Tätigkeiten gegenüber den Objekten in angemessener Weise, d. h. so, daß sie erwünschte Effekte hervorbringen, daß das vom Subjekt intendierte Ziel erreicht wird. Das Subjekt ist mit seiner Tätigkeit in einen Handlungszusammenhang involviert. Es „versteht" diesen Zusammenhang, wenn ihm seine zunächst nur praktisch durchgeführte Tätigkeit bewußt wird und wenn es das am Objekt feststellbare Resultat als Effekt seiner Tätigkeit erkennt, d. h. wenn es einen bedeutungsvollen Zusammenhang zwischen seiner eigenen „verursachenden" Tätigkeit und dem Resultat der Tätigkeit herstellen kann"* (SCHMID-SCHÖNBEIN 1989a, 27).

Die Konzeptualisierung des Zusammenhangs zwischen Tätigkeit und Resultat bezeichnet sie als Konstruktion einer Mittel-Ziel-Relation, womit das Konstrukt der (kognitiven) Entwicklung durch Handlung gemeint ist. Diese subjekt-bezogene Konzeption der Erkenntnisentwicklung ist somit durchaus als komplementäre Ergänzung zu PIAGETS Strukturgenese zu verstehen.

2.4.3 Verstehensprozesse im Kontext des kognitiven Konstruktivismus

Die Bedeutungs- und Verstehensperspektive wird in der Motologie in letzter Zeit in einem stärker therapeutischen Begründungszusammenhang als körper-(leib-)bezogener Zugang zwischenmenschlicher Beziehungsgestaltung thematisiert (DENZER 1992; FÄRBER 1992; HAMMER 1992; SEEWALD 1992b). Kinder und Jugendliche erleben danach typische Daseinsthemen im Sinne „lebensgeschichtlich dominierender Sinngestalten", die durchaus zu einem *„problematischen Dauerthema bis ins Erwachsenenalter"* werden können (SEEWALD 1992b, 218). In der „Bearbeitung" der Auffälligkeiten oder Problembereiche wird der Zugang zum Kind oder Jugendlichen (= Verstehen des Kindes) in einem nichtsprachlichen symbolischen Dialog über Bewegung oder andere kreative Medien gesucht. Die Förderperspektive liegt in der erlebniszentrierten Sinnkonstruktion der eigenen Handlungsfähigkeit (Identität) und der zwischenmenschlichen Beziehungsgestaltung (siehe Kap. 4.2–4.3).

Das Komplement dieser Thematik liegt in der *Bewußtwerdung* der eigenen Handlungsfähigkeit, eine Erkenntnis, die PIAGET in seinem Spätwerk (1976a, b; 1978) akzentuiert. Danach ist Verstehen ein gradueller Akt der Einsicht in und durch das eigene Handlungsvermögen (= bewußtes Erkennen). Wie wir bereits im Abschnitt 1 ausgewiesen haben,

kommt der Handlung in PIAGETS neuer Theorie eine tragende Rolle im Prozeß der Er-
kenntnisgenerierung zu. Die Präzisierung des Interaktionsmodells (Äquilibrationstheorie)
verdeutlicht, daß vor allem die *subjektiven Verstehensprozesse* des Handlungsgesche-
hens (durch Koordination der Ergebnis- und Ablaufparameter von Handlungen) den Erkenntnisvorgang bestimmen. Auch Verstehensprozesse unterliegen qualitativen Veränderungen, die vor allem an *Bewußtseinsprozesse* gebunden sind (PIAGET 1976b). Was ist
unter Bewußtsein zu verstehen? SEILER (1984; 1991; 1993); SEILER/WANNENMACHER (1987)
sowie SEILER/CLAAR (1993) binden die Konstrukte von Verstehen und Bewußtsein in ihrer
Weiterentwicklung der strukturgenetisch-konstruktivistischen Theoriebildung an die Begriffsentwicklung. Danach wird *„Verstehen als bewußte Begriffskonstruktion"* definiert
(SEILER 1993, 126). **Verstehen** ist vor allem ein subjektiver Erkenntnisvorgang, bei dem
der Verstehensakt kein „flüchtiges Ereignis" darstellt, sondern immer nur in der Wechselwirkung mit den vorhandenen Strukturen möglich ist. Das bedeutet, daß das Individuum
in einer Aufgabensituation seinen bisherigen Erfahrungsschatz (Erkenntnissystem) aktualisiert und mit den gegebenen Kontextbedingungen vergleicht. Dabei ist Verstehen
nicht als Resultat eines linearen Verknüpfungsprozesses zu begreifen, sondern eher als
spiralförmige „Elaboration" problemadäquater Lösungstrategien[33]. Subjektiv ist dieser
Prozeß auch in der Weise, daß er emotionale Konzeptualisierungen und Bewertungen
zuläßt, „wie überhaupt Emotionen ein integraler Aspekt von kognitiven Strukturen sind"
(SEILER 1993, 128; BULLENS 1982; SCHMITT 1991). An dieser Stelle ist eine Präzisierung notwendig: Emotionale Konzeptualisierung im Kontext des Verstehens bedeutet nicht, daß
Empfindungen mitschwingen; das verbietet die amodale Struktur der Konzeptbildung als
Abstraktionsprozeß. Allerdings können Emotionen aufgrund der hierarchischen Vernetzung kognitiver Organisation und der Reversibilität des Informationsaustausches durch
situative Verknüpfung ausgelöst werden.

Verstehensprozesse unterliegen einer **begrifflichen Genese.** Unter Begriff ist nicht die
konventionalisierte sprachliche Wortbedeutung zu verstehen; der Terminus umfaßt in einem weiter gefaßten Wortverständnis die *Einheiten des Denkens* (SEILER/WANNENMACHER
1987, 465). Nur eine solche, nicht auf die sprachliche Ebene beschränkte Sichtweise ist
in einer entwicklungspsychologischen Perspektive sinnvoll. Begriffe entstehen beim Individuum als subjektive Merkmalsgebungen infolge der Person-Umwelt-Konstruktion.
Entsprechend bezeichnet die Forschergruppe um SEILER Begriffe als ideosynkratische
Denkeinheiten, die vor allem durch die Subjektivität der Verstehensprozesse geprägt
sind. *„Die Anfänge eines Begriffes liegen vor dem Begriff"* (SEILER/CLAAR 1993, 108). Indem ein Individuum spezifischen situativen Erlebnissen und Handlungserfahrungen eine
subjektive Bedeutung zuweist, bewirken diese einen matrizenhaften Eindruck, der durch
Generalisierungs- und Differenzierungsprozesse einer Schematisierung unterliegt. Interindividuelle Unterschiede ergeben sich aufgrund des verschiedenen Betätigungsfeldes.
Selbstverständlich führen die ähnliche Ausgangslage sowie die universellen Grundmu-
ster sozialen Handelns innerhalb eines gesellschaftlichen und sozialen Lebensraumes
auch zu einer „gewissen individuellen Angleichung in den sequentiellen Konstruktions-

---

[33] Die Begriffswahl „Elaboration" stammt von AEBLI (1963) und wird von SEILER (1993) im Kontext des *Verstehens*
verwendet. Verwiesen sei auch auf AEBLI (1984).

prozessen und den Inhalten der einzelnen Schemata und Begriffe" (SEILER/WANNENMA-CHER 1987, 489). Dieses entspricht dem Grundprinzip interaktiver Konstruktion, das neben dem Verstehen auch die Verständigung sichert.

Verstehensprozesse sind Zeichen von Emergenz und Wandel von **Bewußtsein.** Das Bewußtsein hatte in PIAGETs Theorie lange Zeit nur eine periphäre Bedeutung. In seinem Spätwerk stellt der Akt der Bewußtwerdung von Handlungen einen entscheidenden Konzeptualisierungsprozeß dar.

> *„Bewußtmachung trägt bei zu einer weiterführenden Antwort auf die Frage nach der Beziehung zwischen Handeln und Denken im engeren Sinne (Repräsentation, Begriff), die sich wie ein roter Faden durch das Gesamtwerk PIAGETs zieht. Handeln ohne bewußtes Erkennen stellt nicht nur einen eigenständigen Typus von Erkenntnis dar, sondern ist, wie die Untersuchungen in* **La prise de conscience** *(1976b/1974) gezeigt haben, auch die Quelle und der Ausgangspunkt für höhere Erkenntnisformen* **durch den Prozeß der Bewußtmachung**" (HOPPE-GRAFF 1993, 302).

Zum besseren Verständnis sei auf die Differenzierung von primären und sekundären Bewußtseinsprozessen bei SEILER (1993, 133 ff.) Bezug genommen. Sekundäres Bewußtsein setzt bereits begriffliche Denkstrukturen voraus, die aus dem Prozeß der Verinnerlichung von Handlungen, Vorstellungen und Operationen entstehen. Solche Strukturen sind dem Kind der sensomotorischern Entwicklungsstufe noch nicht gegeben, weshalb SEILER dieser Erkenntnishaltung die Qualität intuitiver Aufmerksamkeitszentrierung auf einen Gegenstand zuschreibt (primäres Bewußtsein). Im Sinne PIAGETs postuliert er, daß das Kind anfänglich nur ein vages Bewußtsein seines Erkennens und Wissens hat, *„das nicht differenziert zwischen dem Gegenstand, dem Erkenntnismittel und dem Erkennensakt, die sich darauf beziehen. Wir haben also immer noch eine Form von primärem oder „adualistischem" Bewußtsein. Erst danach beginnt es explizit, die Erkenntnis von der erkannten Wirklichkeit zu trennen. Dabei dominiert anfänglich der erkannte Gegenstand, und erst allmählich und langsam werden die „inneren" Erkenntnismittel und Erkenntnisvorgänge und ihre spezifischen Eigenschaften explizit konstruiert und wahrgenommen. Man könnte also nach einer Phase des undifferenzierten und impliziten Bewußtseins die Stufen der Reflexion auf das Objekt, der Reflexion auf die Mittel und der Reflexion auf den Erkenntnisakt und seine Eigenschaften selber unterscheiden"* (SEILER 1993, 135).

PIAGET (1976b) belegt diese Bewußtseinsgenese mit zahlreichen Experimenten, die interessanterweise Handlungs- und Problemlösekontexte fokussieren:

> In einem dieser Experimente (PIAGET 1976b, 399) wird eine von einer Schlinge gehaltene hölzerne Kugel verwendet. Die Schlinge wird vom Kind um seinen Kopf herumgeschleudert und dann losgelassen, so daß die Kugel ein bestimmtes Ziel an der Wand trifft. Sogar kleine Kinder lernen, diese Aufgabe erfolgreich auszuführen. Der Gegenstand der Studie besteht jedoch darin zu bestimmen, wann und wie sich das Kind der Kugel bewußt wird, wenn es sie losläßt, daß sie das Ziel trifft (um 3 oder 9 Uhr in einem hypothetischen Uhrenmodell der Drehung). PIAGET meint, daß das kleine Kind, statt

einfach zu berichten, was es tat, das, was es beobachtet, konzeptionell eher verzerrt: Selbst wenn Kinder sehr wohl wissen, wie sie die Kugel tangential (um 3 oder 9 Uhr) werfen müssen, so daß sie das Ziel (um 12 Uhr) trifft, sagen (d. h. glauben) sie, sie hätten die Kugel um 12 Uhr losgelassen. Wenn Bewußtsein lediglich eine Reflexion dessen darstellt, was unbewußt vonstatten geht, würde die Antwort des Kindes mit der korrekten Regulierung der Handlungen übereinstimmen. Das Kind zieht stattdessen Schlüsse aus dem, was es tat, und das läßt die Konzeptualisierung erkennen, die dem Bewußtsein der zielorientierten Handlung eigen ist. Der Prozeß der Schlußfolgerung macht es erforderlich, daß das Kind eine räumliche Repräsentation der Handlung aufbaut, die für das Verständnis des tangentialen Abflugs der Kugel notwendig ist (zit. nach BEILIN 1993, 44).

Es existieren Parallelen zu den Experimenten der Informationsintegrations-Theoretiker (Siehe Kap. 2.3.2), die interessanterweise eine ebensolche hohe handlungsbezogene kognitive Kompetenz des präoperationalen Kindes (ein intuitives physikalisches Verständnis) nachweisen. Bei PIAGET führen diese zur Ausweisung des *„zentralen Bereiches der Handlung"* (1976b, 335) im Anwendungsfeld der Kognition. Handlung und Konzeptualisierung (die „Bedeutungsimplikationen der Handlung") stehen danach in einem abgestuften Wechselwirkungsprozeß: Auf der ersten Entwicklungsstufe ist die Handlung vorherrschend. Die Bewußtwerdung von Handlungen (Konzeptualisierung) betrifft zunächst nur die Analyse der Resultate und der verwandten Mittel. Erst auf dem zweiten Niveau wirken Handlungen und Konzeptbildung wechselseitig aufeinander, indem konzeptionelle Schlußfolgerungen zu konstruktiven Antizipationen der neuen Problemlöseperiode werden. Auf dem dritten Niveau ist Praxis theoriegeleitet: Erst jetzt ist Verstehen möglich, das über den situativen Erfolg hinausgeht und praktische Handlungen verzichtbar macht (BEILIN 1993, 46-47).

2.5 Zusammenfassung

PIAGETS Entwicklungskonzept ist aus der Perspektive motologischer Theoriekonstruktion unvermindert aktuell. PIAGET konzeptualisiert sein Lebensthema – die Erkenntnisgenese – als Äquilibration kognitiver Strukturen, wobei das (klassische) Äquilibrationsmodell die Theorie als einen interaktionistischen Ansatz mit einer Akzentsetzung auf den individuumsbezogenen (Struktur-) Komponenten ausweist. Die Theorieevaluation wurde von einer Position aufgenommen, die das Konstrukt der (Bewegungs-) Handlung als integratives Element (Basiskategorie) einer mehrdimensionalen Genese kognitiver Strukturen begreift. In einem ersten Schritt wurde das Grundkonzept der Theorie (Strukturkonzept, Entwicklungsmechanismen, Hierarchiepostulat) spezifiziert und vom Stand der aktuellen entwicklungspsychologischen Theoriekritik eingeordnet. Als besonders fruchtbar für eine Entwicklungs*förder*perspektive im Sinne einer realistischen Realitätskonstruktion des Kindes konnte die raum-zeitliche Entwicklungsdimension ausgewiesen und deren qualitative Strukturgenese aus einer motologischen Perspektive dargestellt werden. Dabei wurden Räumlichkeit und Zeitlichkeit als aktionale Repräsentationen qualifiziert, die durch Bewegung stattfindende Positionsveränderungen von Objekten koordinieren und die Orientierung des Individuums (das Sich-zurecht-Finden in der Welt) gewährleisten. Der heuristische Wert der Theorie PIAGETS liegt in der Betonung der zentralen Rolle der Kognition und der Erkenntnis, daß ein Kind sein Wissen und Können aktiv konstruiert (vergl. MILLER 1993, 92). Als „Schwächen" sind dabei die relativ geringe ökologische Validität der Theorie und der Mangel an performanztheoretischen Bezügen zu bezeichnen.

In PIAGETS revidierter Theorie sowie in der postpiagetschen Ära (Siehe Kap. 2.4) wird einer psychologischen Subjekt-Orientierung stärker Rechnung getragen, was die Bezeichnung als psychologischem Konstruktivismus rechtfertigt. Aktuelle Ansätze fundamentieren die zentrale Position der Handlung als Entwicklungsprozessor auch über die sensomotorische Periode hinaus; dieses wird mit der Präzisierung des Interaktionsmodells (Äquilibrationstheorie) belegt. Inhaltlich entspricht PIAGETS neues Interesse jedoch weniger einer Umorientierung auf regulative Prozesse der Handlungsausführung als einer Fokussierung auf die die Erkenntnis generierenden Implikationen von Handlungen: Sein neues Augenmerk richtet sich auf die Erforschung der *Bedeutungen,* die jedes Subjekt mit seiner Handlung unauflöslich verbindet. Diskutiert wurde diese *neue Perspektive* vor allem am Konstruktionsprozeß reflexiven Denkens, den PIAGET sowie die Arbeitsgruppe um SEILER als Emergenz des Verstehens bzw. als *„Konstruktion des eigenen Ichs"* bezeichnen. In diesem Prozeß der *Personalisation* wird die Handlung als Akt der Einsicht in die eigene Tätigkeit grundlegend und damit konzeptionell aufgewertet.

Als über PIAGET hinausweisende Konzeptentwicklungen wurde auf den sozial-konstruktivistischen Zugang EDELSTEINS (1993) (siehe Kap. 2.4 Abschnitt 2) verwiesen, der auf die Notwendigkeit stärkerer Berücksichtigung ökologischer Kontexte als Verursacher individuell differenter Identitätsbildungen rekurriert. Ergänzungsbedarf besteht somit in einer differenzierenden Betrachtung der Handlung als entwicklungspsychologischer Analyseeinheit sowie an einer Klärung des Stellenwerts der Wahrnehmungs- und Bewegungsaktivität in der Person-Umwelt-Interaktion.

3 Die handlungstheoretische Perspektive der Entwicklung

Die handlungspsychologischen Bezugsgrundlagen sind für sportwissenschaftliche Kontexte von THOMAS (1976, 1978, 45-65), BÖS/MECHLING (1983), NITSCH (1982, 1885, 1986) und ERDMANN (1990) im Überblick diskutiert und von PHILIPPI-EISENBURGER (1989, 1991) für das Forschungsfeld der Motologie evaluiert worden. Der gegenwärtige Stand der Diskussion läßt sich wie folgt skizzieren: In der sportpsychologischen Anwendung ist der Handlungsbegriff zur grundlegenden Analyseeinheit des Wissenschaftgebietes – vor allem in der bewegungswissenschaftlichen Forschung – geworden. NITSCH (1986, 199 ff.) strukturiert das sportpsychologische Forschungsfeld mittels eines Satzes von vier Grundannahmen handlungstheoretischer Provenienz:

- *Systempostulat:* Handeln wird in allgemeinster Sicht als ein ganzheitliches, komplexes Geschehen, d. h. als Systemprozeß verstanden.

- *Intentionalitätspostulat:* Handeln wird als eine besondere Form der Verhaltensorganisation verstanden, nämlich als intentionales, d. h. nicht als primär von vorgegebenen objektiven Ursachen, sondern von vorgenommenen subjektiven Folgen bestimmtes Verhalten.

- *Regulationspostulat:* Handeln als intentionales Verhalten läßt sich nicht allein aus i.e.S. biologischen Regulationsmechanismen erklären, sondern ist wesentlich psychisch reguliert, Psychisches erhält seinen Funktionssinn erst aus dem Bezug der Handlung.

- *Entwicklungspostulat:* Psychisches entwickelt sich im und aus dem Handeln, und Handeln ist in seiner allgemeinen Bestimmung als Systemprozeß, in seiner Intentionalität und in seinen Regulationsgrundlagen sowohl ein phylo- und ontogenetisches als auch ein – in seinem Bezug zu gesellschaftlichen Lebensbedingungen – gesellschaftlich-historisches Phänomen (NITSCH 1986, 200).

Hauptzielrichtung seines Handlungsmodells ist das wissenschaftlich motivierte Unternehmen, ein (sportliches) Geschehen zu beschreiben, zu erklären, Verlaufsprozesse theoretisch zu antizipieren und Erfolge zu beeinflussen. In diesem Sinne wird sportliche Handlungstheorie zu einem Modellentwurf über die psychische Regulation sportlicher Handlungen (vergl. NITSCH 1986, 199). In einer metatheoretischen Bewertung sind sportbezogene Handlungstheorien ihrem Wesen nach Ablaufmodelle menschlicher Bewegungstätigkeit, deren Bedeutung für das handelnde Subjekt gerade in dem Prozeßcharakter der regulativen Ausrichtung auf ein Handlungsziel liegt. Die epistemische Sinnorientierung ist selten Leitmotiv des handelnden Subjekts. Erst in der jüngeren Theoriekritik, genauer gesagt Theoriekonstruktion, tritt die epistemische Subjektorientierung gekoppelt mit anthropologischen Theoriebezügen in den Vordergrund (etwa bei NITSCH 1991; vor allem PROHL 1991a, b; SCHERER 1993). Genau hier liegen inhaltliche Berührungspunkte zu motologisch relevantenTheorieschwerpunkten.

Mit der Herausarbeitung des aktionalen Elements im Rahmen der (neueren) Erkenntnistheorie PIAGETS (Kap. 2) haben wir zugleich die Bedeutung einer handlungsbezogenen Grundannahme ausgewiesen. In diesem Begriffsverständnis ist Handlung nicht auf den Ablaufcharakter regulativer Prozesse (motorisches Lernen) beschränkt, sondern immer im Erkenntnisinteresse eines die Realität konstruierenden Subjekts über Handlungsakte konstitutiv. Insofern sind die Dimensionen von *Kognition und Motorik* (in der Bewegungshandlung) als integriertes Konstrukt innerhalb eines prinzipiell ganzheitlichen Entwicklungsgeschehens anzusehen, was in der älteren Begriffswahl der Psychomotorik noch stärker zum Ausdruck kommt[34]. So verstanden wird die (Bewegungs-) Handlung in der Motologie zu einem die Entwicklung modellierenden Element.

3.1 Entwicklung durch Handeln

Handlungstheoretiker interessieren sich für die Mikrostrukturen von Handlungen (z. B. die ‚Test-Operation-Test-Exit'-Einheit = TOTE-Einheit nach MILLER/GALANTER/ PRIBRAM, 1960/1973), erforschen die strukturelle Hierarchisierung von Handlungssystemen: die Makrostruktur (etwa die Evolution der Handlungsanforderungen über vier Entwicklungsstufen bei LEONTJEW, 1973) und richten ihre Forschungsaktivitäten auf die handlungsauslösenden Komponenten (etwa die Motivstruktur von Handlungen bei HECKHAUSEN, 1980; 1987)[35]. Die Variationsbreite des handlungstheoretischen Forschungsfeldes macht den Konstruktcharakter des Handlungsbegriffes deutlich; zugleich zwingt sie zu einer eigenen Positionsbestimmung durch Explikation eines kategorialen Grundrasters. Dieses erfolgt im weiteren als Spezifizierung der erkenntnisleitenden Orientierungen und Annahmen, die Handlung als *entwicklungsrelevantes Handeln* qualifizieren. Ausgangspunkt ist KAMINSKIS Handlungsanalyse. Er interpretiert den Handlungsprozeß als Konstrukt eines mehrdimensionalen Zugangs und weist sechs relevante Aspekte einer Handlung aus:

- *Ein sich zeitlich erstreckendes Tätigsein.*
- *Bestimmte Effekte des Tätigseins, insbesondere die Zielverwirklichung.*
- *Die Wahrnehmung dieser Effekte.*
- *Die Antizipation des Zielzustandes und die Speicherung dieser Antizipation.*
- *Die Beurteilung der Effekte der Handlung, z. B. bezgl. Zielähnlichkeit.*
- *Aus diesen Urteilen müssen Konsequenzen für das weitere Tätigsein gezogen werden* (KAMINSKI 1981, 93 ff.; zit. nach SCHAUB 1993, 18).

Die Aspekte verweisen auf zwei unterschiedlich gewichtete „Interpretationskonstrukte"[36], die die Forschungskonzeption beeinflussen. Zum einen sind prozessuale Aspekte

---

[34] Wie noch zu zeigen sein wird, sind im psychomotorischen Handlungskonstrukt die Begriffe ‚Emotion' und ‚soziale Kompetenz' ebenfalls integrativ.

[35] Im Überblick siehe SCHAUB (1993).

[36] Der Begriff entstammt der handlungsphilosophischen Betrachtung LENKS (1978), der Handlungen den Absolutheitscharakter „an sich existierender Phänomene" abspricht und ihnen die Qualität einer von Beschreibungen, Zuschreibungen und Deutungen abhängige Ereignisauffassung zuschreibt. In seinem Verständnis sind Handlungen *Interpretationskonstrukte* im Spannungsfeld zwischen Beobachter- und Akteursdeutungen, die sich allerdings auf die Konstituenten (Komponenten) der Handlung beziehen.

der Handlung bedeutsam, die deren qualitative Weiterentwicklung beschreiben. So beeinflussen motivationale und emotionale Faktoren die (subjektive) Zielformulierung einer Handlung sowie deren Bewertungsvorgänge, kognitive Faktoren bestimmen die Handlungsplanung und die Handlungskontrolle. Diese Aspekte werden in den Handlungsregulationstheorien stärker gewichtet (siehe auch SCHAUB 1993, 18 ff.). Im Vordergrund steht die Zielerreichung und die (wissenschaftliche) Kontrolle des Handlungsprozesses. Zum anderen deutet sich eine Bedeutungsverschiebung des Handlungsbegriffes an. Vom handelnden Subjekt aus betrachtet, erhält die einzelne Handlung nur noch mittelbare Bedeutung im Dienste der Realisation übergeordneter Lebensziele. Handeln gerät in die Sphäre der Entwicklungsthematik und erhält dadurch eine mediale Bedeutung. Die weiteren Ausführungen akzentuieren die Entwicklungsorientierung des Handlungskonstrukts, wie sie in den entwicklungspsychologisch ausgelegten Arbeiten von AEBLI (1984), ALLMER (1985), BALTES (1990), BRANDTSTÄTTER (1984; 1986), FUHRER (1983b), FLAMMER (1988, Kap. 16, 299–313), HURRELMANN (1989), HURRELMANN/MÜRMANN/WISSINGER (1986), LERNER (1988), LERNER/BUSCH-ROSSNAGEL (1981), MONTADA (1983), OERTER (1984b; 1986; 1987a, c; 1989a, b) und SILBEREISEN (1986) zum Ausdruck kommen.

3.1.1 Die Person-Umwelt-Interaktion oder:
Die Überwindung der zwei Welten in der Forschung

Seit Ende der 70er Jahre werden Handlungen verstärkt als entwicklungsregulative Faktoren in der Person-Umwelt-Genese thematisiert. Für die Motologie bedeutsam ist ein Konzept, das LERNER/BUSCH-ROSSNAGEL (1981) sowie LERNER (1982) als *kontextualistischen* Zugang in der Entwicklungstheorie bezeichnen[37]. Kontextualismus bezieht sich auf die reziproken Wirkungen des handelnden Subjekts einerseits und der personalen sowie dinglichen Umweltbedingungen andererseits. Die Perspektive ist insofern interessant, als sie dem Individuum – dem handelnden Subjekt – die *„Rolle des Produzenten der eigenen Entwicklung"* zuschreibt. Diese aktive Einflußnahme auf die Gestaltung der eigenen Entwicklung ist inzwischen als eine metatheoretische Entwicklungskategorie anerkannt und wird verschiedentlich als *„Selbstregulation der Entwicklung"* (HURRELMANN/MÜRMANN/WISSINGER 1986; Silbereisen 1986) oder *„aktionale Entwicklungsperspektive"* (BRANDTSTÄTTER 1986) bezeichnet. Tragendes Element von Entwicklung ist somit die intentionale Selbststeuerung des Subjekts durch Handlung. Die inhaltliche Füllung des Handlungsbegriffes erfordert in dieser Perspektive allerdings eine weite Fassung. Individuen sind mit zunehmendem Alter (Kompetenz) in der Lage, ihre Lebensziele selbst zu bestimmen und ihre Handlungen auf Produktziele zu richten (sogenannte *poiesis*; z. B. ein Musikinstrument zu spielen oder eine Berufswahl zu treffen: Die Handlungen erfordern dann ein intensives Üben des Instrumentes respektive eine geistige Auseinandersetzung mit dem Berufsfeld, vielleicht eine Beratung)[38]. Viel häufiger sind Handlungen,

---

[37] Verwiesen sei in diesem Zusammenhang auch auf den Beitrag von LIBEN (1981) im Sammelband von LERNER/BUSCH/ROSSNAGEL, die PIAGETS Entwicklungstheorie im Rahmen der (neuen) kontextualistischen Perspektive interpretiert. *Neu* ist dieser Ansatz in der Weise, daß er die dialektische Position der materialistischen Entwicklungstheorie aufnimmt, aber aus der Perspektive des Individuums interpretiert (etwa RIEGEL 1976; vergl. FLAMMER 1988, 299).

[38] Die Beispiele stammen aus FLAMMER (1988, 303).

die um ihrer selbst willen ausgeübt werden (sogenannte *praxis;* FLAMMER 1988, 303). Kompetenzen und Qualifikationen entstehen dann als *Nebenprodukte* von Handlungen, wenn ein Kind beispielsweise durch ein Ballspiel oder eine andere sportliche Betätigung Geschicklichkeit, körperliche Fitneß, eventuell sogar Selbstsicherheit durch psychische Selbstkontrolle erwirbt. Als Entwicklungsintervention sind beide Handlungsaspekte relevant. Für jüngere Kinder steht die Ausbildung breit gefächerter, variabler Basiskompetenzen im Vordergrund des Entwicklungsgeschehens, die dann sukzessive in komplexere Handlungssequenzen mit übergeordneten und langfristigen Zielvorstellungen integriert werden können. So verstanden sind Kompetenzen *„erst Möglichkeiten für Leistungen, Erfahrungen, Begegnungen, noch nicht sie Selbst"* und *„Handlungsprodukte werden zu neuen Entwicklungsvoraussetzungen"* (FLAMMER 1988, 303).

Zu jedem Zeitpunkt der Entwicklung sind die eigenen Handlungsaktivitäten für das Individuum subjektiv bedeutsam. Die Bedeutungszuschreibung erfolgt aber immer aus dem situativen Kontext, also entweder aus der Beziehungsgestaltung zu einer anderen Person oder aus der Aufmerksamkeitszentrierung auf ein Objekt. Dabei spielt es keine Rolle, ob die Person-Umwelt-Transaktion einer noch weitgehend *bewußtseinsfernen Verhaltenskoordination* entspricht – wie die Mutter-Kind-Interaktion im Säuglingsalter (SILBEREISEN 1986, 31) – oder sich auf die intentionale und gezielte Beeinflussung von Entwicklungsverläufen durch die Realisierung von Handlungszielen im Jugend- oder Erwachsenenalter bezieht. Das entscheidend Neue aktueller Entwicklungstheorie ist die Doppelperspektive, menschliche Entwicklung in wechselseitiger Abhängigkeit von der sozialen und gegenständlichen Umwelt zu erforschen. Ein wesentlicher Einfluß auf die Überwindung des *„Dilemmas der zwei Realitäten"* (OERTER 1982, 101; zit. nach ALLMER 1985, 183), d. h. der einseitigen Betrachtung von Person *oder* Umwelt ist der Ökologisierung der handlungspsychologischen Theoriebildung vor allem durch KAMINSKI (1983) und FUHRER (1983b) zuzuschreiben.

Kernpunkt dieser ökopsychologischen Perspektive ist die Sentenz, menschliches Handeln als eine von den Kognitionen des Individuums sowie den situativen Anforderungsstrukturen gleichzeitig abhängige Lebensäußerung zu konzeptualisieren. Die Bestimmungsstücke dieses Ansatzes werden im folgenden spezifiziert. Das Menschenbild der ökologischen Psychologie ist konstruktivistisch: Die Person ist nicht passives Produkt ihrer Umwelt, sondern nimmt aktiv Einfluß auf deren Veränderung, wird allerdings auch durch Umwelteinflüsse verändert. Aus handlungstheoretischer Sicht pointiert ALLMER (1985, 183) die Entwicklungsperspektive in der Weise, daß die *„Person sich durch Handeln in einer durch Handeln sich verändernden Umwelt"* entwickelt. Jede Handlung ist in ökologische Umfelder eingebettet, die FUHRER (1983b, 56) als *„Handlungsmilieus"* bezeichnet. Determinanten der Handlung sind danach zum einen die zielgerichteten Komponenten, die das Individuum selbst bestimmt und die von Kognitionen geleitet werden sowie zum anderen die von Kognitionen unabhängigen (objektiven) Eigenschaften des Handlungsmilieus.

In der Motologie hat der psychologische Begriff der *Situation*[39] als Bezeichnung für das komplexe Zusammenwirken von Person- und Kontextmerkmalen allgemeine Akzeptanz

---

[39] Siehe die grundlegende Diskussion des Situationsbegriffes bei SCHOTT (1979); siehe auch NITSCH (1986) und PHILIPPI-EISENBURGER (1991).

gefunden; dieser wird bei FUHRER (1983b) psychoökologisch präzisiert. Danach treffen in einer *Handlungssituation* drei verschiedene Faktoren aufeinander: die Person mit ihren biographischen Merkmalen, die den bisherigen Erkenntnisstrukturen entsprechen, die dingliche und personale *Umwelt* (= Handlungsmilieu) sowie die Handlungsaufgabe, die „von außen" an den Akteur herangetragen wird oder „von innen" als selbstgestellte Aufgabe aufzufassen ist. Handlungssituationen legen konkretes Handeln nicht eindeutig fest, sondern eröffnen *Handlungsmöglichkeiten.* Diese will FUHRER zwar in Anlehnung an GIBSONS „Affordanzkonzept" als Angebotsstruktur des Handlungsmilieus verstanden wissen, aber anders als J. J. GIBSON (1973; 1982), der eine außengesteuerte, direkte Handlungsvermittlung durch Umweltangebote („affordances") vertritt, bleibt die Handlungsentscheidung subjektbezogen[40].

Zum besseren Verständnis führen ökopsychologisch orientierte Handlungstheoretiker die Differenzierung von *subjektiver* und *objektiver* Situationsbestimmung ein (BOESCH 1980). Unter subjektiver Situation wird die subjektive Interpretation der internen und externen Handlungsbedingungen sowie deren Kontrollierbarkeit verstanden. Objektive Situationsbestimmung erfaßt die internen und externen Handlungsbedingungen, die unabhängig von der individuellen Bewertung vorliegen („affordances") und das Handeln der Person beeinflussen (ALLMER 1985, 183; siehe auch FUHRER 1983b und KAMINSKI 1983). Diese Differenzierung ist sinnvoll, lenkt sie doch die Aufmerksamkeit des Forschers auf die Schnittfläche zweier sich überlagernder Analyse- und Deutungsfelder: Auf die Umwelt als Situationskomponente des Handelns *und* auf das Subjekt als Entscheidungsträger von Handlungen. Dabei ist die Person-Umwelt-Analyse mehrperspektivisch anzugehen. Umwelt trägt vielfältige Bedeutungen: Durch ihre Anforderungsstruktur (Umwelt als Forderungsfeld), durch ihr Anregungspotential (Umwelt als Anregungsfeld), durch ihre materiale Angebotsstruktur (Umwelt als Gegenstandsfeld, Materialerfahrung), durch ihre Sozialstruktur (Umwelt als Unterstützungsfeld, Sozialerfahrung), aber sie provoziert auch Konflikte und Störungen (Umwelt als Störungsfeld) (vergl. NITSCH 1986, 204–205; PHILIPPI-EISENBURGER 1991, 62). Da sich Entwicklung immer nur als Abstimmungsprozeß zwischen inneren Bedürfnissen und äußeren Erwartungen gestaltet, müssen sich Forschungsstrategien folgerichtig sowohl auf objektive Tatbestände als auch auf subjektive (= personengebundene) Sinngebungen des Handlungsfeldes richten.

3.1.2 Entwicklungshandeln als Realitätskonstruktion und Kompetenzgewinn

Im ersten Abschnitt unserer forschungsleitenden Orientierungen haben wir verdeutlicht, daß Handlungen nicht per se relevant sind, sondern immer nur als Beziehungsgeflecht der handelnden Person in kontextueller Abhängigkeit zu Umweltbedingungen interpretiert werden dürfen. Jedes Individuum übernimmt im Laufe seiner Entwicklung zahlreiche von seiner Umwelt vorgegebene Züge und Werthaltungen, ist aber auch zunehmend in der Lage, diese Person-Umwelt-Strukturierungen aktiv zu beeinflussen. Diese Prozesse

---

[40] Dieses Bestimmungskriterium ist auch in der Theoriekonstruktion der Motologie grundlegend, da es Handeln als „Akt der Freiheit" (HAHN 1990) und nicht als deterministische Verhaltensregulation charakterisiert. Handeln als Möglichkeitskonzept ist zudem direkt aus dem Zugang des kognitiven Konstruktivismus (Kapitel 2) ableitbar. Zu GIBSONS Affordanzkonzept siehe vertiefend Kapitel 3.3.

werden in der Entwicklungspsychologie begrifflich als Interiorisierung und Exteriorisierung (PIAGET 1976b; ALLMER 1985) oder in Anlehnung an die sowjetische Psychologie (z. B. LEONTJEW 1973) als Aneignung und Vergegenständlichung gefaßt. Die Zusammenhänge wurden in den letzten Jahren mehrfach von OERTER[41] – zuletzt in seiner handlungstheoretischen Grundlegung des Spiels (OERTER 1993) – ausgeführt. Wegen ihrer erkenntnisleitenden Bedeutung für diese Arbeit wird hier auf die Grundbegriffe in starker Verkürzung Bezug genommen.

Das Handeln des Kleinkindes als objektiver und realer Prozeß richtet sich auf materielle und ideelle Objekte der Umwelt. Der Umgang mit der gegenständlichen Welt ist immer kulturbezogen. Das Kind erfährt die Handlungsmöglichkeiten, die vom „Erfinder" des Gegenstandes (z. B. Werkzeug, Haushaltsgegenstand, Sportgerät) in das Kulturgerät hineingelegt wurden. Das handelnde Subjekt strukturiert auf diese Art und Weise sein Handeln, dieses wird durch die Übernahme von Funktionen aber auch potentiell eingeschränkt. OERTER (1987a, 18) spricht von der Notwendigkeit der Herstellung von Isomorphie zwischen objektiver und subjektiver Struktur als Erkennungszeichen von Entwicklung und versteht darunter die Angleichung von „Ausschnitten der Kultur und individueller Handlungsstruktur". Isomorphie entspricht dem Balanceakt zwischen *Aneignung* (zu verstehen als die Prozesse, die von der Umwelt zum Individuum hin verlaufen: Wahrnehmung, Lernen, Erkennen, Erleben) und dem umgekehrten Prozeß der *Vergegenständlichung,* bei dem das Individuum kreativ und manipulativ auf die Umwelt Einfluß nimmt (OERTER 1989b, 175). Mit einem zweiten Begriffspaar kennzeichnet er die Orientierungs- oder Strukturierungsakzente des Handelns: *Subjektivierung* lehnt er stärker an den PIAGETschen Assimilationsbegriff an und versteht darunter den beim Subjekt liegenden und von den vorhandenen Schemata (Fertigkeiten, Wissen, Wertvorstellungen) kontrollierten Prozeß des Gegenstandsbezugs, „der eine Umformung der kulturell gültigen Handlungsstruktur in eine subjektiv mögliche und vorteilhafte Handlungsstruktur bewerkstelligt". *Objektivierung* (in begrifflicher Nähe zu PIAGETs Akkommodationsprozeß) kann als der „Prozeß beim Gegenstandsbezug verstanden werden, der eine Übereinstimmung der subjektiven Handlungsstruktur mit der von der Kultur definierten Handlungsstruktur ermöglicht" (OERTER 1983, 291; 292).

Welche Vorteile bringt eine derartige Begriffsdifferenzierung? Auf der konzeptionellen Ebene entspricht die Begriffswahl einer Verschmelzung von PIAGETS Entwicklungstheorie und dem Tätigkeitskonzept der kulturhistorischen Schule (LEONTJEW 1977; RUBINSTEIN 1977) in der Intention, Handeln als erkenntnistheoretische Basis der Realitätskonstruktion zu qualifizieren. Während PIAGET in seinem prinzipiell interaktionistischen Modell die (Re-)Konstruktion der realen Welt von seiten der subjektiven Strukturgenese akzentuiert, ist für die dialektisch ausgerichtete Psychologie das handelnde Subjekt nur Spiegel äußerer Realität. OERTERS Position entspricht damit der vermittelnden ökopsychologischen oder, wie er sie heute bezeichnet, *kulturökologischen Perspektive* (1993, 21).

Viel entscheidender ist der pragmatische Gewinn des Realitätskonstrukts. Mit Hilfe der beiden Begriffspaare (Subjektivierung versus Objektivierung und Aneignung versus Ver-

---

[41] Siehe vor allem OERTER (1982; 1984b; 1987a, c; 1989a, b).

gegenständlichung) lassen sich die Strukturkomponenten einer jeden Handlung analysieren und die jeweiligen Akzentsetzungen feststellen. OERTER (1983; 1989b) verdeutlicht dieses anhand einer Vierfelderkombination am Beispiel des „Musikhandelns", das wir hier auf ein Beispiel des Bewegungshandelns transferieren (siehe *Abb. 6*). Danach ist in unserer Kultur der passive Konsum oder der Nachvollzug vorgegebener Bewegungsmuster (Techniken) vorherrschend; der kreative Umgang im Sinne der Erfahrung von Handlungsmöglichkeiten ist eher nachrangig bedeutsam. Entscheidend sind aber die Möglichkeiten, mit Hilfe des Grundrasters jede Handlung daraufhin analysieren zu können, welche Anteile überwiegen und welche Förderentscheidungen daraus ableitbar sind. Nach OERTER (1989b, 175–176) lassen sich mit diesen allgemeinen Prozessen sogar Störungen klassifizieren, „*wie etwa geistige Retardation (Verlangsamung aller Prozesse), Seh- und Hörschädigung (Beeinträchtigung der Aneignungsseite), motorische Störungen (Vergegenständlichungsaspekt) usw.*".

	Subjektivierung	Objektivierung
Aneignung	Beobachtung eines Tanz-paares oder einer Formation (z. B. den Tanzfilm „Dirty Dancing")	eine vorgegebene Tanzschritt-kombination erlernen
Vergegenständlichung	frei nach Musik Tanzschritt-folgen improvisieren; choreographisch tätig werden	einen Formationstanz nach festgelegter Choreographie aufführen

Abb. 6: Kombination der Begriffspaare Objektivierung – Subjektivierung und Aneignung – Vergegenständlichung am Beispiel des Tanzes.

Nach OERTERS eigener Einschätzung liegt der Gewinn der nach dem Grundraster vorgenommenen Handlungsanalyse in der Erkenntnis, daß alle Arten menschlichen Handelns – ob Arbeit, Spiel, Wissenserwerb oder soziale Intervention – auf kreative Prozesse zurückgeführt werden können, da jede Handlung aktuell erzeugt werde und in gewisser Hinsicht neu und einmalig sei (OERTER 1989b, 176). Hieraus ergeben sich direkt Konsequenzen für eine Interventionsperspektive.

Es erscheint notwendig, die Aktivitätsförderung von (entwicklungsbeeinträchtigten) Kindern so auszurichten, daß sie an den lebensweltlichen Erfordernissen und Bedürfnissen der Kinder ansetzt. Zudem ist methodisch so vorzugehen, daß Aufgabenstellungen das kreative Problemlösepotential der Kinder ansprechen und nicht zur Imitation vorgegebener Lösungsmuster verleiten. Aufgabenstellungen sind ferner so zu gestalten, daß am Ende des Bewältigungsprozesses Handlungskompetenzen resultieren, die als *Mehrfachkompetenzen* gelten können (vergl. HURRELMANN/MÜRMANN/WISSINGER 1986). Die voranschreitende Persönlichkeitsentwicklung des Kindes zu einem „produktiv realitätsverarbeitenden Subjekt" (HURRELMANN 1989) ist so zu begreifen, daß das Kind zunehmend eine eigene Identität entwickelt (Ich-Kompetenz) und durch die Vermittlung von inneren Bedürfnissen und äußeren Erwartungen einen kompetenten Gegenstandsbezug aufbaut. Dieser richtet sich sowohl auf die materielle Realitätsverarbeitung (Können, Wissen

= Sachkompetenz) als auch auf den grundlegenden Aufbau interaktiver und kommunikativer Kompetenzen[42]. Als mediale Kategorie für den Aufbau von Kompetenzen und der Identitätsbildung ist die Handlungsgenese des Kindes anzusehen.

Einigkeit besteht heute darin, Person-Kontext-Interaktionen als lebenslangen Prozeß (Life-Span-Perspektive: LERNER 1988; BALTES 1990) zu konzeptualisieren. Eine ebensolche Übereinstimmung existiert in der Einschätzung, den frühen Lebensabschnitten eine besondere Bedeutung für die Ausbildung der Grundstrukturen oder basalen Kompetenzen menschlicher Persongenese beizumessen. HURRELMANN (1989, 24) zählt dazu *sensorische* (z. B. Sehen), *motorische* (z. B. körperliche Beweglichkeit), *interaktive* (z. B. Fähigkeit zur Perspektivenübernahme, Kontaktbereitschaft), *intellektuelle* (z. B. Kapazität zur Informationsverarbeitung und Wissenspeicherung) und *affektive* (z. B. Bindungsfähigkeit, Empathie) Qualifikationen. Entscheidend ist aber, daß diese Entwicklungsbereiche sich nicht isoliert, sondern im Handeln konstituieren, das somit eine intrapersonale Vernetzung von Persönlichkeitsdimensionen ermöglicht.

Nur folgerichtig sind daher aktuelle Tendenzen der Entwicklungspsychologie – und diese konvergieren durchaus mit den Bestrebungen der Motologie als einer interventionsorientierten Disziplin – Persönlichkeitentwicklung als *Entwicklung der Handlungskompetenz* zu definieren (KOSSAKOWSKI 1984; 1991; siehe auch NICKEL 1985a). Der Ansatz steht in der Tradition der kulturhistorischen Schule zur Erforschung der psychischen Entwicklung (RUBINSTEIN 1958; 1977; LEONTJEW 1977). Anders als in seiner ursprünglichen Position (1980) modifiziert KOSSAKOWSKI (1991) seinen Ansatz im Sinne des ökopsychologischen Konzepts. Ausgangspunkt ist das aktive Handlungssubjekt und nicht (länger) nur die „sich entwickelnde Persönlichkeit als Einwirkungsobjekt" (KOSSAKOWSKI 1991, 71). Entwicklungskriterium ist die *Handlungskompetenz* als Hauptfunktion des Psychischen, verstanden als informationsgeleitete Regulation der Individuum-Umwelt-Wechselwirkung[43]. Hauptgegenstand seiner Untersuchungen ist es, eine Periodisierung der Persönlichkeitsentwicklung im Kindes- und Jugendalter vorzunehmen, die für eine Entwicklungsintervention verwertbare Aussagen zuläßt. Von besonderem Interesse ist dabei, daß er als Periodisierungskriterium nicht die kognitive Entwicklung, sondern die Handlungskompetenz des Kindes als ganzheitlichem Konstrukt zur Kennzeichnung der qualitativen Entwicklungsabfolge zugrunde legt.

Im folgenden werden die Meilensteine in der Entwicklung der individuellen Handlungskompetenz – KOSSAKOWSKI bezeichnet sie als Einschnitte bzw. Knotenpunkte – ausgewiesen. Gemäß dem Schwerpunkt dieser Arbeit beziehen wir uns auf das frühe und mittlere Kindesalter[44]:

- Ein erster Meilenstein ist in Übereinstimmung mit vielen anderen Periodisierungsansätzen im Alter von 3–4 Monaten anzusetzen, wo mit den bereits ausgebildeten Erwartungshaltungen des Säuglings sowie der manipulativen Fähigkeit der Auge-

---

[42] Vergleiche die kompetenztheoretische Bestimmung des Zielbereiches Motopädagogik bei KIPHARD (1980) und IRMISCHER (1987).

[43] Siehe KOSSAKOWSKI (1991, 76–77): Klassifizierend könnte man von einer Konzepterweiterung sprechen, die große Ähnlichkeit mit OERTERS (1989a, b; 1993) handlungstheoretischer (kulturökologischer) Perspektive aufweist, nur daß die Verschiebung hier von der „anderen" Seite, von einem objektiven Realitätsmodell zu einem Konzept der Realitätskonstruktion durch ein handelndes Subjekt erfolgt.

[44] Die Ausführungen beziehen sich auf KOSSAKOWSKI (1991, 74–76).

Hand-Koordination die motivationalen und sensomotorischen Voraussetzungen für elementare antizipatorische Handlungen entwickelt sind. Das reflektorische Verhalten des Säuglings tritt weitestgehend zurück und das Kind öffnet sich mit erhöhter Aufmerksamkeit seiner personalen und dinglichen Umwelt.

- Um das erste Lebensjahr beherrscht das Kind das Gehen und erobert den umgebenden Raum selbständig. Es ist nun in der Lage, Zielobjekte aktiv zu erreichen und erlebt sich dadurch verstärkt als Verursacher von Geschehen. Das Kind entwickelt seine Fähigkeit zur sprachlichen Kundgebung seiner Intentionen, besonders aber zu Reaktionen auf sprachliche Äußerungen.

- Ein entscheidender qualitativer Fortschritt liegt zu Beginn des Kindergartenalters (ab 3 Jahren). Zentral für diesen Zeitraum ist die beginnende Herausbildung der *reflektierenden Subjektposition* des Kindes, die in einer deutlichen Ich-Umwelt-Differenzierung, in sich verstärkenden Bestrebungen, eigene Intentionen durchzusetzen, vieles selbst zu machen, in Reflexionen über eigene Wünsche und Möglichkeiten sowie deren soziale Bewertung und in ersten Formen des Abschätzens von Intentionen sowie Fähigkeiten der Handlungspartner zum Ausdruck kommt. Diese Feststellungen KOSSAKOWSKIS korrespondieren mit den Ergebnissen von SCHMID-SCHÖNBEIN (1987; 1989a, b), die für das Alter von 4–5 Jahren die Bewußtwerdung des eigenen Handelns als entscheidenden Entwicklungsschritt herausstellt. Dieser Verstehensprozeß gestaltet sich in zwei Stufen, bei denen das handlungsbegleitende Sprechen eine bedeutsame Rolle spielt. Auf der ersten Stufe kommt der Sprache Bedeutung bei der Strukturierung des Handlungsablaufes zu; auf der zweiten Stufe übernimmt die Sprache die Funktion der begrifflichen Aufarbeitung des zuvor praktisch durchgeführten Handelns (reflexive Objektivierung).

- Im Grundschulalter sind zwei Ereigniskomplexe überindividuell entwicklungsrelevant. Zunächst ist es der Übergangsprozeß der Einschulung selbst, der die gesamte Lebensweise des Kindes ändert. Die neuen Anforderungen der Schule beeinflussen die Leistungsmotivation, erhöhen die Fähigkeit zur Ausrichtung auf längerfristige Zielsetzungen, das Schreibenlernen verbessert die feinmotorischen Steuerungsleistungen, und der Klassenunterricht verändert das Bewußtsein über die soziale Stellung in der Gruppe.

- Der zweite qualitative Sprung in der Entwicklung des Grundschulkindes erfolgt durch den Erwerb der Schriftsprache und des Lesens (vergl. OERTER 1985b). Die schriftliche Fixierung eigener Überlegungen und das Verstehen schriftlichen Materials befreien das Denken von der Aktualität des Augenblicks und ermöglichen zeitlich weiterreichende Handlungsplanungen (siehe Kap. 5.2).

Die Wahl der Handlungskompetenz als Periodisierungskriterium hat wesentliche Vorzüge. Da Handeln sich immer als Produkt subjektiver *und* objektiver Strukturierungen darstellt, ist das Erreichen eines Strukturniveaus (Meilenstein der Entwicklung) immer als gelungene Passung der Person-Umwelt-Interaktion zu sehen. Entsprechend ist bei Nichterreichen eines Handlungsniveaus die Ursachenanalyse und die Entwicklungsintervention *systemisch* anzusetzen. Für den Forscher bedeutet dieses, daß er seine Aufmerksamkeit *mehrperspektivisch,* auf die Kompetenzentwicklung des handelnden Individuums, auf die Angebote und Herausforderungen des Handlungsumfeldes und auf die Bewältigungsstrategien bei der Lösung der Entwicklungsaufgaben richten muß, um Entwicklung umfassend erklären zu können.

3.1.3 Handlungskompetenz als Zusammenspiel von Emotion und Kognition

Eine dritte Bestimmungsgröße des hier vertretenen Handlungskonstrukts betrachtet Handeln als ganzheitliche und sinnstiftende Tätigkeit eines zunehmend bewußter handelnden Subjekts. Das Ergebnis der Tätigkeit des Menschen haben wir im Rückgriff auf PIAGET als Realitätskonstruktion bezeichnet. Diese hinterläßt beim Subjekt Strukturen, die als dynamische Matrizen für zukünftige Veränderungen beschrieben werden können. Persönlichkeitsstrukturen sind nun nicht allein kognitive Gebilde, sondern repräsentieren gleichfalls die innere Erlebnisseite, die Affektivität des Menschen. Affektive und kognitive Komponenten wirken in einer gesunden Persönlichkeit unserer Einschätzung nach zusammen, sie konstruieren sich im Handeln. Hier folgen wir der Auffassung PIAGETs, aber anders als dieser, der eher vom Primat der Kognitionen gegenüber den Emotionen ausgeht, vertreten wir die Ansicht, daß Emotionen und Kognitionen erst durch ihr notwendiges Zusammenspiel das Ganze der Person ausmachen. Dieses impliziert dann eine – wenn auch nur analytisch trennbare – Spezifizierung von komplementären Eigenfunktionen der beiden Konstrukte bei der Entwicklung der Handlungskompetenz des Kindes.

Nach PIAGETs Vorstellung[45] sind Kognitionen auf den Teil des Verhaltens ausgerichtet, der durch die Strukturen repräsentiert wird. Als solche folgen sie nur den „Gesetzen der Rationalität" und sind unabhängig von Bewertungen wie Zuneigung und Abneigung (SCHMITT 1991, 3). Die emotionale Bewertung der Situation erfolgt erst in einem zweiten Schritt. Zur Präzisierung unterscheidet PIAGET die *Inhaltsdimensionen* von den Strukturen. Die Affektivität des Menschen *(*PIAGET unterscheidet: Emotionen, Werte, Moral, Gefühle) entspricht nun der energetischen Komponente, die das Interesse (die Motivation) des handelnden Subjekts leitet und zu Modifikationen konkreter Inhalte in spezifischen Situationen führt. Nur mittelbar ist die Affektivität (im Sinne PIAGETs) durch Vermittlung der Kognitionen strukturbildend. Leider ist PIAGETs Begriffssystem diesbezüglich uneindeutig. Er vertritt zwar die These der „Parallelität" der Bedeutung von Kognition und Emotion für die Herausbildung von Entwicklungsfortschritten, verneint aber den konstruktiven Charakter von Emotionen. Soziale Emotionen fehlen völlig (vergl. GEPPERT/HECKHAUSEN 1990, 140).

In neueren Ansätzen[46] verlieren Emotionen ihren „Kulissencharakter" für kognitive Prozesse (DÖRNER 1984, 16) und erhalten als *emotionale Schemata* eine Eigenbedeutung in der Persönlichkeitsentwicklung, indem sie unmittelbar strukturierende Aufgaben im Handlungsprozeß übernehmen. Wir orientieren uns stärker an den Arbeiten von SPIESS/HESSE (1986) und KUCKHERMANN/NITSCHE/MÜLLER (1991), die ein interaktives System von Kognition und Emotion zugrunde legen, bei dem auch die Vorstellung einer Art Spezialisierung beider Verarbeitungssysteme im Handlungsprozeß eine Rolle spielt: *„Während die kognitiven Operationen schwerpunktmäßig (nicht etwa ausschließlich!) die Gegenstands-Angemessenheit der Handlungsvollzüge sicherstellen, dienen die emotio-*

---

[45] Insbesondere in seinen Vorlesungen an der Pariser Sorbonne (1953/1954) sowie (1981); zit. nach GEPPERT/HECKHAUSEN (1990, 137 ff.) sowie SCHMITT (1991).

[46] Z. B. LANTERMANN 1983; OERTER 1983; DÖRNER 1984; SPIESS/HESSE 1986; GEPPERT/HECKHAUSEN 1990; KUCKHERMANN/NITSCHE/MÜLLER 1991; ULICH 1993.

nalen Bewertungen in erster Linie der Realisierung eines subjekt-angemessenen Verhaltens" (KUCKHERMANN/NITSCHE/MÜLLER 1991, 38). Kognitionen korrespondieren danach stärker mit einer bewußten oder reflektierenden Kontrolle durch den Akteur, während das emotionale Geschehen durch Selbst- und Umweltbewertungen sehr stark am Aufbau der personalen Identität (Selbstkonzept) beteiligt ist. Ein Förderkonzept, das die Entwicklungsrelevanz von Handlungen zugrunde legt, muß dieser doppelten Verfaßtheit des Handlungskonstrukts Rechnung tragen und seine Aufmerksamkeit auf das Zusammenspiel von emotionaler und kognitiver Entwicklung richten. Nur so bleibt die Einheit der Person als erklärte Grundlage einer Förderung (das Prinzip der Ganzheitlichkeit) gewährleistet.

3.2 Planungsfähigkeit als Entwicklungsprozeß

Planen wird in handlungsbezogenen Theorien als das wesentliche Kennzeichen oder die wichtigste Kulturtechnik menschlicher Tätigkeit überhaupt bezeichnet (DREHER 1985; SYDOW 1990). Planen bezieht sich unter einer entwicklungspsychologischen Perspektive vor allem auf den Entwurf von Zukünftigem und auf die antizipatorische Bereitstellung von Handlungsmöglichkeiten. Mit Verweis auf OERTER (1989b, siehe Kap. 3.1) haben wir oben das kreative Potential einer jeden Handlung ausgewiesen. Entsprechend richtet sich unser Verständnis von Planungsfähigkeit eher auf das Handeln als kreativem Prozeß der Aufgabenbewältigung oder Problemlösung und weniger auf den Erwerb von Handlungsplänen als mentalen Objekten, wie dies stärker in der Wissens- und Gedächtnispsychologie thematisiert wird. Dieses entspricht auch einem Abrücken von der Kompetenz-Performanz-Unterscheidung als Entweder-Oder-Schwerpunktsetzung in der Forschung zugunsten einer Perspektive, die die Fragestellung zum Ausgangspunkt macht, wie sich die Planungsaktivitäten von Kindern im Laufe der Kindheit entwickeln[47]. Dieses impliziert zwangsläufig die schon mehrfach angesprochene ökologische Sichtweise des Handlungskonstrukts, nämlich die Analyse der Bemühungen der Kinder *und* die Betrachtung der Situationsbedingungen für Planungsaktivitäten (vergl. BAKER-SENNETT/MATUSOW/ROGOFF 1993, 257).

Forschungen über Planungskonzepte setzen üblicherweise im Jugend- und im Erwachsenenalter an (DÖRNER 1974, 1984; DREHER 1985; KUCKHERMANN/NITSCHE/MÜLLER 1991; SCHAUB 1993), weil die zugrunde gelegte kognitive Organisation des Problemlöseprozesses sich mit älteren Probanden methodisch-experimentell besser kontrollieren und verbal eruieren läßt. Für eine Differenzierung der Planungsaktivitäten zwischen jüngeren und älteren Kindern/Jugendlichen im Zusammenhang mit kognitiven Operationen sind die Ausführungen FLAVELLS (1979) hilfreich. Er wendet das Konzept der Realitätskonstruktion auf das Planungsproblem an, bei dem der Bezug zwischen Realität und Handlungsmöglichkeit eine entscheidende Rolle spielt:

„Was den konkret-operationalen Denker betrifft, wird der Bereich der abstrakten Möglichkeit als eine ungewisse und nur zeitweilige Ausdehnung des sicheren und ge-

---

[47] Mit dieser Schwerpunktsetzung folgen wir der Forschungslinie, wie sie sich in den Arbeiten von DREHER 1985; FRIEDMAN/SCHOLNICK/COCKING 1987a, b; DREHER/OERTER 1987; GOODNOW 1987; KREITLER/KREITLER 1987; ROGOFF/GAUVAIN/GARDNER 1987; GAUVAIN/ROGOFF 1989; GARDNER/ROGOFF 1990; SYDOW 1990; BAKER-SENNETT/MATUSOW/ROGOFF 1993 ausweisen läßt.

schützteren Bereichs der greifbaren Wirklichkeit betrachtet. Der formal-operatorische Denker andererseits nimmt die Wirklichkeit als einen speziellen Teil der viel weiteren Welt der Möglichkeit, der zufällig existiert oder in einer gegebenen Problemsituation für wahr gehalten wird. Im ersten Fall ist die Möglichkeit der Realität untergeordnet, während im zweiten Fall die Wirklichkeit der Möglichkeit untergeordnet wird"* (FLAVELL 1979, 131; zit. nach DREHER 1985, 64).

Dieses bedeutet für das konkret-operationale Entwicklungsalter, daß antizipatorische, auf die eigene (zukünftige) Lebensgestaltung ausgerichtete Handlungsplanungen noch nicht möglich sind und daß die Planungen des Kindes noch viel stärker auf das *Alltagshandeln* und die Vergegenwärtigung der handlungsbezogenen Prozesse gerichtet sind. Genau dieses entspricht den Ergebnissen von DREHER (1985), der Planungskonzepte unter dem Gesichtspunkt notwendiger kognitiver Leistungen betrachtet und Parallelen zu konkreten und formalen Operationen sensu PIAGET nachweist. In einem Extremgruppenvergleich von 15jährigen Hauptschülern und jungen Erwachsenen bei der Bewältigung eines Organisationsproblems, bei dem für eine Reihe von orts- und zeitgebundenen Aufträgen eine Handlungsabfolge festzulegen war[48], konnte er zwei Planungskonzepte deutlich voneinander unterscheiden: *Vollzugsorientierte Planung* (bei der die Probanden ihren Handlungsentwurf begründen, indem sie beschreiben, wie sie die einzelnen Handlungsschritte realisieren) und *konzeptionelle Planung.* Letztere setzt eine geistige Kompetenz voraus, bei der die Jugendlichen von subjektiv bestimmten, konkreten Gegebenheiten abstrahieren können und ihr Handeln nach objektiven Prinzipien (dieses betrifft vor allem das Kriterium der zeitlichen Strukturierung von Sequenzen in Mehrfachaufgaben) antizipatorisch organisieren (DREHER 1985, 67). Offensichtlich unterliegen die Bewältigungsstrategien der Handlungsorganisation einer entwicklungsbezogenen qualitativen Differenzierung.

Differenziell betrachtet ist Planungsfähigkeit ein mehrschichtiger Vorgang, der nicht zu einem Alterszeitpunkt seinen Endpunkt erreicht, sondern lebenslang entwickelt werden kann. Es gibt kaum wissenschaftliche Aussagen zur Planungsfähigkeit im frühen und mittleren Kindesalter, obwohl hier die entscheidenden Grundlagen gelegt werden. Nach SYDOW (1990, 432) liegt die wichtigste Entwicklungsphase zwischen drei und zehn Jahren. Er definiert Planung vom Resultat her und bezeichnet das *„Ergebnis des Planens als Strategie (...) – als bedingungsabhängige, auf ein Ziel orientierte Folge von Handlungsschritten und/oder geistigen Operationen"* (SYDOW 1990, 432). Es wird deutlich, daß die Qualität aktualgenetischer Planungsprozesse prinzipiell durch zwei Faktorenkomplexe bedingt ist: Durch das Wissen und Können, über das Kinder aus früheren Planungssituationen verfügen können (strukturelle Ebene), und durch die Fähigkeiten, situative Merkmale und Ereignisse integrieren zu können (kontextuelle Ebene) (siehe auch DREHER/OERTER 1987). Dabei liegt die generelle Entwicklungslogik in der allmählichen Ablösung handlungsgebundener Planungsprozesse zugunsten der mentalen, aber interaktiv und sozial vermittelten Strategiebildung. Entscheidend ist somit zu *jedem* Zeitpunkt der Entwicklung, daß beide Faktorenkomplexe (Person- und Kontextmerkmale) nur in gemeinsamer Verschränkung eine optimale Entwicklung der Handlungsfähigkeit gewährleisten.

---

[48] Zur genauen Beschreibung der Organisationsaufgabe siehe DREHER 1985, 65.

Die Mehrschichtigkeit des Planungsvorgangs soll nachfolgend anhand einer Sequenz von Problemlösesituationen für Kinder im Vorschulalter transparent gemacht werden. Es handelt sich dabei um für die psychomotorische Praxis typische Aufgabenstellungen, die von ZIMMER (1983a) in ihrem Beitrag zur Lehrbriefsammlung Motopädagogik (IRMISCHER/FISCHER/MÜLLER 1983–1988) dargestellt wurden. Anhand der Beispiele werden dann die Prozeßvariablen entwicklungsrelevanter Planungsaktivität herausgearbeitet.

- *15 vier- bis sechsjährige Kinder befinden sich in einer Turnhalle.*

  Hinter einem hohen Kasten liegt eine Weichbodenmatte. Die Gerätekombination ist den Kindern unbekannt, die Weichbodenmatte allein haben sie bereits kennengelernt. Sie hat eine magische Anziehungskraft, die Kinder springen, rollen und toben auf ihr, ohne den Kasten zu beachten. Nach fünf Minuten wenden sich einige Kinder dem Kasten zu. Sie versuchen, ihn von seiner breiten Seite aus zu erklettern, was nicht gelingt, da die Höhe des Kastens die Körpergröße der Kinder bei weitem übersteigt. Zwei Kinder kommen zu mir: „Wir wollen auf den Kasten rauf und von da aus runterspringen auf die Matte, aber der Kasten ist zu hoch; hebst Du uns rauf?" Ich sage, daß ich nicht alle 15 Kinder auf den Kasten hochheben kann, sie sollen selbst eine Möglichkeit suchen, hochzukommen. Wieder versuchen sie es an der breiten, glatten Front des Kastens – erfolglos. Plötzlich entdeckt eines der Kinder die Grifflöcher an der schmalen Kastenseite. Es stellt sich mit den Füßen in zwei der unteren Löcher, hält sich mit den Händen an den Kanten des Kastens fest und steigt – wenn auch mit Mühe, so doch zielsicher – nach oben. Vom letzten Griffloch aus legt es sich mit dem Bauch auf den Kasten und richtet sich erfolgssicher auf.

- *In einer anderen Gruppe provoziere ich durch den Geräteaufbau das gleiche Problem. Auch hier kommt sofort der Wunsch auf: Wir wollen vom Kasten auf die Matte springen. Auf meine Aufforderung, selbst nach einer Aufsteigemöglichkeit zu suchen, schleppen die Kinder alle in der Turnhalle befindlichen Gegenstände herbei: kleine Kästen, Bodenturnmatten, einen Stuhl, eine Turnbank. Da die Seite, auf der die dicke Matte liegt, zum Austieg geeigneter erscheint, da hier der Kasten schon nicht mehr ganz so hoch ist, ziehen sie die Bodenturnmatte auf die dicke Matte – es reicht immer noch nicht. Darauf wird ein kleiner Kasten gestellt – endlich kann über ihn der hohe Kasten erklettert werden. Aber sobald das erste Kind oben steht und alle anderen nachströmen, bemerken sie, daß das ursprüngliche Ziel, von oben herab auf die dicke Matte zu springen, nun nicht mehr erreicht werden kann, da erstens die dicke Matte durch den kleinen Kasten „zugebaut" ist und zweitens die ganze Matte von den Kindern besetzt ist, die alle hochwollen.*

  Ich merke, daß das Problem für die Kinder nun nicht mehr überschaubar ist. Wer oben auf dem Kasten gelandet ist, kommt nicht mehr herunter. Ich rufe die Gruppe zusammen und überlege mit ihnen, wie man die Situation so verändern könne, daß sowohl ein Hochsteigen auf den Kasten als auch ein Hinabspringen auf die Matte möglich ist. Nach der Problematisierung hat ein Kind den Einfall: „Wir müssen auf der anderen Seite hoch."

  Also beginnt das Planen und Probieren von neuem, diesmal reicht der Abstand zum hohen Kasten jedoch nicht, da die dünne Bodenmatte und der kleine Kasten nun auf dem Boden und nicht auf der Weichbodenmatte liegen. Schließlich führt folgender

> *Aufbau zum Erfolg: vor den Kasten kommt eine Bank, über die Bank ein Stuhl, über diese „Treppenstufen" gehts auf den Kasten.*
>
> - *In einer der nächsten Stunden stelle ich die Kinder vor das gleiche Problem. Sie wollen sofort kleine Kästen vor den größeren setzen, der Geräteraum ist jedoch verschlossen, so daß außer Kasten und Matte keine beweglichen Gegenstände in der Halle auffindbar sind. Nach einigen Minuten der Ratlosigkeit entdecken die Kinder die an der Wand befindliche Gitterleiter als Rettung. Sie schieben gemeinsam den Kasten ganz dicht an die Gitterleiter und haben so das Problem gelöst: Über die Sprossen der Gitterleiter klettern sie auf den Kasten* (ZIMMER 1983a, 15–17).

Motorische Problemlösesituationen haben für Kinder dieses Alters eine *„magische Anziehungskraft"* und fordern durch diesen besonderen Aufforderungscharakter zu kreativem Experimentieren und selbständigem Handeln geradezu heraus. So verstanden wird die Bezeichnung des handelnden Subjekts als *„Produzent der eigenen Entwicklung"* von LERNER/BUSCH-ROSSNAGEL (1981) sowie die Charakterisierung des Kindes als neugierigem und entdeckungsfreudigem Wesen (PIAGET 1975; SCHERLER 1975; ZIMMER 1981a, b) plastisch. Die eigene Handlungsstrategie ist den Kindern nicht von vornherein bewußt (Beispiel 1), dennoch zeugt die Handlungsplanung von einem zielgerichteten (goal directed) und überlegten (deliberate) Verhalten.

> *„We consider planning to be a process involving interpersonal and practical goals and means, addressed deliberately (but not necessarily consciously or rationally), with flexible improvisation to reach the goals"* (BAKER-SENNETT/MATUSOW/ROGOFF 1993, 260).

Die Differenzierung ist insofern treffend, als kindliches Planungsverhalten im Vorschulalter zwar nicht zufällig (accidental), aber auch nicht bewußt reflektiert ist[49]. Es ist ein weiteres Merkmal – und dieses spiegelt sich in den dargestellten Beispielen –, daß Planung nicht automatisch abläuft. Planung als Problemlösung setzt voraus, daß es ein Problem zu bewältigen oder ein Hindernis zu überwinden gibt. Diese Bewältigung in ihrer konkreten Realisierung und ihrer resultativen Konsequenz, auch im Sinne einer emotionalen Selbstbestätigung, ist für das Kind entwicklungsfördernd.

„In einer anderen Gruppe provoziere ich durch den Geräteaufbau das gleiche Problem": Ganz entscheidend zur Initiierung kreativer Prozesse ist die Haltung des Erziehers als Mitgestalter oder Arrangeur der Problemlöseaufgabe. Sobald die Kinder die Situation als Herausforderung oder Aufgabe annehmen, ist nichts mehr vor ihrer Aktivität und kreativen Umdeutung sicher: die Turnbank wird zur Treppenstufe, der Stuhl zum Klettergerät, traditionelle Sportgeräte werden zu *„Werkzeugen zum Erreichen des selbstgesteckten Ziels"* (Zimmer 1983a, 18).

Analysen kindlichen Planungsverhaltens – vor allem in praktischen Problemlösesituationen – zeigen, daß Planungen niemals Detailplanungen in Sinne der Bereitstellung „mentaler Rezepte" für Handlungen darstellen (ROGOFF/GAUVAIN/GARDNER 1987, 303), sondern sich zumindest gleichwertig durch Improvisation auszeichnen. Dies ist sinnvoll, um den

---

[49] Erinnert sei an die hohe intuitive Kompetenz des präoperationalen Kindes (die auch nicht immer mit bewußtseinpflichtiger Erkenntnis einhergeht), die wir unter der strukturgenetischen Perspektive in Kap. 2 diskutiert haben.

Lösungsprozeß nicht mit Detailstrategien vor Beginn der eigentlichen Handlung zu überfrachten. Gerade die wachsende Sensibilität für die kontextuellen Erfordernisse des Planungsprozesses ist ein Merkmal für die Entwicklung der Planungsfähigkeit im Kindesalter. BAKER-SENNETT/MATUSOW/ROGOFF (1993, 265–267) definieren die Planungsaktivität des Kindes als „Synthese von Vorausplanung und Improvisation" und nehmen Bezug auf MILLER/GALANTER/PRIBRAM (1960), *„who noted that the search for problem solutions often proceeds through a process of generating best guesses rather than searching systematically and exhaustively for the final solution in advance of acting"*.

Eine komplexe (Mehrfach-)Aufgabenstellung erfordert das *Durchspielen* von verschiedenen Strategien und alternativen Handlungsmöglichkeiten. Dieses impliziert auch Handlungen, die nicht zum gewünschten Ziel führen: *„Ich merke, daß das Problem für die Kinder nun nicht mehr überschaubar ist. (...) Ich rufe die Gruppe zusammen und überlege mit ihnen, wie man die Situation so verändern könne..."*. Planungsaktivität ist vor allem eine soziale Kategorie. Dies beinhaltet sowohl die Planung als Gruppenaktivität als auch die Mithilfe des kompetenten Erwachsenen (GOODNOW 1987; GAUVAIN/ROGOFF 1989; BAKER-SENNETT/MATUSOW/ROGOFF 1993). Dabei ist Hilfe nicht als Vorgabe von Lösungen sinnvoll, sondern als „Hilfe zur Selbsthilfe" oder wie in dem hier skizzierten Kontext als Hilfe bei der Bewußtmachung des Problems. *„In einer der nächsten Stunden stelle ich die Kinder vor das gleiche Problem. Sie wollen sofort kleine Kästen vor den größeren setzen, der Geräteraum ist jedoch verschlossen..."* Kinder im Vorschulalter wollen gern einmal erfolgreich bewältigte Aufgaben durch Wiederholung bestätigen[50]. Dies ist zur Vertiefung des Könnens auch sinnvoll, doch die entwicklungsfördernde Kompetenz des Erziehers liegt gerade darin, durch geschickte Gestaltung des situativen Kontextes das (geistige) Potential der Kinder zu treffen und eine neue Planungsaktivität zu provozieren[51]. Planen in der Gruppe erleichtert die Entwicklung der Planungsfähigkeit, da Kinder sich interaktiv beeinflussen und gemeinsam zu einer kompetenteren Problemlösung finden, von der vor allem „schwächere" Kinder profitieren. Von besonderem Interesse ist ein Befund, den GOODNOW (1987) herausstellt. Danach ist Vorausplanung einzelner Kinder nicht immer sozial erwünscht und führt nicht selten zu Einzelgängertum. In den Untersuchungen erweist sich die Kompetenz des Planers darin, Eigeninteressen und Gruppeninteressen durch situative Modifikationen aufeinander abzustimmen.

Einer der interessantesten Befunde der Forschungsübersicht von FRIEDMAN/SCHOLNICK/COCKING (1987a) ist, daß Kinder relativ früh komplexe Planungsaktivitäten zeigen; allerdings haben sie noch Schwierigkeiten, ihre Strategien zu artikulieren. Sie zeigen auf der praktischen Ebene bereits Leistungen, die sie nach der qualitativen Stadienfolge PIAGETS erst später zeigen sollten (FRIEDMAN/SCHOLNICK/COCKING 1987b; KREITLER/KREITLER 1987; ROGOFF/GAUVAIN/GARDNER 1987). Hier formt sich ein Bild, das wir vorab mehrfach in Skizzen vorbereitet haben: Kinder sind sehr früh zu kompetenten Leistungen fähig. Diese hängen von einem Bedingungsgefüge ab, das neben den persönlichen Ressourcen vor allem auf kontextuellen, d. h. sozialen (peer-group; kompetenter Erwachsener) und kulturellen Bedingungen (z. B. institutionelle Fördereinrichtungen) rekurriert. Alles entscheidendes Merkmal des Entwicklungsprozesses ist jedoch, daß Kindern die Möglich-

---

[50] Vergleiche: „Jedes System verfolgt primär die Tendenz der Systemerhaltung" (Kap. 2.2, S. 20).
[51] Dieses korrespondiert direkt mit WYGOTSKIS (1971, 1978) Konzept der „Zone der proximalen Entwicklung", auf das in Kapitel 4.4 Bezug genommen wird.

keit gegeben wird, in aktiver Auseinandersetzung mit der dinglichen und personalen Umwelt – also handelnd – ihre eigene Entwicklung zu modellieren.

Auch für die Kindheitsforschung hat das Konzept der Planungsaktivität Konsequenzen. Vor allem durch die Arbeiten der Forschergruppe um ROGOFF (siehe BAKER-SENNETT/MATUSOW/ROGOFF 1993, 276–277) wird deutlich, daß Planungsfähigkeit nicht allein als kognitives Konstrukt personenbezogen definiert werden darf (um damit interindividuelle Vergleiche anzustellen). In dem Maße wie das aktionale Element zur Analyseeinheit wird, richtet sich das Forschungsinteresse auf das Gesamtfeld, d. h. auf die Rollen und Verantwortlichkeiten aller Beteiligten – vor allem auf die Kinder als Gruppe – und auf die Veränderungsperspektive in der Zeit.

3.3 Wahrnehmung als Erkundungsaktivität – Eleanor GIBSONs Theorie der Wahrnehmungsentwicklung

Die beiden zentralen Kategorien des psychomotorischen Förderansatzes sind Bewegung und Wahrnehmung. *Bewegung – hier immer verstanden im Handlungskontext – ist zunächst einmal Ausdrucksmittel zur Entfaltung der Sinne* (KÜKELHAUS/ZUR LIPPE 1982), zum anderen Medium der Erkenntnisgewinnung des Kindes. Über die grundlegenden Tätigkeiten des Schaukels, Rutschens, Balancierens, Rollens, Kletterns etc. erwirbt das Kind eine Vorstellung von Schwung, Gleichgewicht, Schwerkraft, Reibung und entwickelt sein Verständnis für die Realität (siehe Kap. 2.1). Die Bewegung ist als *„erste und wichtigste Kommunikationsform des Kindes"* (SCHILLING 1979b) vor allem *das* entscheidende Mittel, um im vorsprachlichen Entwicklungsalter den Dialog zwischen dem Kind und seinen Bezugspersonen in Gang zu setzen. Die Bewegung erweist sich als Schlüssel zum Kind, da in Handlungssituationen ein freudvoller Zugang zum Kind gefunden werden kann.

Im traditionellen psychomotorischen Theorie-Praxis-Feld standen diese explorativen und kommunikativen Funktionen der Bewegung im Vordergrund. Zunehmend werden auch weitere Sinngebungen menschlicher Bewegungshandlungen für die (früh-)kindliche Persönlichkeitsentwicklung thematisiert und in bewegungsbezogene Förderkonzepte integriert. Es ist für das kleine Kind wichtig, den Umgang mit vielfältigem Spielmaterial zu erlernen, was den Erwerb von Kulturtechniken wie Schreiben, Malen, Konstruieren (funktioneller Aspekt) vorbereitet. Es müssen dem Kind aber auch Freiräume gegeben werden, intensive psychische Zustände, wie Neugier und Spannung, Aufregung, Anstrengung, Ärger, Wut, Freude und Spaß zu erleben (KRETSCHMER 1981, 25) und diese natürlichen Gefühlszustände in seinen Bewegungshandlungen zum Ausdruck zu bringen (impressive und expressive Aspekte). In diesem Sinn kommt der Bewegungshandlung entscheidende Bedeutung bei der Gestaltung des Förderprozesses eines (entwicklungsgestörten) Kindes zu[52].

Die andere wesentliche Kategorie des motologischen Theoriekonzepts, die *Wahrnehmung,* ist eng mit der Kategorie der Bewegung verbunden: Bewegung und Wahrneh-

---

[52] Bezüglich einer anthroplogischen Bedeutungsdifferenzierung von Bewegungshandlungen sei auf GRUPE (1976) verwiesen.

mung werden als Einheit erkannt (VON WEIZSÄCKER 1947; SCHILLING 1977a; PHILIPPI-EISEN-BURGER 1991). Leider hat die Förder*praxis* entwicklungsbeeinträchtigter Kinder diese untrennbare Einheit nicht immer realisiert. Es wurden Wahrnehmungsprogramme entwickelt in der Annahme, über ein gezieltes Sinnestraining die Wahrnehmungsfähigkeit des Kindes zu fördern und somit *„Grundfunktionen kindlicher Persönlichkeit zu entwickeln"* (KIPHARD 1978; 1979; OHLMEIER 1979)[53]. Eine solche Praxis ist aus wahrnehmungspsychologischer wie aus handlungstheoretischer Sicht zu kritisieren. Vor allem seitens der ökologisch orientierten Wahrnehmungspsychologie wird schlüssig nachgewiesen, daß Wahrnehmung nicht ein Abbild funktionierender Sinnestüchtigkeit ist, die sich quasi automatisch aus einem gezielten Sinnestraining ergibt. Wahrnehmung ist – bezogen auf den Prozeß der kindlichen Entwicklung – von Anfang an eine komplexe, intermodale Leistung des Subjekts auf der Basis bedeutungsgebundener Bewegungshandlungen. Für eine derartige Sicht ist das Theorieverständnis Eleanor J. GIBSONS grundlegend[54].

Entscheidend für GIBSONS Ansatz ist die ökologische Ausrichtung des Wahrnehmungsprozesses, d. h. Wahrnehmung als Phänomen ist ohne seine Einbettung in Umweltbezüge gar kein Untersuchungsgegenstand. Umweltbezüge herstellen und Umwelt verändern kann der Mensch nur über seine Handlung. Folglich ist Wahrnehmung immer auf die Erfassung handlungsrelevanter Informationen ausgerichtet. Für GIBSON ist Wahrnehmung ein Prozeß der Differenzierung (differentiation) eines aktiv handelnden Kindes und niemals das Resultat eines Anreicherungsprozesses von Informationen (enrichment) (PICK 1992). Damit setzt sie sich von anderen Ansätzen ihrer Zeit ab, die Wahrnehmung als Abbildungsprozeß im (klassischen) psychophysischen Sinne konzipieren. Allerdings wandte[55] sie sich auch gegen Ansätze, die, im Sinne PIAGETS, Wahrnehmung als Strukturierungsleistung infolge der Interaktion zwischen Kind und Umwelt verstanden. Nach GIBSON liegt die *Struktur* nicht in der Person, sondern im „Wahrnehmungsreiz" der Umwelt; sie wird vom Kind direkt erkannt und durch Lernprozesse zunehmend differenziert[56].

GIBSONS Werk ist als Komplement zu dem ihres Mannes J. J. GIBSON zu bewerten, wobei letzterer schwerpunktmäßig den ökologischen Ansatz zur visuellen Wahrnehmung als „Theorie der Entnahme optischer Informationen" konzipierte (siehe MUNZ 1989), GIBSON sich zeitlebens auf Lern- und Entwicklungsprozesse der Wahrnehmung vor allem im frühen Kindesalter konzentrierte. Ihre Theorie hat einen hohen Aussagewert für die ge-

---

[53] Zur Kritik siehe GRÖSCHKE (1986); FISCHER (1989b; 1991c).

[54] Eleanor J. GIBSON ist die bekannteste amerikanische Wahrnehmungsforscherin, die bereits 1938 bei HULL promovierte und heute noch aktiv forscht. Die wichtigsten Ergebnisse jahrzehntelanger Arbeit wurden in ihrem Hauptwerk „Principles of perceptual learning and development" (1969) veröffentlicht. E. GIBSON war mit dem durch das „affordance-Konzept" bekanntgewordenen Wahrnehmungsforscher James J. GIBSON verheiratet, mit dem sie zahlreiche Forschungsergebnisse zusammen veröffentlichte. Die in unserem Kontext relevanten Erkenntnisse beziehen sich auf ihre „zweite Schaffensperiode", die nach dem Tod ihres Mannes (1979) und ihrer eigenen Emeritierung (1980) einsetzte und für die motologische Theorierezeption von entscheidender Bedeutung sind. Zur ausführlichen Bibliographie ihrer Publikationen sei auf PICK (1992) und GIBSON (1988) verwiesen. Die alleinige Namensnennung GIBSON bezieht sich im folgenden auf Eleanor GIBSON; James GIBSON wird durch Hinzufügung der Initialien gekennzeichnet.

[55] Zur Tempuswahl: Wie noch zu zeigen sein wird, haben sich hier in jüngster Zeit entscheidende inhaltliche, wenn auch nicht begriffliche Änderungen vollzogen.

[56] Wir beziehen uns hier auf die zusammenfassenden Darstellungen von GIBSON (1988, 1992); KAUFMANN-HAYOZ (1989); PICK (1992); MILLER (1993, Kap. 6: 317–337).

67

samte Entwicklung des Kindes, stellt sie doch „*stärker als die meisten anderen Wahrnehmungstheorien das natürliche Verhalten in einer spezifischen Umgebung heraus. Der Mensch muß Objekte, räumliche Anordnungen und zeitliche Ereignisse wahrnehmen, um sich an die Welt anpassen zu können – um sich darin zu bewegen, Dinge zu finden, zu spielen und sogar, um darin zu überleben. Bei diesen Reizen handelt es sich um komplexe relationale Einheiten und nicht einfach um visuelle oder akustische Reize*" (MILLER 1993, 322).

Durch den Wahrnehmungsakt tritt das Individuum in Beziehung zu seiner Umwelt, es entdeckt, was die Umwelt „anzubieten" hat, was wiederum eine erhöhte Aufmerksamkeitszentrierung zur Folge hat. Wahrnehmungen sind nicht Selbstzweck, sondern erhalten Sinn und Bedeutung durch die Ausrichtung auf Handlungsziele, die uns die eigenen Erkundungsaktivitäten „ins Blickfeld setzen". Hier übernimmt GIBSON das „Affordance-Konzept" von J. J. GIBSON (1979; 1982), das sie in der Folge – allerdings mit wesentlichen inhaltlichen Modifikationen – in ihre entwicklungspsychologische Kindheitsforschungen integriert (siehe GIBSON 1982).

Zum Verständnis des Ansatzes von J. J. GIBSON sind zwei Konzeptannahmen herauszustellen. Zum einen führt er – was dem Ökologiepostulat entspricht – die Tatsache an, „*daß die Begriffe* **Lebewesen** *und* **Umwelt** *ein untrennbares Paar bilden. Jeder der beiden Begriffe impliziert den jeweils anderen. Kein Lebewesen könnte ohne eine es umgebende Umwelt existieren. Ebenso impliziert eine Umwelt, obwohl das nicht so offenkundig ist, ein Lebewesen (oder wenigstens einen Organismus), das sie zu umgeben hat*" (J. J. GIBSON 1982, 8). Für ihn sind also Individuum und Umwelt a priori gegeben. Auf die Wahrnehmung bezogen fordert sein Konzept nun, daß die Umwelt einem Individuum jede Art von Angeboten macht: „*Ein Angebot ist eine Leistung, die eine bestimmte Umwelt einem Organismus gewährt oder zur Verfügung stellt; es handelt sich um Gelegenheiten zum Handeln. Die Umwelt des Menschen „bietet" ihm stabile Oberflächen, Gegenstände, die er ergreifen kann, Wege, auf denen er sich bewegen kann, und Barrieren, die ihn daran hindern. Mensch und Umwelt bilden also ein Ganzes, in dem die Aktivitäten des Menschen und die Angebote der Umwelt ineinandergreifen*" (MILLER 1993, 322). Vom Individuum aus betrachtet sind diese Angebote also *Handlungsmöglichkeiten*, die es im Wahrnehmungsprozeß erkennen lassen, was es mit einem Objekt tun kann: „*Ein Stuhl bietet uns an, darauf zu sitzen, eine Tür bietet uns an hindurchzugehen, ein Mensch bietet uns an, sozialen Kontakt herzustellen*" (KAUFMANN-HAYOZ 1989, 415).

Als Quelle für seine Begriffswahl weist J.J. GIBSON selbst auf den Terminus „*Aufforderungscharakter*" bei LEWIN (1926; 1931) und KOFFKA (1935) hin. Während in der Gestaltpsychologie der Begriff eine subjektive (individuumsbezogene) Valenz hat, wird der Begriff bei J. J. GIBSON radikal umgedeutet[57]. Diese zweite Konzeptannahme versteht unter „affordance" die Angebotsstruktur, die unabhängig von der Motivationslage des Individuums oder dessen Kenntnisstand „objektiv" vorhanden ist. Oder anders formuliert: Da Strukturen nicht beim Individuum liegen, sondern in der Umwelt, bestimmt diese, was und welche Werte und Bedeutungen der Dinge der Umwelt das Individuum „direkt" wahrnimmt.

---

[57] Siehe KAUFMANN-HAYOZ (1989, 415) sowie HOFFMANN (1993, 33).

Mit der Einführung der ökologischen Perspektive in die Wahrnehmungsforschung hat J. J. GIBSON die Diskussion vorangebracht. Allgemein anerkannt ist heute die Verschränkung der Wahrnehmungssysteme mit der Handlung, eher ablehnend ist der Annahme zu begegnen, der menschliche Organismus könne mit Hilfe seiner Wahrnehmungssysteme *„direkt und unmittelbar aus der Verteilung und den Veränderungen des uns umgebenden Lichtes die relevanten Informationen über unsere Umgebung extrahieren"* (RITTER 1987, 9). Die Kontroverse zwischen Ökologen (den Anhängern J. J. GIBSONS) und Kognitivisten wurde vor allem zwischen ULLMAN (1980), TURVEY/SHAW/REED/MACE (1981) und FODOR/PYLYSHYN (1981) geführt und machte sich primär an der Auffassung der Direktwahrnehmung invarianter Umweltstrukturen fest, die dem Individuum keine Möglichkeit subjektiver Interpretation und Auswahl mehrdeutiger Angebotsstrukturen lasse[58]. Als Mittelweg und in der Sache weiterführend ist der ökologische Ansatz NEISSERS (1979; 1985) anzusehen, der Wahrnehmung als zyklische Aktivität zwischen drei gleichberechtigten Einflußdimensionen ansieht: Zwischen den personenbezogenen Entscheidungsmechanismen (den antizipierenden Schemata), den objektiv verfügbaren Umweltinformationen und den bedeutungsgenerierenden Prozessen der Erkundungsaktivität selbst. NEISSER schreibt zum Wahrnehmungszyklus:

„Meines Erachtens sind die für das Sehen entscheidenden kognitiven Strukturen die antizipierenden Schemata, die den Wahrnehmenden darauf vorbereiten, bestimmte Arten von Information eher anzunehmen als andere, und die so das Sehen steuern. Weil wir nur sehen können, wonach wir zu suchen vermögen, bestimmen diese Schemata (zusammen mit der wirklich verfügbaren Information), was wahrgenommen wird. Wahrnehmung ist tatsächlich ein konstruktiver Prozeß, aber was konstruiert wird, ist nicht ein Vorstellungsbild, im Bewußtsein erscheinend und dort vom inneren Menschen bewundert. In jedem Augenblick konstruiert der Wahrnehmende Antizipationen bestimmter Arten von Information, die ihn dazu befähigen, sie aufzunehmen, wenn sie verfügbar werden. Oft muß er den optischen Bereich aktiv erkunden, um sie verfügbar zu machen, indem er seine Augen, seinen Kopf oder seinen Körper bewegt. Diese Erkundungen sind durch die antizipierenden Schemata geleitet, die Pläne für die Wahrnehmungstätigkeit und Bereitschaften für gewisse Arten optischer Struktur sind. Das Ergebnis der Erkundungen – die aufgenommene Information – verändert das ursprüngliche Schema. So verändert, leitet es weitere Erkundung und wird für weitere Information bereit" (NEISSER 1979, 26; siehe Abb. 7).

GIBSONS „neues Affordance-Konzept" (1988; 1992) hat eine starke Affinität zu NEISSERS Ökologiekonzept, indem es traditionelle kognitive Theorieschwerpunkte (Wahrnehmungslernen; Beziehung zwischen Wissen und Wahrnehmung; Aufmerksamkeitsentwicklung) integriert, allerdings ohne das Schema-Konzept (begrifflich) zu übernehmen. Die Besonderheit des Ansatzes ist die Entwicklungsorientierung der Wahrnehmungsaktivität und die Anwendung auf die Entwicklungsspanne der frühen Kindheit. Die Heuristik dieser Schwerpunktgebungen ist für die motologische Entwicklungstheorie offensichtlich und soll in den wesentlichen Zügen herausgestellt werden.

---

[58] Zur zusammenfassenden Diskussion sei auf folgende Quellen verwiesen: LEIST/LOIBL (1983); RITTER (1987); GARDNER (1989); MUNZ (1989); NEUMAIER/MESTER (1990); HOFFMANN (1993).

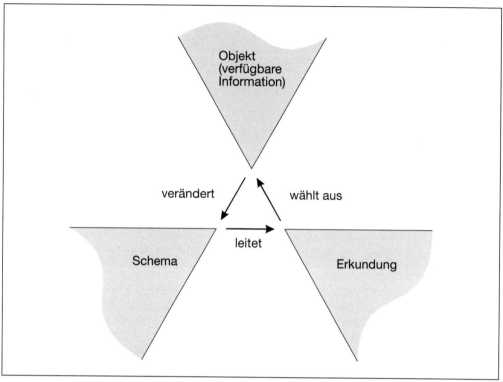

Abb. 7: Der Wahrnehmungszyklus nach NEISSER (1979).

GIBSONS Forschungen zur Wahrnehmungsentwicklung stehen unter dem Primat des Wahrnehmungslernens, verstanden als *Erkundungsaktivität* des Kindes. Ihr Forschungsschwerpunkt ist eindeutig psychoökologisch (im aktuellen Wissenschaftsverständnis) ausgerichtet. Dieses ergibt sich aus dem veränderten *Affordance-Begriff,* den sie heute als relationales Maß zwischen objektiven Umwelteigenschaften und subjektiver Bedeutungsgebung versteht. Das *Neue* ist also eine stärkere Akzentsetzung der Sinndimension, wie dies längere Zeit durch die „Kognitivisten" bezüglich J. J. GIBSONS Konzept angemahnt wurde (vergl. GARDNER 1989, 328). Es ist dies aber keine Konzeptverschiebung zum anderen Pol, sondern eine Ausrichtung auf mehrdimensionale Fragestellungen, die sowohl Entwicklungen des Subjekts als auch Analysen der Umweltkonstellationen, allerdings immer als Entdeckung subjektiv bedeutsamer Umwelteigenschaften zum Gegenstand machen. Dieses entspricht der eigentlichen Bedeutungsimplikation des Affordance-Begriffes (vergl. PICK 1992, 792).

In ihrem Konzept geht GIBSON von der Frage aus, was sich entwickelt bzw. was gelernt wird und bezieht die Frage auf das frühe Kindesalter (GIBSON 1992, 219).

„Säuglinge lernen, Information zu entdecken, die für Fortbewegung, Greifen und Handhabung von Objekten sowie für grundlegende Kommunikationsfertigkeiten relevant ist (...). Sie lernen, daß das Selbst von anderen Objekten getrennt ist und daß die planmäßigen Anordnungen und die dauerhaften Eigenschaften der Umwelt konstant

bleiben. Wenn wir im Laufe unserer Entwicklung durch Wahrnehmen erkunden, können wir die Wahrnehmungsstruktur unserer Umwelt, einschließlich ihrer Angebote, entdecken und lernen, wie sich dieses Wissen gezielt anwenden läßt" (MILLER 1993, 332).

Es ist dies eine Charakterisierung des Forschungsgegenstandes, der sowohl von der inhaltlichen Ausrichtung als auch vom zugrundeliegenden Menschenbild sehr stark an PIAGET erinnert. Allerdings steht nicht die Genese der Intelligenz des Kindes, sondern dessen Wahrnehmungsentwicklung im Zentrum des Interesses, die sie interessanterweise als *Erkundungsaktivität* (exploratory activity) bezeichnet. Diese unterliegt einer eigendynamischen, aber für die Persönlichkeitsentwicklung des Individuums sehr bedeutsamen Veränderung. Die Meilensteine dieser Entwicklung werden exemplarisch für das erste Lebensjahr verdeutlicht.

- Die ersten Lebensmonate (Phase 1) stehen unter dem vordringlichen Lebensthema der *interpersonalen Beziehungsgestaltung.* Die Aktivitäten des Säuglings (z. B. Schauen und Zuhören) sind von Anfang an koordiniert und auf Interaktion ausgerichtet. Auch die Tätigkeiten, Gesten und die Sprache der Mutter sind synchronisiert (face-to-face interaction); eine gelungene „Absprache" führt zu wechselseitiger Responsivität. Es ist dies eine Grundeigenschaft, die aus der gelungenen interaktiven Passung entsteht, ihrerseits die Basis für die dynamische Herausbildung der eigenen Identität und weiteren Öffnung (Aufmerksamkeitsausrichtung) zur Welt bildet. Der Lernbezug zur materialen Umwelt ist zwangsläufig sekundär, weil das manipulative Explorationsvermögen des Säuglings anfangs noch relativ gering ist.

- Dieses ändert sich in der zweiten Phase (4.–7. Monat). *Erkundungsaktivität durch Handeln* wird zum beherrschenden Element der Lebensgestaltung. Alles Gegenständliche ist jetzt motivierend: Die Sinne sind darauf gerichtet, durch Tasten, Lutschen, Anschauen, Zusammendrücken, Fallenlassen, Wegwerfen, Nachhorchen (den Aufschlag erwartend) die Objekteigenschaften des Spielgegenstandes zu erkunden und zu einem multimodalen Eindruck zu verschmelzen. In diesem Sinne geht die Taktilität über Spüren und Fühlen hinaus und wird zum Außenfühler und Werkzeug des Erfahrungsprozesses.

- Mit der *Fortbewegung* (Phase 3; ab etwa 8 Monaten) erhält die perzeptive Orientierung zur Welt eine neue Dimension. Doch beginnt die Lokomotion nicht erst mit dem Laufen, entscheidend sind die Möglichkeiten, die sich das Kleinkind durch Krabbeln, Rutschen, Gehen, Laufen, Rennen, Klettern eröffnet. Es entdeckt, daß es Distanzen überbrücken kann, um Dinge zu erreichen, die bisher außerhalb der Reichweite lagen. Stufen, Abhänge, schwankende oder glitschige Untergrundbeschaffenheiten (Umweltangebote) beanspruchen die Aufmerksamkeitszentrierung des gesamten Wahrnehmungssystems.

Wir haben die lebensthematischen Zentrierungen in den drei skizzierten Phasen *Meilensteine der Entwicklung* genannt und dabei bewußt eine Verknüpfung zur Handlungskompetenz als Periodisierungskriterium der Persönlichkeitsentwicklung nach KOSSAKOWSKI (1991) (siehe Kapitel 3.1) hergestellt. Interessant ist auch, daß dort die gleichen „Knotenpunkte" des Entwicklungsverlaufes beschrieben werden. Das Entscheidende in dem von uns favorisierten Konzept ist nun, daß Entwicklung immer als Passung der Person-Umwelt-Interaktion zu sehen ist, wobei die von GIBSON beschriebenen Phasen als entwicklungslogische Schwerpunktsetzungen zu verstehen sind, bei denen beispielhaft die gelungene Passung zwischen dem sich entwickelnden Säugling bzw. Kleinkind und der personalen und dinglichen Umwelt gelingt. Man kann diese als *Entwicklungsaufgaben* bezeichnen, die gleichsam an das Individuum wie an die Umwelt zu stellen sind[59]. Die Entwicklungsaufgabe entspricht dabei jener Anforderungsstruktur, die in einem Entwicklungsabschnitt thematisch vorherrschend ist. GIBSON beschreibt in ihrem Ansatz diejenigen Erkundungsaktivitäten, die das Erreichen der Knotenpunkte (Entwicklungsaufgaben) ermöglichen.

Dabei sind zwei Elemente des Gesamtkonzeptes von besonderer Bedeutung: erstens die Tatsache, daß Wahrnehmungsentwicklung immer multimodal ausgerichtet ist und zweitens, daß Wahrnehmungslernen wesentlich von der Selbstbewegung, d. h. von den eigenmotorischen Erfahrungen des Kindes abhängen (GIBSON 1992; PICK 1992). So sind schon Säuglinge in der Lage, ihre Aufmerksamkeit auf *Ereignisse* zu richten, insbesondere auf Bewegungen im visuellen Feld. Dabei ist das optische Wahrnehmen nicht als passives Sehen, sondern infolge der Beteiligung von Kopf- und Augenbewegungen als ein aktiv gerichtetes *Schauen* zu verstehen (KAUFMANN-HAYOZ 1989; MILLER 1993). Das Schauen entspricht einem rudimentären Abtasten der visuell erfaßbaren räumlichen und Objektstrukturen und wird immer mit den sensorischen Qualitäten anderer Sinne – z. B. mit den haptischen Erfahrungen – zu einem Gesamtbild integriert. In der Erkundungsaktivität mit dem Objekt konstituiert sich die Bedeutung und die Funktion des Gegenständlichen, durch das Zusammenfließen der multimodal erfaßten Objekteigenschaften gestaltet sich die Kohärenz des Eindrucks und damit die Ganzheit des Objekts.

In den letzten Jahren verdichten sich Erkenntnisse aus empirischen Befunden, daß lokomotorische Erfahrungen die Wahrnehmung des Säuglings und Kleinkindes differenzieren und dessen kognitive Entwicklung beeinflussen[60].

> *„So stellten BAHRICK und WATSON (1985) fest, daß fünf Monate alte Säuglinge eine Videoaufnahme, die ihre eigenen Beinbewegungen live zeigte, von Videoaufnahmen fremder Säuglingsbeine unterscheiden konnten, wobei die Kleidung jeweils gleich war; auch frühere Aufnahmen von den eigenen Beinen konnten die Säuglinge von der Liveaufnahme unterscheiden“* (MILLER 1993, 327).

Besonders beeindruckend ist eine Sequenz von Vergleichsuntersuchungen, die GIBSON (1992, 231–232) zur Umweltwahrnehmung von Krabbelkindern und laufenden Kindern durchführte. Danach können Kinder zu Beginn des Laufalters (13 Monate) bereits schiefe Ebenen mit einer Steigung von bis zu 40% bewältigen, jedoch verweigern sie den aufrechten Gang bei geneigten Ebenen von mehr als 10% Gefälle und rutschen lieber den Hang hinunter. Dagegen zeigen Kinder, die noch nicht laufen können, keine zögernde Haltung bei geneigten Ebenen. Sie krabbeln kopfüber hinauf wie hinunter und müssen bei steileren Neigungen sogar vom Versuchsleiter „gerettet" werden. Offensichtlich hat

---

[59] Auf das Konzept der *Entwicklungsaufgabe* und dessen Relevanz für die anwendungsorientierte Forschung wird im Kapitel 5.1 dieser Arbeit näher eingegangen.

[60] Siehe BERTENTHAL/CAMPOS/BARRETT (1984); BAHRICK/WATSON (1985); BAHRICK (1988); GIBSON (1988); PICK (1992).

die Fähigkeit, laufen zu können, Einfluß darauf, wie das Kind die situativen Bedingungen der Bewegungsaufgabe einzuschätzen vermag, und entsprechend paßt es seine Handlungen an. Aus ihren Untersuchungen auf schiefen Ebenen, schwankenden oder durchsichtigen Untergründen (Wasserbett oder Glasplatte) schlußfolgert GIBSON, daß der Entwicklungsschritt des Stehens und Gehens bei Kleinkindern einen völlig veränderten Person-Umwelt-Bezug herstellt: Die notwendige Verrechnung der umfeldbezogenen Daten mit den Möglichkeiten der eigenen Haltungs- und Bewegungskontrolle wird zum Kriterium kognitiver Entwicklung in der sensomotorischen Entwicklungsphase.

Was ist das Besondere an diesem Ansatz? Mit Hilfe des bei GIBSON zugrundegelegten Wahrnehmungskonstrukts läßt sich erklären, wie das Kind durch Erkundungs- und Handlungsprozesse Wissen über die Welt erwirbt und sein Wissen in Veränderungsstrategien umsetzt. KAUFMANN-HAYOZ (1988, 417) weist mit Recht darauf hin, daß bis heute in Lehrbüchern der Psychologie die Themen „motorische Entwicklung" und „Wahrnehmungsentwicklung" üblicherweise in verschiedenen Kapiteln und durch verschiedene Spezialisten „abgehandelt" werden, obwohl in der Entwicklung des Kindes die Differenzierung der Wahrnehmung und der Handlungsmöglichkeiten Hand in Hand gehen. Mit der hier vorgestellten *ökologischen Wahrnehmungstheorie* (GIBSON; J. J. GIBSON; NEISSER) ist es möglich, ein integriertes, entwicklungsorientiertes Verständnis zugrundezulegen. Dabei lassen sich Wahrnehmungen und Handlungen[61] als komplementäre Aspekte eines Ganzen auf einer Ebene abstrakter Strukturen zusammenführen, die PIAGET üblicherweise mit Schemata bezeichnet. Handlungsschemata und Wahrnehmungsschemata *(affordances)* sind beides Begriffe, *„die eine Kategorie oder Klasse bezeichnen: Schemata sind Klassen von Handlungen, die gleichsam die invarianten Merkmale einer Menge von aktuellen Handlungen (z. B. „Hineintun") bezeichnen. Schemata wandeln und differenzieren sich durch Akkommodationsvorgänge und werden miteinander integriert zu übergeordneten Strukturen. Demgegenüber sind „affordances" Klassen von wahrgenommenen Gegebenheiten, nämlich die über viele Erscheinungsweisen invarianten Merkmale einer Menge von Gegenständen oder Geschehnissen (z. B. „Behälter")* (KAUFMANN-HAYOZ 1989, 416). Entscheidend nun für den Prozeß der Schemabildung und damit für die Erkenntnisbildung des Kindes ist, daß die Klassenbildung nicht durch eine kognitive Regel, sondern durch eine aktional getragene *Funktion* erfolgt (im gegebenen Beispiel eines Behälters durch die Möglichkeit des Hineintuns; KAUFMANN-HAYOZ 1989, 416).

Dieser Erkenntnisstrang trifft die von uns ausgewiesenen aktuellen Perspektiven der kognitiven Entwicklungstheorie (siehe Kapitel 2.4). Wir haben (kognitve) Entwicklung als graduellen Prozeß der Bewußtwerdung der eigenen Handlungsfähigkeit beschrieben und diesen in Anlehnung an SEILER (1993) in einem Zwei-Ebenen-Modell der primären und sekundären Bewußtseinsprozesse verdeutlicht. Entwicklungstragendes Element ist die Handlung – jetzt in ihrer untrennbaren Funktionseinheit mit der Wahrnehmung als Erkundungstätigkeit ausgewiesen –, die, von einer rein praktischen Ebene ausgehend, einer abstrakt-begrifflichen Schematisierung unterliegt.

Hier liegen wichtige Parallelen zur bewegungswissenschaftlichen Forschung der letzten Jahre[62]. Ausgelöst durch die Ökologiediskussion in der Wahrnehmungsforschung durch

---

[61] Hier geht es nicht um beliebige, sondern um für das Kind subjektiv bedeutsame und damit entwicklungsgenerierende Wahrnehmungen und Handlungen.

[62] Verwiesen sei vor allem auf die Arbeiten von LEIST (1988); NEUMAIER/MESTER (1988; 1990); MUNZERT (1989; 1991; 1992); LOIBL (1990a) und SCHERER (1990).

J. J. Gibson (1982) wurden Fragen des Zusammenhangs von Motorik und kognitiver Repräsentation (Schemabildung) zum „Kernstück" (Munzert 1992, 345) bewegungswissenschaftlicher Grundlagenforschung. Gegenwärtig werden zunehmend Versuche unternommen, die Grundlagenerkenntnisse in Theorie-Praxis-Bezüge des Bewegungslernens bzw. deren Vermittlung zu transferieren (etwa Loibl 1990b; Volger 1990; Scherer 1993; Trebels 1993). Hier liegen aber auch entscheidende Unterschiede in den Akzentsetzungen des Forschungszugangs. Während die sportwissenschaftliche Bewegungsforschung traditionsgemäß die Suche nach Motorikrepräsentationen in einem Alter ansetzt, in dem die Forschungssubjekte und Probanden (ältere Kinder, Jugendliche, Erwachsene) begriffliche Denkstrukturen (2. Ebene) ausgebildet haben, die dann forschungsmethodisch über das sprachliche Begriffssystem adressiert werden (können)[63], legt die Motologie einen Schwerpunkt auf das frühe und mittlere Kindesalter, in dem erst die körper- und handlungsbezogenen Grundlagen der Wissens- und Könnensstrukturen gebildet werden. Auch die besondere Klientel entwicklungsbeeinträchtigter und behinderter Menschen, bei denen das chronologische und das Entwicklungsalter oft sehr stark differieren, macht einen individuums- und handlungsbezogenen Zugang notwendig. Diesbezüglich hat vor allem Eleanor Gibson neue Perspektiven aufgezeigt, indem sie Wygotskis Diktum in die Tat umsetzt: Um ein Phänomen zu verstehen – hier die Wahrnehmung im Handlungskontext – bedarf es vor allem der Einsicht in dessen Genese[64].

3.4 Zusammenfassung

Unter einer sportpsychologischen Perspektive ist der Handlungsbegriff zur grundlegenden Analyseeinheit des Wissenschaftsgebietes – vor allem in der bewegungswissenschaftlichen Forschung – geworden. Handlungsmodelle verfolgen das wissenschaftlich motivierte Ziel, ein (sportliches) Geschehen zu beschreiben, zu erklären, Verlaufsprozesse zu antizipieren und Erfolge zu beeinflussen. Erst in der jüngeren Theoriekritik bzw. Theoriekonstruktion tritt eine epistemische Subjektorientierung gekoppelt mit anthropologischen Theoriebezügen in den Vordergund (etwa bei Nitsch 1991; Prohl 1991a, b; Scherer 1993).

In unserem motologisch orientierten Begriffsverständnis ist Handlung nicht auf den Ablaufcharakter regulativer Prozesse beschränkt, sondern immer im Erkenntnisinteresse eines die Realität konstruierenden Subjekts über Handlungsakte konstitutiv. Entsprechend wurde hier die *Entwicklungsperspektive durch Handeln* begründet. Als Bestimmungsstücke des Handlungskonstrukts wurden eingangs die kontextualistische bzw. ökologische Entwicklungsperspektive, die Mechanismen der Realitätskonstruktion und die Bedeutung der Handlungskompetenz als tragendes Element der Persönlichkeitsentwicklung (Kossakowski 1991) ausgewiesen. Handlung wurde dabei als vermittelndes, d. h. Kognitionen und Emotionen integrierendes und damit die Entwicklung modellierendes Element beschrieben.

---

[63] Es sei in diesem Zusammenhang noch einmal ausdrücklich darauf verwiesen, daß wir die begriffliche Genese nicht in ihrer (engeren) sprachlichen Wortbedeutung analysiert haben, sondern sie in Anlehnung an die Forschergruppe um Seiler als Einheit des Denkens definiert haben, die vor allem durch die Subjektivität der Verstehensprozesse geprägt sind und sich originär aus Handlungen entwickeln (siehe Kapitel 2.4 Abschnitt 3).

[64] Siehe Pick (1992, 793); Gibson (1987); Kaufmann-Hayoz (1988).

Die Entwicklung des Kindes gestaltet sich vor allem durch dessen Eigenaktivität. Läßt man Kindern die Möglichkeit, sich handelnd mit den dinglichen und personalen Gegebenheiten ihrer Umwelt auseinanderzusetzen, so erwerben sie schon sehr früh die Kompetenz, das Bedingungsgefüge der Aufgabenstellungen verstehen zu lernen und für zukünftige Problemlösungen zu nutzen. Diese Kompetenz haben wir *Planungsfähigkeit* genannt. Anhand einer praxisbezogegen Beispielsequenz konte der Nachweis erbracht werden, daß Erfolg und Qualität aktualgenetischer Planungsprozesse prinzipiell durch zwei Faktorenkomplexe bedingt sind: Durch das Wissen und Können, über das Kinder aus früheren Planungssituationen verfügen können (strukturelle Ebene), und durch die Fähigkeiten und Möglichkeiten, situative Merkmale und Ereignisse integrieren zu können (prozessuale und kontextuelle Ebene). Dabei liegt die generelle Entwicklungslogik in der allmählichen Ablösung handlungsgebundener Planungsprozesse zugunsten der mentalen, aber interaktiv und sozial vermittelten Strategiebildung.

Die Verschränkung von Handlung und Kognition wurde zu einem zentralen Anliegen in Kapitel 3.3, in dem Wahrnehmung – als eine wesentliche Kategorie der motologischen Theorielegung – als *Erkundungsaktivität des Kindes* ausgelegt wurde. Die Ausführungen gründeten sich auf das Wahrnehmungskonzept GIBSONs (1987; 1988; 1992), das im Gegensatz zum Ansatz von J. J. GIBSON (1973; 1982) eindeutiger psychoökologisch (im aktuellen Wissenschaftsverständnis) ausgerichtet ist. Die Veränderungen ergeben sich aus dem reformierten *Affordance*-Begriff, der hier als relationales Maß zwischen objektiven Umwelteigenschaften und subjektiver Bedeutungsgebung bezeichnet wurde. Das *Neue* entspricht also einer stärkeren Betonung der Sinndimension, wie dies längere Zeit durch die „Kognitivisten" bezüglich J. J. GIBSONs Konzept angemahnt wurde. GIBSONs Konzept entspricht einer Verschmelzung von Wahrnehmungsschemata und Handlungsschemata und dem Nachweis einer aktivitätsgebundenen Genese mit einer Akzentsetzung im frühen und mittleren Kindesalter. Hier wurde auch die besondere Affinität zum motologischen Forschungsansatz ausgemacht, der seinen interventionsorientierten Zugang zur besonderen Klientel entwicklungsverzögerter und behinderter Kinder auf einen handlungsgebundenen, auf Realitätskonstruktion ausgerichteten Entwicklungsprozeß gründet.

4 Entwicklung zwischen Identität und Ökologie

4.1 Persönlichkeit und Entwicklungsorientierung

Mit der Handlungsorientierung im Entwicklungsprozeß haben wir dem Individuum eine entscheidende Einwirkungsmöglichkeit bei der Gestaltung der eigenen Entwicklung eingeräumt. Erkundung und Ausgestaltung der eigenen Handlungsmöglichkeiten stellen einen motivierenden Faktor für Eigenaktivität dar. Gerade die ökologische Ausrichtung der Handlungsperspektive hat klärend verdeutlicht, daß individuelles Sinnstreben sich aus den kontextuellen Möglichkeiten formt und die Person-Umwelt-Interaktion ihre Spuren bei der Personengenese hinterläßt. Interindividuell betrachtet, führt eine mehrdimensionale Sicht zwangsläufig zur Akzeptanz differentiellerer Entwicklungsverläufe, und auch für die einzelne Person bedeutet die Perspektive, daß Lebensereignisse und die Art der Auseinandersetzung mit diesen intraindividuelle Veränderungsstrukturen bewirken. Diesem Thema widmet sich traditionell die Persönlichkeitspsychologie.

PEKRUN (1988) versucht in seinem Überblick zum Forschungsstand durch Verknüpfung verschiedener Positionen (nicht unter Abkehr von empirisch orientierten Sichtweisen) eine theoriegeleitete Vorgehensweise zu begründen. Es geht ihm um die Fragestellung, welche Personenmerkmale dem Persönlichkeitsbegriff zuzuordnen sind und vor allem, wie konkretes Verhalten von situativen Kontexten einerseits und von „Persönlichkeit" andererseits beeinflußt wird. Aus der (kritischen) Analyse der drei Ansätze, die die Persönlichkeitspsychologie dieses Jahrhunderts entscheidend geprägt haben (ALLPORT 1938; EYSENCK 1947; GUILFORD 1964; zit. nach PEKRUN 1988, 10), formuliert PEKRUN folgende allgemein gehaltene Kennzeichnung: *„Als Persönlichkeit eines Menschen ist die Gesamtheit derjenigen Merkmale dieses Menschen zu bezeichnen, die a) (mindestens relativ) zeitstabil sind und b) ihn von anderen Menschen unterscheiden können"* (PEKRUN 1988, 11). Er beschreibt Persönlichkeit als mehrdimensionales Konstrukt, bei dem auf einer inhaltlichen Unterscheidungsebene *„nicht nur Verhalten, sondern z. B. auch Kognitionen, Emotionen und motivationale Abläufe und darüber hinaus auch körperliche Merkmale charakteristisch für Personen sein können, notwendige Bestandteile einer umfassenderen Beschreibung ihrer Individualität darstellen und damit auch unabhängig von ihren Verhaltenswirkungen als legitime Gegenstände einer Wissenschaft von der menschlichen Persönlichkeit anzusehen sind"* (PEKRUN 1988, 14).

Seine Vorstellung von Persönlichkeit und Persönlichkeitsmerkmalen mündet in der Forderung nach der Abkehr von rein verhaltensorientierten Forschungsperspektiven zugunsten einer „gemäßigt-konstruktivistischen Position". Danach bestehe auch im *„Bereich der Persönlichkeitspsychologie eine hohe Anzahl von Freiheitsgraden, die sich nur theoriegeleitet sinnvoll eingrenzen läßt"*. PEKRUN plädiert für eine explizit theoriegeleitete Persönlichkeitsforschung und -beschreibung, die sich *„nach Möglichkeit nicht an impliziten Vorstellungen vom jeweiligen Gegenstand, sondern an expliziten Gegenstandsabgrenzungen orientieren"* sollte. Er geht dabei davon aus, daß es bei der Persönlichkeitspsychologie als einer Wissenschaft vom Menschen *„um einen prinzipiell offenen, in die Zu-*

kunft hineinschreitenden Konstruktions- und Erkenntnisprozeß handelt" und daß sich die Disziplin u. a. *„von den herkömmlichen, unnötigen Restriktionen auf die enge Klasse dispositioneller, universeller und situationsgeneralisierter Persönlichkeitsmerkmale befreien sollte"* (PEKRUN 1988, 42).

Eine die Dichotomie vermeidende, prinzipiell prozeßorientierte Konzeption legt THOMAE (1968; 1988) vor. Mit diesem Ansatz tritt eine entscheidende Umstrukturierung in der Theorielegung der Persönlichkeitspsychologie ein, die die Persönlichkeitsentwicklung als subjektiv-sinnhaftes Geschehen ausweist. Bei THOMAE wird Persönlichkeit – verstanden als Ganzheit oder Einheit – zum Bezugsystem jeder Entwicklungstheorie und erhält dadurch die Qualität eines metatheoretischen Konstrukts. Persönlichkeit wird bei ihm aufgefaßt als ein *„Prozeßsystem – integriert in eine individuelle Biographie. Es umschließt biologische Veränderungen ebenso wie Veränderungen des Gewahrwerdens äußerer und innerer Einflüsse sowie der Auseinandersetzung damit"* (OLBRICH 1982, 117).

Dieser individuumszentrierte, biographische Ansatz konzentriert sich somit auf die psychologische Analyse des Verhaltens im gesamten Lebenslauf. THOMAEs empirische Methode der Exploration bezieht sich auf kleinste, mittlere und größere Zeiteinheiten (Handlungen, Tagesabläufe, Lebensläufe), auf die er seine Analysen subjektiver Strukturierungen bezieht. Der Verhaltensbeurteilung dienen acht formale, polar angeordnete Kategorien, von denen die der *Orientierung* und des *Selbstbildes* wegen der subjektiven Gerichtetheit außen- und innenbezogener Prozesse eine zentrale Position einnehmen. Kernbegriff des Ansatzes ist die *„thematische Strukturierung"* (vergl. THOMAE 1968, 282 f.; MOGEL 1985, 82): Orientierungssysteme für jede individuelle Erfahrung werden gebildet durch Inhalt, Anordnung und Struktur der Lebens- und Daseinsthemen, die bei jedem Menschen verschieden sein können. Entsprechend diesen Daseinsthemen entwickelt der Mensch im Laufe seines Lebens Daseinstechniken[65] zur Auseinandersetzung mit der Welt. Diese Welt vermittelt sich durch die thematische Strukturierung des Individuums und wirkt nicht als Abbild der Realität: *„Verhalten unter dem Aspekt der thematischen Strukturierung betrachten heißt zunächst, es als sinnvolles Geschehen betrachten ... Sinn ist dabei zweifellos ein höchst subjektiver Sachverhalt. Er bezieht sich auf die Art, wie Dasein in einer je spezifischen Situation* **stimmig** *oder* **bedeutungshaltig** *wird"* (THOMAE 1968, 586; siehe auch OLBRICH 1982).

In seiner in neuer Formulierung vorgelegten Persönlichkeitstheorie unter Beibehaltung des Titels „Das Individuum und seine Welt" (1988) legt THOMAE Wert auf einige Präzisierungen:

- *Das Individuum und seine Welt analysieren heißt, es vor allem in seinem sozialen Umfeld sehen. Denn diese seine Welt ist in erster Linie eine sozial bestimmte und geprägte Welt – wie jede Analyse von konkreten Handlungen, Tages- oder Lebensläufen zeigt.*

- *Die Welt des Individuums besteht vor allem in den von ihm internalisierten* **kognitiven Repräsentationen** *dieser Welt* (verstanden als übernommene oder selbst gebildete Grundüberzeugungen, als generalisierte Erwartungen sowie als Schemata der anderen und des eigenen Selbst).

---

[65] Wir sprechen heute von Strategien der Bewältigung bzw. der Handlungsplanung.

- *In Übereinstimmung mit den Vertretern einer kognitiven Persönlichkeitstheorie wird menschliches Handeln nicht als Funktion der **objektiven** Situation, sondern als die ihrer kognitiven Repräsentation angesehen.*

Geklärt ist inzwischen auch die von PERVIN (1985) geforderte Beziehung zwischen *Kognition* und *Affekt* als ein notwendiger *Bestandteil einer kognitiven Theorie. Es ist dabei davon auszugehen, daß nicht nur Kognitionen Emotionen regulieren, sondern daß Emotionen und Motivationen auch Inhalt, Form und Dynamik der kognitiven Systeme beeinflussen* (THOMAE 1988, 4–5).

THOMAE versucht mit seinem biographischen Ansatz die klassische Gegenüberstellung von nomothetischem und ideographischem Vorgehen in der Persönlichkeitsforschung aufzuheben. Nomothetische Ansätze liefern generalisierende, aber gleichzeitig auch reduktionistische Beschreibungsgrößen für die Unterschiedlichkeit von Individuen. Ideographische Ansätze ergänzen die nomothetischen insofern, als sie person- *und* umweltzentriert vorgehen und eine Person insgesamt in einem mehrdimensionalen Zusammenhang betrachten[66].

Die motologische Theoriekritik und -konstruktion nimmt vor allem Bezug auf THOMAES zentralen Begriff der *thematischen Strukturierung*[67]. Gemäß seinem Verständnis von Entwicklung als subjektiv-sinnhaftem Geschehen verwendet THOMAE die Begriffe *Thema* oder *Thematik* synonym mit dem des Motivationsprozesses, weil für ihn Themen des Daseinsvollzugs immer auf spezifische Umweltsituationen bezogen sind. Themenzentrierte Persönlichkeitentwicklung im Sinne einer *„Synonymität von Thematik und situationsspezifischer motivationaler Strukturierung des Verhaltens"* wurde in der psychosozialen Persönlichkeitstheorie ERIKSONS (1950) ausgewiesen, auf die sich THOMAE ausdrücklich bezieht (1988, 53). Auch die Motologie sieht sich zunehmend vor die Aufgabe gestellt, die sozial-affektive Bedeutungsgebung des Entwicklungsgeschehens durch Bewegungshandlungen in ihr Theoriegebäude zu integrieren (MATTNER 1985, 1987; PRECHTL 1986; SEEWALD 1992a, b).

4.2 Psychosoziale Entwicklung und Identitätskonstrukt

Aus der Entwicklungsperspektive betrachtet, stellen Erfahrungsdaten vom eigenen Körper grundlegende Elemente der personalen Identität dar (PAULUS 1986). Aufgrund der Verwurzelung des Menschen in den eigenen Körper ist dieser Ausgangspunkt für inneres und äußeres Erleben. Die Gesamtheit menschlichen Erlebens umschließt gewissermaßen zwei Seins-Weisen des Körpers: *Im-Körper-Sein* (Körpererfahrung) und *Außerhalb-des-Körpers-Sein* (Sozial- und Materialerfahrung); sie beinhaltet Selbst- und Umwelterfahrung.

In der handelnden, interaktiven Auseinandersetzung des Individuums mit der Welt wird die Motorik als bewußtes und unbewußtes Bewegungsgesamt des Menschen zur wich-

---

[66] Damit unterstreicht THOMAE bereits in den 60er Jahren Zusammenhänge wie sie in der Theoriediskussion erst für die 80er Jahre bestimmend wurden.

[67] Siehe etwa PHILIPPI (1989) für die Arbeit mit alten Menschen (Motogeragogik).

tigen Grundlage der Handlungs- und Kommunikationsfähigkeit. Genau dieses ist der Akzent der psychomotorischen Entwicklungsförderung innerhalb eines prinzipiell ganzheitlichen und mehrdimensionalen Förderkonzepts. Da dem Handeln in allen Fällen der Körper als Fundament zugrundeliegt, basiert menschliches Handeln überwiedend auf (Bewegungs-)Erfahrungen, die in einer ständigen Wechselbeziehung zu sinnlichem Wahrnehmen, Bewegen, Erleben und Verarbeiten gewonnen und ständig differenziert und erweitert werden (VON WEIZSÄCKER 1947; STOLZE 1976).

Die körperbezogene, d. h. die die subjektiv-emotionale Erlebnisqualität des Handelns betonende Sichtweise der kindlichen Entwicklung geht vor allem auf ERIKSON (1950) zurück. Dieser beschreibt die menschliche Entwicklung als Persönlichkeitsentwicklung mit dem Ziel der Bildung der eigenen Identität. In Erweiterung des FREUDschen Ansatzes, der den Schwerpunkt auf die Darstellung der psychosexuellen Aspekte der kindlichen Entwicklung legt, bezieht ERIKSON soziale Bezugspersonen und Systeme in seine Erklärungen mit ein und betont so die zentrale Bedeutung von Interaktion zwischen Kind und Umwelt für die Entwicklung der Persönlichkeit.

Die Suche nach *Identität* ist durch ein Spannungsverhältnis gekennzeichnet. Zum einen umfaßt sie das Streben des Individuums nach Kontinuität, nach einem Gefühl der Einzigartigkeit in Abgrenzung zu anderen. Zum anderen beinhaltet sie jedoch auch die Notwendigkeit, sich zu entwickeln und sich den ständig verändernden Anforderungen der Umwelt, insbesondere der gesellschaftlichen Bezugsgruppen, anzupassen. ERIKSON geht davon aus, daß sich die Entwicklung nach einem Grundplan universal gültiger Entwicklungsstufen und -krisen vollzieht. Sie ist geprägt durch phasenspezifische *Konflikte,* die zum einen durch die wachsenden Fähigkeiten und die damit verbundenen *Bedürfnisse und Wünsche des Individuums,* zum anderen durch veränderte Anforderungen des sozialen Umfeldes charakterisiert sind. Jede psychische Krise wird durch zwei Pole definiert, die miteinander in Konkurrenz stehen (siehe *Abb. 8)*. Die adäquate Bewältigung von Konflikten besteht in der Ausbalancierung solch gegensätzlicher Ansprüche und wird als *Entwicklungsaufgabe* bezeichnet. Bleiben diese unerledigt, belasten sie die weitere Entwicklung. Nach ERIKSON besteht jedoch die Möglichkeit der Aufarbeitung ungelöster psychosozialer Konflikte in späteren Lebensphasen (ERIKSON 1989, 66). Genau hier ergibt sich ein Ansatzpunkt für eine identitätsfördernde Arbeit mit Problemkindern aus psychomotorischer Sicht. Es gilt, Inhalte oder Themen zu finden, deren Bewältigung, auch Konfliktbewältigung beim Kind eine identitätsfördernde Funktion hat[68].

Im ersten Lebensjahr geht es nach ERIKSON in psychosozialer Hinsicht um ein Gefühl von *Urvertrauen* und die Überwindung eines Gefühl von *Mißtrauen.* Welche Bewegungs- und Spielaktivitäten können nun die Gelegenheit bieten, den psychosozialen Konflikt zwischen dem Erwerb von Vertrauen und der Ausprägung eines Grundgefühls von Mißtrauen zu beeinflussen? HAMMER/DENZER/TWELLMEYER (1989) sowie SEEWALD (1989; 1991b) nennen dazu Bewegungen wie Schaukeln, Wiegen und Schwingen, die durch sanfte Übergänge und geringe Intensität gekennzeichnet sind. Sie können durch ihren gleichmäßigen und harmonischen Ablauf dem Kind das Gefühl von Beständigkeit und Sicherheit vermitteln.

---

[68] Die Ausführungen beziehen sich exemplarisch auf die drei ersten Entwicklungsabschnitte der Theorie ERIKSONS.

Psychosoziale Krisen	Bereich bedeutsamer Beziehungen	Bezugspunkte sozialer Ordnung	Psychosoziale Modalitäten	Alter
I **Vertrauen vs. Mißtrauen**	**mütterliche Person**	**Kosmische Ordnung**	**Etwas erhalten etwas dafür geben**	**Säuglingsalter 0 – 1**
II **Autonomie vs. Scham, Zweifel**	**Eltern**	**»Recht und Ordnung«**	**(Fest)halten (Los)lassen**	**Kleinkindalter 2 – 3**
III **Initiative vs. Schuldgefühle**	**Engere Familie**	**Ideale Prototypen**	**Tun (= einer Sache nachgehen) »So tun« (= spielen)**	**Spielalter 4 – 5**
IV Tatendrang vs. Minderwertigkeit	»Nachbarschaft«, Schule	Technologische Elemente	Dinge tun (= zum Abschluß bringen) Dinge zusammenfügen	Schulalter 6 –12
V Identität und Ansehen vs. Ausschluß und Identitätsdiffusion	Gruppe der Gleichaltrigen und fremde Gruppen; Vorbilder	Ideologische Perspektiven	Sich selbst sein (oder nicht) Selbst sein unter Mitmenschen	Adoleszenz 13 – 18
VI Intimität und Solidarität vs. Isolation	Partner und Freunde, Sex, Wettbewerb, Kooperation	Kooperations- und Konkurrenzmuster	Sich gegenseitig im anderen finden und verlieren	Frühes Erwachsenenalter 19 – 25
VII Schaffenskraft (Generativität) vs. Isolation	Geteilte Arbeit und gemeinsamer Haushalt	Strömungen in Erziehung und Tradition	Etwas umsorgen Etwas schaffen	Erwachsenenalter 26 – 40
VIII Integrität vs. Widerwille und Verzweiflung	Wesen des Menschen, mein Wesen	Weisheit	Aus der Vergangenheit leben, den Tod bedenken	Reifes Erwachsenenalter 41

Abb. 8: *Entwicklung und psychosoziale Konflikte nach* ERIKSON *(1989[11]) und* MAIER *(1983).*

Ähnlich schützende Erfahrungen und ein Gefühl von Geborgenheit und Wärme können dann später Situationen vermitteln, in denen Kinder die Gelegenheit finden, sich in Decken o. ä. einzuwickeln oder aus einfachen Materialien Häuschen, Höhlen, Zelte und ähnliche Unterschlupfe zu bauen, die eine wohlige Atmosphäre ausstrahlen. Es sind dies Tätigkeiten, die Kinder in freien Spielsituationen selbst suchen, es sind dies aber auch Handlungen und Spielsituationen, die schon immer zum motopädagogischen Handlungsrepertoire gehört haben, um gerade die emotionale Komponente der kindlichen Entwicklungsförderung zu akzentuieren.

Im zweiten und dritten Lebensjahr bewegt sich das Kind nach Ansicht von ERIKSON zwischen den Polaritäten *Autonomie* und *Scham/Zweifel*. Die Entwicklungsaufgabe besteht darin, sich von der primären Bezugsperson zu emanzipieren und ein übergroßes Gefühl von Scham und Zweifel zu überwinden. Dies wird vor allem durch die neuen Möglichkeiten der Körperbeherrschung (Gehen, Sprechen, Stuhlkontrolle) unterstützt. Die Entwicklung und Möglichkeit der Fortbewegung bedeuten für das Kind eine *„ungeheure Erweiterung des Horizonts und neue, ungeahnte Zugangsmöglichkeiten zur Welt"* (CONZEN 1990, 212).

Das Kind weiß jetzt sicher, daß es ein *Innen* und *Außen,* ein *Ich* und ein *Du* gibt und daß es aktiv auf die Umwelt einwirken kann. Die Betonung und Durchsetzung des eigenen Willens ist in dieser Phase von besonderer Bedeutung. Es kommt zu unvermeidlichen Zusammenstößen mit anderen Familienmitgliedern. Das in der ersten Phase erworbene Urvertrauen und die symbiotische Geborgenheit in der Beziehung zur Mutter (zum Vater) wird erstmals auf eine schwere Probe gestellt (MAHLER/PINE/BERGMANN 1991). Wichtig ist in dieser Zeit, daß das Kleinkind möglichst angstfrei mit Nähe und Distanz, Weggehen und Wiederannähern experimentieren kann. Es geht darum, eine ausgewogene Balance zwischen dem Weiterbestehen der guten symbiotischen Beziehung und der Getrenntheits- und Autonomieerfahrung zu finden. Bewegungsthematisch bieten sich in dieser Altersspanne z. B. *Versteck-* und *Fangspiele* an. Versteckspiele bieten Gelegenheit, sich abzugrenzen, aber enthalten gleichzeitig die Sicherheit des Wiedergefundenwerdens (HÖLTER 1987b, 26). Fangspiele aller Art thematisieren die Ambivalenz von Nähe und Distanz; ihre Reize ziehen sie aus dem Fortlaufen und Verfolgtwerden, wobei kleine Kinder das (Auf-) Gefangenwerden provozieren (SEEWALD 1989, 316). Kinder dieses Alters (und auch danach) drängen mit Vorliebe danach, Möglichkeiten und Grenzen ihrer körperlichen Fähigkeiten kennenzulernen, selbst wenn dieses mit gewissen Risiken behaftet ist. Erfahrungsangebote im Balancieren, Klettern und Rutschen sind deshalb besonders kindgemäß.

Im Vorschulalter liegt der Schwerpunkt der Entwicklungsaufgabe *Initiative* versus *Schuldgefühle* auf der Entdeckung individueller Merkmale und Fähigkeiten im Vergleich und in Angrenzung zu anderen. *„Das Kind weiß jetzt sicher, daß es ein Ich ist; nun muß es herausfinden, was für eine Person es werden will"* (ERIKSON 1989, 87). Das Streben des Kindes nach Unabhängigkeit wird nach ERIKSON vor allem durch drei Entwicklungsschübe eingeleitet:

- Das Kind ist nun in der Lage, sich freier und kraftvoller zu bewegen und gewinnt dadurch ein weites, subjektiv unbegrenztes Tätigkeitsfeld,
- sein Sprachvermögen vervollkommnet sich; die Symbolfunktion sowie die Anfänge der Verinnerlichung der Handlungsschemata entwickeln sich (PIAGET 1975),
- Sprache und Bewegungsfreiheit zusammen erweitern die Vorstellungswelt des Kindes.

Charakteristisch für diese Altersstufe ist das *Sich-Identifizieren* mit den Rollen und Tätigkeiten der Erwachsenen und damit verbundenen Träumen von Groß- und Starksein. Das Kind ist bemüht, mit Hilfe seines bereits im zweiten Stadium erworbenen, autonomen Willens konkrete Ziele in die Tat umzusetzen (CONZEN 1990). Das Hauptthema dieser Altersspanne ist das Entwickeln von eigener *Initiative.* Es geht darum, neue Aufgaben und Herausforderungen anzunehmen, die individuellen Merkmale im Vergleich und in Angrenzung zu anderen zu entdecken und damit die eigene Identität herauszubilden. Ein positives Selbstkonzept baut sich aber nur auf, wenn der Erfolg einer Handlung als selbst verursacht erlebt und nicht als zufallsbedingt oder fremdbestimmt wahrgenommen wird. Aus diesem Grund ist das Bereitstellen von Situationen, in denen das Kind selbständig aktiv handeln kann, eine wesentliche Vorbedingung für die Entwicklung eines positiven Selbstkonzeptes (VOLKAMER/ZIMMER 1986).

Die *Schuld* – als Gegenpol der Initiative – wirkt nach ERIKSON hemmend auf den unermüdlichen Forscherdrang und die Initiativkraft des Vorschulkindes. Schämte sich das Kind bisher, wenn es bei verbotenen Handlungen entdeckt wurde, so können nun durch den bewußteren Umgang mit familiär und gesellschaftlich vermittelten Normen und Werten Schuldgefühle entstehen. ERIKSON (1989, 94) verweist diesbezüglich auf die negativen Folgen übertriebener Verbote, Ermahnungen und Handlungseinschränkungen durch die Bezugspersonen, die sich in „Buchstabengehorsam", wie übertriebene Regeltreue, übertriebene Selbstbeherrschung und Einschüchterung, auswirken können. Es gibt nun zahlreiche Bewegungs- und Spielaktivitäten zur Bearbeitung des Grundthemas *Initiative entwickeln.* Dabei ist didaktisch die Perspektive von der Sicherheit des Bekannten und Angenehmen bedeutsam, z. B. Schaukeln, Bewegungsspiele auf dem (sicheren) Boden zur Befriedigung des Abenteuerdranges (Roll- und Fahrgeräte, Bewegungslandschaften) (siehe FISCHER/WENDLER 1993). *Spiele mit unterschiedlichen Rollen* (z. B. Mutter, Vater und Kind; Räuber und Gendarm; Indianer und Cowboy) bieten die Gelegenheit, sich mit Vorbildern zu identifizieren. Durch Bewegung mit *Roll- und Fahrgeräten* (Rollbrett, Pedalo, Roller, Fahrrad, später Skateboard) lernen die Kinder Körper- und Selbstbeherrschung, während sie „die Welt erobern". Beim *Erobern von Bewegungslandschaften* beinhalten Situationen der Höhe und des Kletterns einen besonderen Aufforderungscharakter, *„weil sie die dritte Dimension eröffnen und von der sicheren Mutter Erde wegführen"* (SEEWALD 1991, 37). *Spiele mit Wettkampfcharakter* bieten die Gelegenheit, die eigenen Kräfte zu messen und sie mit denen anderer zu vergleichen.

Für die praktische Förderarbeit mit auffälligen Kindern bis zum Grundschulalter lassen sich entwicklungsorientiert (nach ERIKSON) drei Grundthemen formulieren:
- Vertrauen bilden,
- Autonomie aufbauen,
- Initiative entwickeln.

In der Bewegung kann sich das Kind freudvoll erleben und frei entscheiden, wie es handeln will. Vertrauen, Autonomie und Initiative sind dabei die wichtigsten Faktoren: Das Kind soll Vertrauen zu sich und anderen bilden, selbst entscheiden und kontrollieren dürfen (Autonomie), (neue) Aufgaben übernehmen und entwickeln können (Initiative) und in allem unterstützt und respektiert werden. Durch die Bewegung und durch seinen Körper kann das Kind an diese Entwicklungsaufgaben herangeführt werden. Hierin liegt die besondere Bedeutung der Kategorien Körper und Bewegung für die identitätsbildende Förderung von Kindern.

Die moderne Entwicklungspsychologie hat die bei ERIKSON thematisierte Bedeutung von Krisen und typischen Lebensthematiken für die Entwicklung von Kindern anerkannt[69], eine genetisch dominierte universelle Krisenabfolge innerhalb festgelegter Zeitraster ist jedoch abzulehnen. Der Kerngedanke in der Entwicklungstheorie ERIKSONs ist die Meisterung von Entwicklungsaufgaben, die sich dem Menschen phasenweise im Laufe seines Lebens stellen. Er faßt *„diese Entwicklungsaufgaben als Bestandteile eines biologischen, epigenetischen Wachstumsplanes auf, der sich Schritt für Schritt über den gesamten Le-*

---

[69] Wir beziehen unsere Evaluation auf die Darstellungen von OLBRICH (1982); MAIER (1993, 107–184); FLAMMER (1988, 91–107); CONZEN (1990); DIEPOLD (1990); MILLER (1993, 153–171).

bensweg entfaltet" (CONZEN 1990, 271). Jeder Teil erhält dabei die Funktion einer phasenspezifischen Schwerpunktsetzung, die nach und nach zu einem funktionierenden Ganzen zusammenwachsen. ERIKSON formuliert:

> „Jede Komponente existiert in einer gewissen Form … auch schon vor der Zeit, in welcher sie **phasenspezifisch** wird, das heißt, in welcher eine spezifische psycho-soziale Krise entsteht, und dies sowohl durch die entsprechende Reife des Individuums als auch durch die zu erwartenden Ansprüche seiner Gesellschaft. So steigt jede Komponente langsam empor und erhält am Schluß **ihres** Stadiums ihre mehr oder weniger dauernde Lösung. Sie bleibt aber mit allen anderen Komponenten systematisch verbunden; alle hängen von der rechtzeitigen Entwicklung jeder einzelnen ab, wobei die **rechte Zeit** und das Tempo der Entwicklung jeder einzelnen Komponente (und damit das Verhältnis aller zueinander) doch von der Individualität des einzelnen und von dem Charakter seiner Gesellschaft bedingt werden" (ERIKSON 1989, 149).

Damit wird aber auch deutlich, daß ERIKSON sich Entwicklung zwar gemäß der stufentypischen Betrachtungsweise seiner Zeit vorstellt, daß diese sich aber als mehrschichtiger Prozeß ausweist, wobei jede Schicht (Komponente) eine seiner typischen Lebensthematiken repräsentiert. Sein Entwicklungsmodell berücksichtigt neben dem Aspekt der biologischen Reifung aber auch die soziale Stimulierung; es ist vor allem die Qualität der zwischenmenschlichen Interaktion, die die Entwicklung fördert. Mit der Einführung des Begriffes *wechselseitige Regulierung* mit der Zielvorstellung der Identitätsbildung verläßt ERIKSON die traditionelle psychoanalytische Denkweise und räumt der Umwelt – vor allem in der Partnerschaft mit Personen – eine gewichtige Einflußmöglichkeit für den Fortgang der Ereignisse ein (vergl. MAIER 1983, 122)[70].

Entscheidend für die Entwicklung des Individuums ist der Konfliktcharakter der Lebenszyklen. Konflikt oder psychosoziale Krise ist vergleichbar einem *„sozialen Bruch"* und entspringt *„der Diskrepanz zwischen der entwicklungsmäßigen Kompetenz eines Individuums zu Beginn einer Phase und dem sozialen Druck in Richtung auf effektiveres, integriertes Verhalten"* (CONZEN 1990, 277). Die Lösung ist der Versuch eines Austarierens zwischen den Gegensätzen der Mächte und entspricht immer einer Art Sozialisation oder, vom Individuum aus betrachtet, der **Identitätsfindung.** Es ist dies die Fähigkeit, *„die stets komplexer und komplizierter werdende psychische Organisation als ein individuelles, zusammenhängendes Ganzes aufrechtzuerhalten und zugleich den wechselnden Geschicken des Lebens anpassen zu können. Die ständigen Bemühungen des Ich, inmitten einer Vielzahl von Kräften und Elementen Ordnung, Harmonie und Gleichgewicht herzustellen, werden in den Brüchen der psycho-sozialen Entwicklung stets wieder durch neue Erfahrungen, Konflikte und Krisen bedroht"* (Conzen 1990, 279).

Die Stärke der Theorie ist eindeutig die zentrale Stellung der Identitätsbildung im Sinne einer lebenslangen Identitätssuche. Aber selbst dieses Faktum ist doppelsinnig zu interpretieren. Zum einen betont es den aktiven Eigenanteil des Individuums an diesem Gestaltungsprozeß innerhalb eines Spektrums endogen determinierter Lebensthematiken,

---

[70] Leider versäumt ERIKSON, diese prinzipiell richtige dialektische Position inhaltlich zu füllen.

zum anderen bedeutet es auch, daß das Individuum nie eine „ausgereifte" Persönlichkeit darstellt, da es ständig mit der Weiterentwicklung und Neuorganisation der Identität beschäftigt ist (MAIER 1993; CONZEN 1990). Entsprechend schwer tut sich auch die entwicklungspsychologische Theoriekritik mit ERIKSONS Ansatz. Aus heutiger Sicht ist eindeutig positiv zu bewerten, daß ERIKSON eine breite Entwicklungsperspektive ausweist[71], die die gesamte Person in intellektueller und sozial-affektiver Einheit berücksichtigt und in ihrer krisenhaften Auseinandersetzung mit Grundsituationen menschlicher Existenz beschreibt. Aus motologischer Sicht eignen sich die Lebensthematiken – wie wir oben exemplarisch beschrieben haben – auch recht gut zur Bestimmung relevanter Entwicklungsaufgaben, die durch kindgerechte Inszenierungen einen hohen Motivationsgrad bei der Aufgabenlösung oder Konfliktbewältigung aufweisen. Vorsicht ist aber dann geboten, wenn ERIKSONS Acht-Phasen-Modell zur Diagnostik des Entwicklungsstandes herangezogen werden soll, um daraus „Behandlungspläne" abzuleiten[72]. Dies berücksichtigt zu wenig die Tatsache, daß „sämtliche Etappen der Identitätsbildung qualitative Neuentwürfe der Persönlichkeit darstellen"[73], die vor allem durch aktualgenetisch relevante kulturelle und soziale Einflüsse Struktur annehmen. In diesem Verständnis muß der Identitätsbegriff aus heutiger Sicht stärker die *spezifische Angebotsstruktur der Umwelt berücksichtigen, als dies in* ERIKSONS Identitätskonzept beabsichtigt war.

4.3 Identität – Selbstkonzept – Körperkonzept

Bei ERIKSON kam erstmalig der Begriff *Identität* systematisch zur Anwendung, um das Leben einzelner Menschen innerhalb bestimmter interpersonaler und gesellschaftlicher Bezüge zu betrachten. Die psychosozialen Krisen beschreiben die Bedeutungen für eine Identitätsentwicklung, an deren Ende die *Integrität* im Erwachsenenalter steht. Identität wird seit ERIKSON als die zentrale Entwicklungsaufgabe angesehen, obschon keine Klarheit darüber herrscht, was eigentlich darunter zu verstehen ist und auch die Verwendung des Begriffes sehr unterschiedlich ist. Dennoch läßt sich aus psychologischer und soziologischer Sichtweise ein Bedeutungskern erkennen, der die „Definition einer Person als *einmalig und unverwechselbar durch die soziale Umgebung wie durch das Individuum selbst"* enthält (OERTER 1987d, 295–296; vergl. auch FREY/HAUSSER 1987). Diese Formulierung deutet darauf hin, daß mindestens zwei Komponenten von Identität auszumachen sind: *„Die Person, für die man sich selbst hält und die Person, für die andere einen halten"* (OERTER 1987d, 296).

Die Persönlichkeit scheint also aus mindetens zwei *Selbsten oder Identitäten* zusammengesetzt zu sein: einem/einer privaten, persönlichen und einem/einer öffentlichen oder sozialen. *„Die persönliche Identität bildet den lebensgeschichtlichen Zusammenhang zwischen den Erfahrungen, die ein Mensch gemacht hat. Sie ist der rote Faden, der sich durch den Strom der Ereignisse hindurchzieht und zugleich der gleich-*

---

[71] Vergleiche MILLER (1993); zudem erstreckt sich seine Theorie über die gesamte Lebensspanne.
[72] Hier vertreten wir eine andere Meinung als CONZEN (1990, 287).
[73] So CONZEN vorher (1990, 280).

bleibende (eben identische) Brennpunkt, den sich das Individuum als Selbst konstruiert. Die soziale Identität entsteht aus dem Bild, das die anderen sich von einem selbst machen" (OERTER 1987d, 296). Die persönliche Identität weist in diesem Verständnis auf etwas vom Selbst Konstruiertes, Stabiles, Statisches hin; die soziale Identität enthält zum einen die öffentliche Wirkung eines Individuums auf andere Personen, *„eine Kombination von Merkmalen und Rollenerwartungen, die es kenntlich, identifizierbar macht"* (FREY/HAUSSER 1987, 3), zum anderen eine subjektive Wirkung, die durch die internalisierten Erwartungen anderer Personen entsteht.

Zusammengenommen kann man die Identität als Repräsentanz von Persönlichkeitswerten verstehen, wobei auch die Differenzierung von *Persönlichkeit* und *Identität* schwierig ist, wenn man sich beides als das Markante einer Person vorstellt. Im allgemeinen wird eine starke Ich-Identität jedoch für ein Merkmal einer gesunden Persönlichkeit gehalten, darüber hinaus gilt sie geradezu als normatives Ziel, indem es um die Bildung und Erhaltung einer vollständigen, ganzen und integrierten Identität geht.

Mit LUTHER (1985) soll dieser Identitätsbegriff kritisch hinterfragt werden, insofern es um die *„Momente Vollständigkeit, Ganzheit und konsistente Dauerhaftigkeit als konstitutive Merkmale"* geht. Er geht darum festzustellen, *„welcher Stellenwert und welche Bedeutung demgegenüber dem Nicht-ganz-Sein, dem Unvollständig-Bleiben, dem Abgebrochenen, kurz dem Fragment zukommt"* (LUTHER 1985, 318). Diese Fragestellungen haben unserer Meinung nach eine Relevanz für die Theorielegung von Förderprozessen.

LUTHER beschreibt zunächst die kritischen Intentionen des Identitätskonzeptes, das mit einer engen Sicht und einer Einseitigkeit von bisherigen Konzepten bezüglich des Verhältnisses zwischen Individuum und seiner gesellschaftlichen Umwelt brechen will:

„Das Identitätskonzept bricht mit der übervereinfachenden Grundannahme, daß Persönlichkeitsstrukturen des einzelnen, wie seine Wertorientierungen, seine Bedürfnisdispositionen, lediglich eine Abbildung der objektivierten, institutionalisierten Werte seinen. Der Einzelne ist nicht bloß ein vom Ganzen geprägter Teil, sondern konstruktiver Akteur, der der gesellschaftlich-kulturellen Umwelt als eigenständiger auch gegenübertritt und mit ihr interagiert" (LUTHER 1985, 318).

Mit der zunehmenden Beachtung des Wechselverhältnisses zwischen Individuum und Umwelt tritt auch die Bedeutung der produktiven Subjektivität und die Aneignungs- und Gestaltungskompetenz des einzelnen in den Vordergrund[74]. Die relative Eigenständigkeit des Individuums bleibt bewahrt, wobei *„die Identität des einzelnen nicht als in sich ruhende und vorauszusetzende, sondern als eine sich im Austauschverhältnis mit der Umwelt herausbildende"* begriffen wird und der Identitätsbegriff insofern eine Erweiterung erfährt, als er *„außer der Orientierung am Subjekt die an der Entwicklung"* (LUTHER 1985, 319) setzt.

---

[74] Wie wir oben beschrieben haben, ist der Konstruktcharakter der Person-Umwelt-Genese vor allem im Werk PIAGETS prävalent; auf soziologischer Ebene werden diese Zusammenhänge durch die Schule des Symbolischen Interaktionismus thematisiert.

Das Person-Umwelt-Verhältnis muß als dynamisches System verstanden werden. Aus der Perspektive des sich entwickelnden Subjekts bedeutet dieses, daß das Hineinwachsen in die gesellschaftliche und kulturelle Umwelt (Sozialisation) immer gleichzeitig und komplementär als Individuation infolge immer differenzierterer Ich-Abgrenzungen erfolgt. *„Identitätsentwicklung meint danach nicht die Gründung und Behauptung einer Identität als vielmehr den ständigen Prozeß der durch Abgrenzungsleistungen sich vollziehenden Identitätssuche"* (LUTHER 1985, 319). Für LUTHER sind die Aspekte der *Subjektorientierung* und des *Entwicklungsgedankens* im Rahmen des Identitätskonzeptes unaufgebbar, weil die Offenheit im Hinblick auf die Dynamik dieser beiden Aspekte vor *fixierenden Menschenbildern* bewahren kann und daran erinnert, daß man es bei Menschen mit sich entwickelnden Subjekten zu tun hat. Dennoch steckt in der Entwicklungsorientierung die Gefahr von Mißverständnissen, wenn nämlich der Identitätsbegriff nicht verstanden wird als *„regulatives Prinzip der Entwicklung, sondern als deren konstitutives Ziel angesetzt wird"* (LUTHER 1985, 320).

Vor allem ERIKSON und die Rezeption seiner Theorie der Ich-Entwicklung leistet diesem Mißverständnis Vorschub, indem er *Einheitlichkeit* und *Kontinuität* als Merkmale einer gelungenen Identitätsbildung – mit einem Zwischenhöhepunkt der Entwicklung in der Adoleszenz – beschreibt. Die Ich-Entwicklung dient so als Vorbereitung und Voraussetzung einer als Ziel angenommenen Identität. *„Identität wird (...) verstanden als Vollendung der Persönlichkeitsreife, als Festigung der Ich-Stärke"* (LUTHER 1985, 321), womit sie nicht mehr als kritischer Maßstab einer lebenslangen, sondern als Ergebnis einer begrenzten Entwicklung angesehen wird. Damit verliert der Identitätsbegriff seinen lebenslangen Aufgabencharakter und gerät in die Nähe von solchen klassischen Bildungs- und Förderkonzeptionen, die als Ziel die endogen verursachte Entfaltung der *„vollen Persönlichkeit"* formulieren. So verstanden wird dann nicht nur mit der qualitativen Abschließbarkeit des Entwicklungsprozesses zu rechnen sein (die in zahlreichen Entwicklungstheorien mit dem Erreichen der *reifen Persönlichkeit* zum Abschluß der Adoleszenz angesetzt wird bzw. wurde), sondern auch mit der prinzipiellen Abschließbarkeit von Bildungs- und Förderprozessen (vergl. LUTHER 1985, 322).

Wir haben bereits oben die Ambivalenz der entwicklungspsychologischen Theoriekritik angesprochen, die ERIKSONS Identitätskonzept einerseits als Urkonzept konstruktivistischer Identitätsbildungsprozesse versteht, bei denen Identität als Produkt kontrastiver Ansprüche und bewältigter Entwicklungsaufgaben entsteht, andererseits die inhärente Entfaltungslogik der Entwicklungsphasen als Normmaß innerhalb tolerierter Schwankungsbreiten durchscheint. Um die immanente Gefährdung des Identitätsbildungsprozesses zu verdeutlichen, führt LUTHER das Bild des Fragmentarischen oder Bruchstückhaften ein. Er versteht den Begriff des Fragments als Kontrast zur Vorstellung einer in sich geschlossenen Ganzheit, der Einheitlichkeit und dauerhaften Gültigkeit von Entwicklungsprozessen[75]. Die Betrachtung von Personen unter dem Aspekt des Fragmentari-

---

[75] Er entlehnt den Begriff des Fragments der ästhetischen Erziehung und unterscheidet zwei bildhafte Wortbedeutungen, die er in der Folge auf das menschliche Leben in seiner gesamten Spannbreite anwendet: Zum einen „Fragmente als eines zerstörten, aber ehemals Ganzen, der Torso, die Ruine, also die Fragmente aus der Vergangenheit. Zum anderen sind da die unvollendet gebliebenen Werke, die ihre endgültige Gestaltungsform – noch nicht – gefunden haben, also die Fragmente aus Zukunft" (LUTHER 1985, 323).

schen bedeutet vor allem, Entwicklung nicht mehr nur als Wachstumsprozeß zu verstehen und dabei die *Verlustgeschichte zu unterschlagen* (LUTHER 1985, 325), sondern auch die Möglichkeit von Brüchen, Einschnitten, chronifizierten Krisen und gefährdeter Entwicklung für das menschliche Leben anzuerkennen. Gerade die Grundlegung von Identitätsentwicklung als dynamischem Interaktionsgeschehen relativiert die Sichtweise von Entwicklung als rein selbst-gestaltetem Prozeß und macht den Identitätsbegriff zu einem *Beziehungsbegriff,* der das Subjekt in Relation zu anderen Subjekten und den gesellschaftlichen Bedingungen betrachtet. Dieses schließt eine Verantwortlichkeit der einbindenden Kultur für die Identitätsbildung und die Verlustgeschichte zwingend ein.

Die weiteren Überlegungen sollen dazu führen, die **Körpererfahrung** als Teilkonzept der Identitätsentwicklung auszuweisen und in einem zweiten Schritt eine persönlichkeitstheoretische Position zu beziehen, die die selbst- und die umweltzentrierten Orientierungen des Identitätskonstrukts miteinander vereint sowie die zentrale Rolle des Handelns unterstreicht. In der Entwicklungsspanne der Kindheit ist die zentrale Entwicklungsthematik die Suche nach der eigenen Identität: Das Kind will wissen, wer und was es ist und wer und was es werden will. *„In diesem Sinne ist Identität das Ergebnis eines Prozesses der Selbstidentifizierung anhand des Wissens und der Erfahrungen über sich selbst, d. h. das Kind (Subjekt) macht sich selbst (sein Selbst) zum Gegenstand (Objekt) seiner Bewußtseinsprozesse"* (NEUBAUER 1993, 303). Auf dem Wege der sich ständig wandelnden Bewußtwerdungs- und Bewußtseinsprozesse stellt die Körpererfahrung eine wesentliche Prozeßvariable dar. Persönlichkeitspsychologisch gesehen ist das Konzept der Körpererfahrung im Rahmen eines hierarchischen Modells zu verstehen, bei dem auf der untersten Ebene einfache, vorreflexive Bewegungshandlungen anzusiedeln sind, die zunehmend an Komplexität gewinnen und dem handelnden Subjekt Informationen über die eigene Person und die personale und materiale Umwelt vermitteln (Selbst- und Umweltkonzept). Diese Prozesse führen auf der obersten Hierarchieebene zu einem kognitiv und emotional repräsentierten Selbstsystem, der **Identität.** Die wichtigsten Prozeßvariablen dieses Konstrukts sollen im folgenden spezifiziert werden.

Die Körperthematik im Rahmen der Identitätsentwicklung ist eher als Chance zur Forschungsintegration, denn als Entzweiung der Weltbilder zu verstehen. Besonders deutlich wird dieses in der Ambiguität des Körperbegriffes als Subjekt und Objekt der Erfahrung, die sich recht gut an den Begrifflichkeiten des Körperschemas und des Körperbildes verdeutlichen läßt. Wir begreifen die Begriffe als komplementäre Teilkonzepte eines Ganzen, die im Forschungsfeld der Körpererfahrung mit unterschiedlichen Schwerpunktsetzungen angegangen werden (vergl. JORASCHKY 1986; PAULUS 1986).

Der Begriff des *Körperschemas* erfährt einen kognitions- bzw. wahrnehmungspsychologischen Zugang, beschreibt er doch den Prozeß der Gewahr- und der Bewußtwerdung der eigenen Körperlichkeit und damit auch eine notwendige Instrumentalisierung (Wahrnehmung des Körpers als Objekt). Ein Schema stellt das wesentliche, gemeinsame Charakteristikum einer Klasse von Elementen dar, dessen Funktion es ist, Neues in Bekanntes, Bestehendes zu integrieren und gegebenenfalls zu differenzieren. In diesem Sinn hat ein *Körperschema* die Funktion der Verarbeitung aktueller Afferenzen aus dem Körper auf dem Hintergrund vorhandener, gespeicherter Bewegungserfahrungen. Ohne dieses In-

Beziehung-Setzen ist das Erkennen der Körperposition nicht möglich. Auf diesen Sachverhalt weisen schon HEAD/HOLMES (1911, 185) hin: *Eine direkte Wahrnehmung ist nicht möglich, in jedem Fall wird die neue Körperposition in Relation zur vorherigen wahrgenommen* (Übers. K. F.)[76].

Schon SCHILDER (1923) geht von der Annahme aus, daß nicht alle physiologisch möglichen Körperstellungen im Körperschema gleichermaßen repräsentiert sind, daß es eine bequeme Grundhaltung gibt, die er als Primärlage bezeichnet. Unter dem Körperschema dürfen wir uns nun kein statisches, unveränderliches Muster vorstellen, sondern ein dynamisches und flexibles Bezugssystem. Neu eintreffende, von der Grundhaltung abweichende Informationen, die das Kind über seine aktive Bewegungstätigkeit erzeugt, werden im Körperschema zentral verrechnet, d. h. es sind ständig Afferenzen und Rückkoppelungen erforderlich, um die Zielbewegung exakt im Sinne von erfolgreich durchführen zu können. Das Körperschema kann als eine Art verinnerlichtes Koordinatensystem angesehen werden, in dem die Hauptachsen der Glieder (vorne/hinten; oben/unten; rechts/links) als Ganzes räumlich vertreten sind, während die Lokalisation einzelner Körperorte daraus sekundär abgeleitet wird (vergl. BISCHOF 1966; JORASCHKY 1983). Die Hauptkoordinaten entsprechen somit den horizontalen und vertikalen Raumdimensionen. Als Verarbeitungsmechanismus afferenter Informationen kommt dem Körperschema für die Wahrnehmung von Positionen und Bewegungsrichtungen im Raum sowie für die Bewegungskoordination eine besondere Bedeutung zu.

Wir haben in Kapitel 2.3 die Konstrukte Räumlichkeit und Zeitlichkeit als kognitive Repräsentationen ausgewiesen, die durch Bewegung stattfindende Positionsveränderungen von Objekten koordinieren und die Orientierung des Individuums (das Sich-zurecht-Finden in der Welt) gewährleisten. Unsere Begründungslinien waren eingebettet in einen Entwicklungsverlauf von Schematisierungen im Rahmen der Erkenntnistheorie PIAGETs. Dieser beschreibt den sukzessiven Übergang von subjektiver, körperzentrierter Aktivität zu einer Abstraktion der Aktion, die über den Zwischenschritt der Objektpermanenz zu einer Trennung zwischen erkanntem Objekt und erkennendem Subjekt führt. Diese Subjekt-Objekt-Trennung ist sowohl für die kognitive als auch die affektive Entwicklung des Kindes wesentlich, wie wir dies in Anlehnung an ERIKSON spezifiziert haben (vergl. JORASCHKY 1986). Die Bedeutung des Körperschemas läßt sich mit JORASCHKY (1986, 43) in seiner strukturgebenden Funktion für die Integration der Sensomotorik und die Orientierung des Körpers im Raum zusammenfassen: *„Der Körper als Wahrnehmungsobjekt hat eine feste Wahrnehmungsstruktur, die es möglich macht, den Körper als **Werkzeug** in Handlungsabläufen und als Objekt der Wahrnehmung im Raum zu benützen"*. Das psychomotorische Paradigma rekurriert auf diese Zusammenhänge zwischen Sensomotorik und Kognition und spezifiziert handlungsgebundene Förderangebote, die (entwicklungsverzögerte) Kinder spielerisch die Entwicklungsschritte von der Erfahrung des Körperraumes zur Erfahrung des außerkörperlichen Raumes (nach-) vollziehen lassen[77]. Es sind dies handlungsgebundene Körpererfahrungen, die nicht allein (spätere) komple-

---

[76] Zur Diskussion der historischen Forschungsquellen zum Körperschema im allgemeinen sowie zur Orientierung am eigenen Körper im besonderen siehe POECK (1965) sowie POECK/ORGASS (1964; 1971).
[77] Siehe z. B. BRAND/BREITENBACH/MAISEL (1988); VORTISCH/WENDLER (1993).

xe sportmotorische Handlungen vorbereiten, sondern Fundamentum für alle Orientierungsleistungen in Zeit und Raum darstellen: Also dafür, sich in einem unbekannten Gelände zurechtzufinden, einen Stadtplan oder eine Karte lesen zu können, für maßstabsgetreues Denken etwa im Orientierungssport, dafür, Größen, Höhen, Tiefen, Abstände, Winkel, auch Geschwindigkeiten einschätzen zu können, die Schreib- und Leserichtung einzuhalten und das Symbolsystem der Schriftsprache und des Zahlenraumes zu verstehen[78].

Während der Begriff Körperschema eher die Struktur und den Prozeß der Wahrnehmung des eigenen Körpers erfaßt, spiegelt der Begriff *Körperbild* in erster Linie die subjektiv-erlebnismäßige Einordnung und Bewertung eben dieser Wahrnehmung wider (vergl. BIELEFELD 1986, 11). Es ist das unmittelbar erkannte, erlebte und bewertete Bild des eigenen Körpers, bei dem kognitive und affektiv-emotionale Faktoren gleichermaßen eine Rolle spielen. Der Forschungszugang zum Begriff des Körperbildes erfolgt primär von seiten der Phänomenologie; diese bevorzugt die subjektbezogene Terminologie der Leiblichkeit als Bestandteil des Selbst (Körper-Sein) gegenüber dem Körper als Objektbezug (Körper-Haben) (JORASCHKY 1986, 35). Im Gegensatz zum Körperschema entwickelt sich das Körperbild – quasi als emotionales Selbstbewertungssystem – aus der Vielfalt der (Bewegungs-) Erlebnisse. Im klinischen Bereich – etwa in der Bewegungs- und Körperarbeit mit magersüchtigen Jugendlichen – wird beobachtet, daß das Bild vom eigenen Körper nicht immer mit dem physikalischen Organismus identisch ist. Magersüchtige sehen sich viel breiter, voluminöser als sie es wirklich sind und können ihre Person mit ihrem Körper nicht in Einklang bringen. Diese Erfahrung führt zu der Annahme, daß zwischen dem physikalischen und dem wahrgenommenen Körper unterschieden werden muß (METZGER 1975). Bei der Wahrnehmung des eigenen Körpers spielen Erinnerungen, Erfahrungen, vorangegangene Erlebnisse sowie der aktuelle psychische Zustand des Kindes eine entscheidende Rolle. Dies bedeutet, daß die Widerspiegelung der Realität – in diesem Fall des eigenen Körpers – im Bewußtsein nicht ein Abbild der objektiven Welt, sondern ein *Abbild des erkennenden* (interpretierenden, K. F.) *Subjekts* ist (STADLER/SEEGER/RAEITHEL 1977, 69).

Das Körperbild versetzt das Kind in die Lage, in seiner Vorstellung einen personalen Raum aufzubauen und sich von der sozialräumlichen Umwelt abzugrenzen. Dem als persönliche „Puffer-Zone" (body-buffer-zone; HOROWITZ 1966) bezeichneten Körperbereich, der bei jedem Kind anders ist, wird eine Schutzfunktion zugeschrieben, die einen regulierenden Einfluß auf das Verhalten bei psychischer und physischer Überforderung oder gar Bedrohung hat. Es wir deutlich, daß das Bild, das Kinder von ihrem eigenen Körper aufbauen, sich in enger Beziehung zur eigenen Gefühlswelt und zur Umwelt entwickelt. Nur wenn es dem Kind gelingt, eine innere Struktur aufzubauen, die es geradezu davor schützt, in dem es umgebenden Umweltraum aufzugehen, entwickelt das Kind eine eigene Persönlichkeit. Die Fähigkeit, zwischen Reizen aus dem Körperinneren und solchen

---

[78] Körpererfahrung in der raumzeitlichen Dimension ist disziplin- und bereichsübergreifend. So nutzt die sonderpädagogische Förderung zunehmend die ausgewiesenen Zusammenhänge: Danach werden die über Bewegungshandlungen erfahrenen körperraum/zeitlichen Dimensionen „vorne-hinten, oben-unten, über-unter, neben-nach, usw." als Basiselemente des Erwerbs mathematischer Größen – Rechnen entspricht einer geistigen Operation im Zahlenraum – anerkannt (etwa SCHMASSMANN-SCHÖFFMANN 1986).

aus der Umwelt zu unterscheiden, ermöglicht die Erfahrung und die Repräsentation der Wirklichkeit. In diesem Prozeß wirken Körperschema und Körperbild wie zwei Komplemente eines Ganzen: *Im konkreten Handeln (...), das immer ganzheitlich verläuft, sind Wahrnehmungen und Empfindungen, sind neuro-physiologische und phänomenal-erlebnishafte Prozesse nicht voneinander zu trennen* (BIELEFELD 1986, 32).

Dieses körperbezogene Ganze wird üblicherweise als **Körperkonzept** oder **Körperselbst** bezeichnet und bildet seinerseits ein Teilkonzept des **Selbstkonzepts**[79]. Nach MRAZEK (1987, 1) wird mit dem Begriff *Körperkonzept „die Gesamtheit der körperbezogenen Kognitionen, Bewertungen und Handlungspläne bezeichnet, die jedes Individuum im Hinblick auf seinen Körper sowie dessen Teile, Funktionen und Fähigkeiten entwickelt. Dieses Körperkonzept kann als Teil eines hierarchisch organisierten Selbstkonzepts verstanden werden, da der eigene Körper ein fundamentaler Bestandteil der Identität ist und die ontogenetisch frühesten Selbstwahrnehmungen, die eine Voraussetzung für die Entwicklung von Identität und Selbstkonzept bilden, Wahrnehmungen des eigenen Körpers sind.“* Die Bedeutung der Körpererfahrung für die Entwicklung des Selbstkonzepts wird zunehmend anerkannt; die nachfolgende Übersicht soll die Zusammenhänge in komprimierter Form verdeutlichen[80]. Dabei ist nicht beabsichtigt, ein Phasenmodell des Entwicklung des Selbst nachzuvollziehen, sondern das qualitative Veränderungsprofil zwischen Innenwelt und Außenwelt zu skizzieren.

Der Neugeborene verfügt über ein globales Selbstschema; er kann noch nicht zwischen Selbst und Umwelt differenzieren. Kernelement der Selbstentwicklung ist der Körper, über den der Säugling sehr schnell differenzierte Schematisierungen erwirbt. Diese beziehen sich sowohl auf die Wahrnehmung der materialen Umwelt („begreifen“), als auch auf die Ausbildung stabiler Personenbezüge, die zur Differenzierung von *Ich* und *Nicht-Ich* beiträgt. Die Entwicklung des Selbstkonzeptes in dieser Altersspanne ist primär wahrnehmungsgebunden. Das Ende der sensomotorischen Entwicklungsphase ist markiert durch zwei wesentliche Meilensteine: Durch ein stabiles Lageschema, d. h. durch die Fähigkeit der Lokalisation des eigenen Körpers im Raum (siehe Kap. 2.3.1) und durch die Fähigkeit, das Selbst mit Hilfe des eigenen Namens identifizieren zu können. Die Folgezeit ist durch eine deutliche Abfolge von Entwicklungsschritten gekennzeichnet. Die Kinder sind zunehmend in der Lage, ihr eigenes Spiegelbild zu erkennen und von dem anderer zu unterscheiden (2./3. Lebensjahr).

Bis zum Beginn des Grundschulalters stehen körperliche Eigenschaften und Tätigkeiten im Mittelpunkt des Bewußtwerdungsprozesses. Auf die Aufforderung „Erzähl mir etwas von Dir!“, adressiert an Kinder im Vorschulalter, erweist sich, daß die überwältigende Mehrzahl der Beschreibungen auf eigene Aktivitäten zielen: *„Das Selbst ist also in erster Linie das **handelnde Selbst;** man erkennt sich als den Akteur“* (FILIPP/FREY 1988, 422). In der mittleren Kindheit erfährt das Denken dezentrierte Züge; die 6-

---

[79] Siehe FILIPP (1980); MRAZEK (1984, 1987); FILIPP/FREY (1988). Der von PAULUS (1986) bevorzugte Begriff der Körpererfahrung betont den Prozeß der Körperkonzept-Bildung.

[80] Wir beziehen uns dabei auf folgende Quellen: FILIPP (1980); FILIPP/FREY (1988); MUSSEN/CONGER/KAGAN/HUSTON (1993; Bd. II Kap. 10) und NEUBAUER (1993).

8jährigen Kinder können ihr Verhalten von dem anderer Kinder unterscheiden und gewinnen allmählich eine Vorstellung personentypischer Verhaltensweisen. Suksessive entwickelt sich die Einsicht, daß der Mensch über ein psychisches Innenleben verfügt. Mit etwa 11 Jahren stabilisiert sich eine selbstreflexive Haltung: Die Person ist nun in der Lage, über das eigene Tun nachzudenken, sich quasi außerhalb des eigenen Selbst zu stellen und eine Existenz unabhängig von der konkreten Handlung anzuerkennen. Aber erst der Jugendliche verfügt über das Potential, zwischen der verborgenen Wirklichkeit seiner psychischen Innenwelt (dem gesicherten Bild von der eigenen Person) und den Zuschreibungen (Attributionsmustern) der Außenwelt zu unterscheiden. Das Erwägen und die Einnahme einer Position zwischen Selbstkonzept und Fremdkonzept führt zu einem Selbst-Bewußtsein.

Der Weg von der ursprünglich undifferenzierten symbiotischen Beziehung des Säuglings zu seiner Umwelt bis hin zu den selbstbewußten Handlungen des Jugendlichen entspricht einem komplexen Entwicklungsgeschehen, dessen Sinn darin zu finden ist, ein realistisches Weltbild aufzubauen, das ein subjektiv sinnvolles Leben sichert. In Anlehnung an EPSTEIN (1984), FILIPP (1984b) und PAULUS (1986) gehen wir davon aus, daß der Mensch seine Erfahrungen in konzeptionellen Systemen organisiert. Als „naiver Theoretiker" konstruiert er sein Weltbild aufgrund von Erfahrungsdaten über die eigene Person (Selbsttheorie), über die Außenwelt (Umwelttheorie) und über die Wechselwirkung zwischen den Subtheorien (EPSTEIN 1984, 16). Die Körpererfahrung wird dabei als integraler Bestandteil einer solchen Realitätstheorie verstanden; in den frühen Lebensabschnitten ist sie vorherrschend und wird mit zunehmendem Entwicklungsalter in die komplexe kognitiv-emotionale Persönlichkeitsstruktur integriert. Das Körperkonzept erhält aber zeitlebens seine spezifische Bedeutung als Träger des Prozesses, in dem das Individuum (das Subjekt) Daten aus der Umwelt in seine subjektive Erlebniswelt transferiert. Der Körper steht immer – physisch wie psychisch – an der Nahtstelle zwischen Person und Außenwelt.

Der Prozeß der Entwicklung des Selbstsystems ist erfahrungsgeleitet und folgt dem Prinzip der hierarchischen kognitiven Strukturierung. Dennoch ist die Selbsttheorie des Individuums unmittelbar an Emotionen gebunden. Positive Gefühlszustände ergeben sich aus bewältigten Problemstellungen und gehen als Voreinstellungen in neue Situationen bzw. Problemlöseaufgaben ein. Negative erzeugen ein Unsicherheits- oder Angstpotential. EPSTEIN (1984, 18) spricht von der Notwendigkeit des *„Nettogewinns an positiven emotionalen Erfahrungen",* der dem Individuum eine optimale Lust-Unlust-Balance sichert und so den Aufbau eines gesunden *Selbstwertgefühls* ermöglicht. Hier liegen die konzeptionellen Parallelen zur Entwicklungstheorie ERIKSONS. Dieser beschreibt den emotionalen Korridor zwischen den positiven und negativen Polen der Persönlichkeitsentwicklung und postuliert einen kritischen Entwicklungsverlauf der Identität bei chronifizierter Annäherung an die negativen Pole. Für EPSTEIN erhält das Selbstwertgefühl den Status einer „unabhängigen Kategorie" des Selbstsystems, weil diesem sehr früh eine hohe Bedeutung für dessen Funktion und Erhaltung zukommt. *„Sobald die Selbsttheorie – aus generalisierten Erfahrungen (K. F.) – rudimentär geformt ist, erhält das Selbstwertgefühl den größten Einfluß auf die individuelle Lust-Unlust-Balance"* (EPSTEIN 1984, 18).

EPSTEINS Zugang zum Konstrukt des Selbst unterstreicht die Bedeutung positiver, emotionaler Erfahrungen; dieses gilt für die Entwicklungsspanne der Kindheit im besonderen. Die Sinnsuche von Kindern unterliegt in großem Maße einer emotionalen Bedeutungszuweisung über Erfahrungen und Erlebnisse. Da Kinder aber noch nicht über ein ausdifferenziertes Referenzsystem verfügen, werden die in der Kindheit *„vorgenommenen Generalisierungen (…) zu grundlegenden Postulaten der Selbsttheorie, welche die weitere Entwicklung des Selbstsystems beeinflussen. Viele dieser Postulate sind präskriptiver Natur, d. h. sie stellen eine Generalisierung emotionaler bedeutsamer Erlebnisse dar, die stark mit dem Erlernen angemessenen Verhaltens verknüpft sind"* (EPSTEIN 1984, 34). Der Verweis auf die *Angemessenheit* der Erfahrungen verlagert die Perspektive auf die Bedeutung der Person-Umwelt-Bezüge für die Ausgestaltung des Selbstkonzeptes. Mit der Kontextbezogenheit der Selbstgenese wird der Selbstkonzeptforschung der Ausweg aus dem Vorwurf der „Umweltlosigkeit" (M. FISCHER 1984, 47) gewiesen. Umwelt ist dann vor allem in den sozialen bzw. sozialräumlichen Implikationen für die Entwicklung des Kindes zu analysieren.

Das *motopädagogische Förderkonzept* nutzt die besondere Eignung des Körperkonzepts, um Kindern angemessene, d. h. selbstgestaltete Erfolgserlebnisse zu ermöglichen. Bewegungssituationen sind dazu geeignet, den Erfolg einer Handlung unmittelbar als selbst bewirkt und nicht zufallsbedingt zu begreifen und wirken so persönlichkeitsstabilisierend (vergl. VOLKAMER/ZIMMER 1986). Die Körperlichkeit des Kindes ist das Zentrum seiner Persönlichkeit, der Dreh- und Angelpunkt seiner Existenz. Die Spontaneität bzw. die Unmittelbarkeit der Erfahrungen sind die Grundlage der kindlichen Vitalität; die subjektive Sicht der Welt und die Symbolik der Handlungen eröffnen nahezu unbegrenzte Anknüpfungspunkte phantasievoller Betätigung. Aus motopädagogischer Sicht ist der hohe Aufforderungscharakter von Bewegungssituationen eine nicht zu unterschätzende Größe, identitätsbildende Prozesse bei Kindern zu initiieren. Durch Bewegungshandlungen kommt es zu *situativen Erfahrungen* von Identität. Deren Bedeutung ergibt sich geradezu aus der relativen Offenheit und der sozialen Vermitteltheit des situativen Kontexts. Eine Vielzahl selbstbezogener Erfahrungen beruht auf sozialen Vergleichsprozessen, die sich aus der Interaktion der Kinder untereinander ergeben. Deshalb wird motopädagogische Förderung immer als (Klein-) Gruppenförderung organisiert. In der Partnerschaft und in der Kleingruppe lernt das Kind mit anderen zu kooperieren, aber auch Formen des Leistungsvergleichs, das heißt, seine Individualität von der anderer zu unterscheiden. In der Interaktion mit relevanten Vergleichspersonen und durch deren Bewertungsprozesse von Handlungen erfährt das Kind realistische Modifikationen des Selbstkonzeptes.

Theoretisch sind diese Zusammenhänge der Persönlichkeitsentwicklung des Kindes in integrativen Modellen zu beschreiben, wie sie in den letzten Jahren etwa von EPSTEIN (1984), GEULEN (1987; 1991), HURRELMANN/MÜRMANN/WISSINGER (1986) bzw. HURRELMANN (1989) oder MOGEL (1990) skizziert wurden. Danach ist die Persongenese nach einem Modell von *Weichenstellungen* vorstellbar, wonach *„das Individuum in seinem Lebenslauf auf bestimmte, gesellschaftlich vorgegebene Entscheidungsalternativen trifft und seine jeweilige Entscheidung dann den Verlauf und entsprechend neue Entscheidungsmöglichkeiten festlegt"* (GEULEN 1987, 16; 1991, 53). Die Einflußvariablen für den Entwicklungsverlauf sind also individuell zu bestimmen, wobei sowohl personenenübergreifende Entscheidungspunkte des sozialen und gesellschaftlichen Umfeldes (familiäre Aspekte; Freundschaften; Ausbildungswege; Wohnortswechsel etc.) als auch die individuellen Akzentsetzungen bei der Auswahl und Bewältigung von Lebensereignissen den individuellen *Entwicklungspfad* (GEULEN 1987, 18) determinieren. Persönlichkeitsentwicklung wird somit zu einem interaktiven Konstrukt, das personenbezogene (subjektive) und kontextbezogene (objektive) Merkmale gleichzeitig beinhaltet. Die Individualität der Lebenswege ergibt sich aus der subjektiven Sinngebung und Gestaltung der Person-Umwelt-Interaktionen. Die Interaktionen beziehen sich sowohl auf den interpersonalen Austausch als auch auf Objektbezüge, die Individuen aktiv herstellen. Selbst der Umweltbegriff ist von vornherein als Interaktionsbegriff zu verstehen. Hilfreich ist dabei die Differenzierung von MOGEL (1990) in *vorgegebene und aufgesuchte Interaktionswelten*. Danach steht das Kind von Anfang an in einem unablässigen Austausch mit den Interaktionsumwelten, die zunächst vorgegeben, später auch selbstgewählt sind. Die darin gültigen Interaktionsmuster gelten als Basis für die Erfahrungsgenese, die zunehmend die Persönlichkeit des Kindes bildet (vergl. MOGEL 1990, 13).

Damit sind die Eckpfeiler für das Persönlichkeitskonstrukt der Motologie gesetzt. Allerdings sehen wir die Persönlichkeit nicht erst dann realisiert, wenn das Individuum sich reflektierend seiner eigenen Identität bewußt wird[81], sondern erachten auch körperbezogene, vorreflexive Prozesse als persönlichkeitsbildend. Das Veränderungsprofil über die Zeit äußert sich in einer Akzentverschiebung phänomenal-erlebnishafter Prozesse in der frühen Kindheit zu zunehmend bewußteren Strategien der Realitätserfassung in der späteren Kindheit. Eine Realitätskonstruktion des Subjekts ist ohne Umweltbezug nicht denkbar. Persönlichkeit konstituiert sich ausschließlich in der Interaktion des Individuums mit den sozialen und materiellen Lebensbedingungen. Der Niederschlag der Person-Umwelt-Interaktion wird als *Identität* bezeichnet. Mit OERTER (1989a) und NUNNER-WINKLER (1988) bevorzugen wir den Identitätsbegriff für dieses mehrdimensionale Bezugssystem, da dieser die Realitätskonstruktion sowohl aus der Innen- als auch aus der Außenperspektive konzeptualisiert, während das Selbstkonzept häufig ein lediglich aus der Innenperspektive definiertes Konstrukt darstellt (vergl. NUNNER-WINKLER 1988, 248). Mit dem Interaktionsbegriff ist die Entwicklungsperspektive des Kindes auf das soziale und kulturelle Unterstützungsnetzwerk gerichtet und damit auf Zusammenhänge, wie sie im ökologisch-systemischen Entwicklungskonzept thematisiert werden.

4.4 Die ökologische Perspektive der Entwicklung

Das Attribut *ökologisch* im psychologischen Kontext wurde von FUHRER (1983a, b) sowohl auf die grundlagenwissenschaftlich orientierte Erforschung der Mensch-Umwelt-Bezüge als auch auf die anwendungsorientierte Umweltpsychologie angewandt. Damit erhält der Terminus *Ökopsychologie* die Funktion eines Oberbegriffes, unter dem soziale

---

[81] Siehe etwa das reflexiv-interaktive Modell von HURRELMAN/MÜRMANN/WISSINGER (1986).

und physische Aspekte der Mensch-Umwelt-Interaktionen zusammengefaßt werden können (vergl. LEYENDECKER 1989, 89). Aus motologischer Sicht ist die Verwendung des Begriffes insofern richtungsweisend, als das Förderkonzept *Entwicklungsförderung durch Bewegungshandeln* sowohl auf die Wirkung sozialer Beziehungen (= Sozialerfahrungen) als auch auf die sozialräumlichen Implikationen des Handlungskonstrukts (verstanden als Gestaltung und gemeinsame Nutzung von Bewegungsräumen) rekurriert. Von daher ist aus der ökologischen Perspektive der Kindheitsforschung eine Bereicherung der konzeptionellen Grundlegung der Motologie zu erwarten, die ihrerseits durch den besonders kindgemäßen Zugang über die Kategorien Körper und Bewegung zunehmend auf die Kindheitsforschung rückwirkt.

Der ökologische Ansatz findet seinen Ursprung zum einen in dem Begriff des *Lebensraums,* der von LEWIN (1936) in den entwicklungspsychologischen Kontext eingebracht wurde. Zum anderen geht der Ansatz zurück auf die Arbeiten von BARKER und WRIGHT (1954), die in ihren Untersuchungen über *ökologische Umwelten* den Begriff des *Settings* entwickelten. Der Begriff des Lebensraums bezeichnet die Interpretation, die das Individuum subjektiv von seiner Umwelt vornimmt. Für LEWIN beinhaltet der Begriff *„das geistig repräsentierte Wissen über die eigene Existenz und das Handeln dieser Person aufgrund der von der Umwelt vom Subjekt zugewiesenen Bedeutungsstruktur"* (zit. nach OERTER 1987b, 91). Während der Begriff des Lebensraums mehr die subjektiven Komponenten bezeichnet, bezieht sich der Begriff des Settings mehr auf die objektiven Gegebenheiten der Lebenswelt[82].

Die Entwicklung des Menschen findet innerhalb unterschiedlicher Lebensräume statt, in denen das Individuum vielfältige Erfahrungen gewinnt. Lebensräume nehmen Einfluß auf die individuelle Entwicklung, andererseits werden diese vom Individuum beeinflußt, da es ja ein Teil davon ist. BRONFENBRENNERS Modell der Ökologie der menschlichen Entwicklung *„befaßt sich mit der fortschreitenden gegenseitigen Anpassung zwischen dem aktiven, sich entwickelnden Menschen und den wechselnden Eigenschaften seiner unmittelbaren Lebensbereiche. Dieser Prozeß wird fortlaufend von Beziehungen dieser Lebensbereiche untereinander und von den größeren Kontexten beeinflußt, in die sie eingebettet sind"* (BRONFENBRENNER 1979/1989, 37).

In Analogie zu biologischen Ökosystemen versucht BRONFENBRENNER, die Entwicklung des Menschen in *ökologischen* Systemen zu beschreiben. Er stellt sich die Umwelt als eine ineinander geschachtelte, von konzentrischen, jeweils von der nächsten umschlossenen Strukturen vor, die er *Mikro-, Meso-, Exo-* und *Makrosysteme* nennt. Unser Beispiel von Kai (siehe *Abb. 9*) verdeutlicht die Verflochtenheit der Systemebenen:

---

[82] Zur näheren Kennzeichnung des in der Umweltpsychologie gebräuchlichen Begriffes *Behavior Setting* als physischem Umgebungsaspekt für Verhalten siehe die Ausführungen von KAMINSKI/IMMELMANN (1987, 65 ff.). Wir beziehen uns im folgenden auf BRONFENBRENNERS Theorie zur *Ökologie der menschlichen Entwicklung* (1979), da diese für die Untersuchung von Entwicklungsaspekten bedeutsamer ist (vergl. LEYENDECKER 1989). Als Quellen beziehen wir uns auf die Originalarbeiten von BRONFENBRENNER (1979; hier zitiert nach der deutschen TB-Ausgabe von 1989; 1986a, b; 1989; 1990; 1992) sowie auf die Überblicksdarstellungen von OERTER (1987b); FLAMMER (1988, 89–107) und MILLER (1983, Kap. 7: WYGOTSKIS Theorie und die Kontexttheoretiker, 339–385).

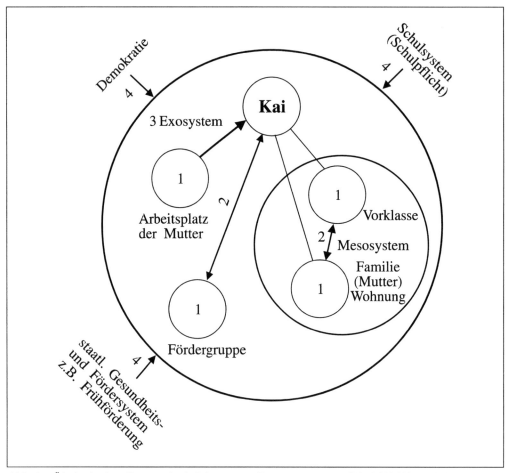

Abb. 9: Ökologisches System in Anlehnung an BRONFENBRENNER (1979/1989) 1 = Mikrosystem; 2 = Mesosystem; 3 = Exosystem; 4 = Makrosystem (nach FISCHER 1993b).

Kai, ein Junge von $6^{1}/_{2}$ Jahren besucht eine der psychomotorischen Fördergruppen des Vereins zur Bewegungsförderung Psychomotorik e. V. in Marburg. Der Umgang mit ihm ist nicht immer leicht, da sein Verhalten großen Schwankungen unterliegt. Mal ist er wild und draufgängerisch, und die Motopädagogin hat Angst, daß Kai beim Klettern in der gestalteten Bewegungslandschaft in der Turnhalle abstürzen könnte. Mal wirkt er übernervös und platzt aus sich heraus, wenn ein anderes Kind ihn versehentlich berührt.

Aufgefallen war Kai bei der Einschulungsuntersuchung des Gesundheitsamtes und mit dem Etikett *allgemein entwicklungsverzögert* belegt worden. Die Einschulung wurde um ein Jahr verschoben. Seitdem besucht Kai die Vorklasse einer integrativen Grundschule und – auf Empfehlung der Amtsärztin – die psychomotorische Fördergruppe. Kai ist seit vier Monaten ein begeisterter Teilnehmer der Gruppe, nur manchmal wird er in der Förderstunde vermißt. Bei Nachfragen bei der Mutter ist auch diese überrascht, da sie Kai regelmäßig losschicke. Nur manchmal müsse sie bei der Arbeit kurzfristig Überstunden machen und könne Kai nicht immer zuhause telefonisch erreichen...

Nach diesem Gespräch vereinbaren die Fördergruppenleiterin und die Mutter, sich regelmäßig zu treffen, um über Möglichkeiten zusätzlicher Fördermaßnahmen, auch im Elternhaus zu beraten. Zudem werden Kontakte zur Vorklassenleiterin aufgenommen, und es entwickelt sich die Möglichkeit einer Kleingruppenförderung besonders bedürftiger Kinder der Vorklasse und des ersten Schuljahres. An dieser schulischen Fördergruppe soll auch Kai teilnehmen (FISCHER 1993b, 56).

- Die kleinste in dem von BRONFENBRENNER differenzierten ökologischen System ist die Mikrosystemebene. Es sind dies alle unmittelbaren Systeme, in denen sich das entwickelnde Individuum befindet. Ein Mikrosystem ist *„ein Muster von Tätigkeiten und Aktivitäten, Rollen und zwischenmenschlichen Beziehungen, die die in Entwicklung begriffene Person in einem gegebenen Lebensbereich mit den ihm eigentümlichen physischen und materiellen Merkmalen erlebt"* (BRONFENBRENNER 1979/1989, 38). Das Mikrosystem ist das kleinste mögliche System, in dem sich das Individuum bewegt. Beispiele sind die Familie, der Kindergarten oder, wie in Kais Fall, die Vorklasse und die Fördergruppe. Die Betrachtung auf der Mikroebene umfaßt Kais familiäre Wohnbedingungen (etwa die Wohnungsgröße, die Spielmöglichkeiten), die finanziellen Bedingungen der Familie (z. B. finanzielle Not), aber auch die Beziehungen der Familienmitglieder untereinander.

- Ein Mesosystem umfaßt *„die Wechselwirkungen zwischen den Lebensbereichen, an dem die sich entwickelnde Person aktiv beteiligt ist"* (BRONFENBRENNER 1979/1989, 41) (für Kai etwa die Beziehung zwischen Elternhaus, Vorklasse und Kameradengruppe in der Nachbarschaft; für einen Erwachsenen die zwischen Familie, Arbeitsplatz und Bekanntenkreis). Das Mesosystem wird also gebildet durch das Wechselspiel zwischen den Mikrosystemen, denen das Kind angehört. Immer dann, wenn das Kind in einen neuen Lebensbereich eintritt, wird ein neues Mesosystem gebildet (für Kai etwa der Eintritt in die Fördergruppe). Ein Mesosystem ist damit ein System von Mikrosystemen.

- *„Unter Exosystem verstehen wir einen Lebensbereich, oder mehrere Lebensbereiche, an denen die sich entwickelnde Person nicht beteiligt ist, in denen aber Ereignisse stattfinden, die beeinflussen, was in ihrem Lebensbereich geschieht, oder die davon beeinflußt werden"* (BRONFENBRENNER 1979/1989, 42). So stellt beispielsweise der Arbeitsplatz der Mutter oder des Vaters (etwa durch die einzuhaltenden Arbeitszeiten oder durch Überstunden) einen indirekten Einfluß auf Kai dar. Umgekehrt nimmt auch Kai selbst (z. B. bei einer Krankheit oder durch die Folgen seiner Delinquenz) Einfluß auf den Arbeitsplatz der Eltern.

- *„Der Begriff des Makrosystems bezieht sich auf die grundsätzlich formale und inhaltliche Ähnlichkeit der Systeme niedrigerer Ordnung (Mikro-, Meso- und Exo-), die*

in der Subkultur oder der ganzen Kultur bestehen oder bestehen könnten, ein-
schließlich der ihnen zugrunde liegenden Weltanschauungen und Ideologien"
(BRONFENBRENNER 1979/1989, 42). Das Makrosystem umfaßt die kulturellen Normen
und Wertvorstellungen einer Gesellschaft, aber auch deren strukturelle Realitäten.
Etwa die Fragen: Besteht ein Anspruch auf einen Kindergartenplatz? Gibt es eine
allgemeine Schulpflicht? Existiert ein anerkanntes Fördersystem innerhalb eines
Erziehungs- oder Gesundheitssystems, um durch Früherkennung und Frühförderung entwicklungsgefährdete und von Behinderung bedrohte Kinder in ihrer Entwicklung zu unterstützen?

Die einzelnen Ökosysteme sind nicht als starre Strukturen zu verstehen, sondern sind in
ständiger Veränderung und beeinflussen sich wechselseitig. So zieht die Veränderung eines Elements innerhalb eines Systems meist auch Veränderungen anderer Elemente innerhalb desselben und in anderen Systemen nach sich (OERTER 1987b). Wenn sich beispielsweise eine Erzieherin oder ein Grundschullehrer für ein offenes Erziehungskonzept
und ein Zulassen von mehr kindlicher Handlungsaktivität entscheidet, so hat dieses Konsequenzen für den erzieherischen Alltag, was zu Konflikten und zur Notwendigkeit von
Absprachen mit Kollegen führt. Das für eine Förderkonzeption Interessante an dieser
Sichtweise besteht nun darin, daß individuelle Entwicklung nach BRONFENBRENNER immer
nur *tätigkeits-,* d. h. *handlungsgebunden,* in sozialen Kontexten erfolgen kann. Hauptan-
liegen der ökologischen Sichtweise ist daher die soziale Vernetzung des Individuums in
möglichst vielen Lebensbereichen einerseits, die Vernetzung der Bereiche untereinander
und eine Absprache der beteiligten Personen andererseits.

Tätigkeit[83] ist der Informationsträger, durch den das Individuum seinen Realitätsbezug
aufbaut; Tätigkeit ist immer entwicklungswirksam. Aus ökologischer Sicht entspricht
Entwicklung einem dynamischen Wechselwirkungsprozeß, *„durch den die sich ent-*
wickelnde Person erweiterte, differenziertere und verläßlichere Vorstellungen über die
Welt erwirbt. Dabei wird sie zu Aktivitäten und Tätigkeiten motiviert und befähigt, die es
ihr ermöglichen, die Eigenschaften ihrer Welt zu erkennen und zu erhalten oder auf nach
Form oder Inhalt ähnlich komplexem oder komplexerem Niveau umzubilden" (BRONFEN-
BRENNER 1979/1989, 44). Wir konstatieren eine Affinität zu PIAGETS Entwicklungsmodell,
indem die Wechselbeziehungen zwischen Mensch und Umwelt, die aktive Rolle des Individuums in diesem Prozeß und die Veränderungsperspektive der Entwicklung vor allem
durch das Medium der Handlung akzentuiert werden. Anders als PIAGET ist BRONFENBREN-
NER aber eindeutig als Kontexttheoretiker zu bezeichnen, da er die systemische Verflech-

---

[83] BRONFENBRENNER verwendet die Begriffe *Tätigkeit* und *Aktivität* mit den Attributen molar oder fortgesetzt (S.
60 ff.) synonym und versteht darunter zielgerichtete, absichtsvolle Prozesse, die eine relativ andauernde zeitliche Erstreckung beinhalten (etwa einen Turm aus Bausteinen zu bauen, eine Grube auszuheben, ein Buch
zu lesen oder ein Telefongespräch zu führen). Er unterscheidet diese – ganz in der Tradition der sowjetischen
Tätigkeitspsychologie (WYGOTSKI 1971, 1978; LEONTJEW 1977; RUBINSTEIN 1977) – vom Begriff der Handlung
(= act), der für ihn einen einfachen, abgeschlossenen Aspekt darstellt (z. B. ein Lächeln, Anklopfen, eine einzige Frage oder Antwort).
In unserer Arbeit wird der Handlungsbegriff synonym zum Tätigkeitsbegriff verwandt, da wir beide Begriffe
im Sinne KAMINSKIS (1983) und FUHRERS (1983a, b) als komplexe Mehrfachanforderung menschlicher Aktivität
verstehen bzw. eingeführt haben (siehe Kap. 3.1).

tung des Individuums in die entwicklungsbeeinflussenden Lebenswelten analysiert. Entwicklung im Kindesalter vollzieht sich zunächst, indem das Individuum durch den handlungsbezogenen Prozeß der Vergegenständlichung und Aneignung mit materiellen und ideelllen Objekten der Umwelt Erfahrungen erwirbt, die als Bausteine zukünftiger Handlungsmöglichkeiten gelten und Kompetenzcharakter tragen. Handeln bewirkt kognitive Strukturierung, was BRONFENBRENNER (1979/1989, 62) als den Aufbau eines *geistigen Mesosystems* bezeichnet. Danach entspricht die *Ökologie des geistigen Lebens* der Fähigkeit, aktuell relevante Handlungen durch kognitive Operationen mit vergangenen Erfahrungen oder zukünftigen Ereignissen oder deren Planungen in Beziehungen zu setzen.

Ökologisch sind vor allem diejenigen Handlungen relevant, die aus sozial gestifteten Beziehungen entstehen. Für BRONFENBRENNER sind molare Aktivitäten immer in ihrem zwischenmenschlichen Kontext zu betrachten und zu erforschen, da nur so ihre Sinnstruktur zu erfassen ist. Zwar verfolgen Handlungen (vor allem bei jüngeren Kindern) das Ziel der Objektmanipulation, im zwischenmenschlichen Kontext sind sie jedoch auf wechselseitige Mitteilung und gemeinsame Aktivität ausgerichtet. Forschungsanalytisch spezifiziert BRONFENBRENNER zwei weitere Elemente, die das Entwicklungsgeschehen des Mikrosystems beeinflussen: die *Beziehung* und die Rolle.

„Eine Beziehung besteht, wenn eine Person innerhalb eines Lebensbereichs die Aktivitäten einer anderen aufmerksam verfolgt oder sich an ihnen beteiligt" (BRONFENBRENNER 1979/1989, 71). Beziehungen erfahren ihre qualitative Ausgestaltung über die Zwei-Personen-Entwicklungsdyade zu komplexen Interaktionssystemen, die BRONFENBRENNER als soziale Netzwerke bezeichnet und die erst durch alle Ebenen seines ökologischen Systems erfaßt werden können. Auf elementarer Ebene unterscheidet BRONFENBRENNER zwischen Beobachtungsdyaden (einer der Beteiligten verfolgt die Tätigkeit des anderen mit fortgesetzter und gespannter Aufmerksamkeit), Dyaden gemeinsamer Tätigkeit mit komplementärer Handlungsstruktur und den Primärdyaden; diese sind durch eine positive wechselseitige Beziehung charakterisiert, die im Bewußtsein der beiden Beteiligten auch weiterbesteht, wenn sie nicht zusammen sind. In der Primärdyade als emotional getragenem System sieht BRONFENBRENNER den eigentlichen Entwicklungsträger, dessen Entwicklungswirksamkeit mit dem Grad der Reziprozität der positiven Gefühle und dem der allmählichen Verschiebung des Kräfteverhältnisses zugunsten der sich entwickelnden Person zunimmt (vergl. BRONFENBRENNER 1979/1989, 75).

In einer aktuellen Publikation (1992, 145) wirkt BRONFENBRENNERS sozialpolitisches Engagement noch emphatischer: *„Jemand muß verrückt nach dem Kind sein und umgekehrt! Das bedeutet, daß der Erwachsene das Kind als etwas Besonderes betrachtet – besonders wundervoll, besonders lieb und teuer"*. Als Sentenz ergibt sich für BRONFENBRENNER die Unterstützung der Familie als Kernstück der konstruktiven Prozesse kindlichen Entwicklungspotentials sowie die Förderung der grundlegenden Settings, *„in denen Kinder und deren Eltern leben. In modernen Gesellschaften sind diese Settings Heim, Kinder-Fürsorge-Programme, die Schule und der Arbeitsplatz der Eltern"* (BRONFENBRENNER 1992, 145). Für die Entwicklungspartner bedeutet dieses eine unterschiedlich gewichtete, aber aufeinander gerichtete Aufgabenstellung. Vom Individuum aus betrachtet ist der Entwicklungsprozeß an die Eroberung neuer, strukturell und auch kulturell möglichst unterschiedlicher Settings gebunden, wobei die Person ihr Können und Wissen auf die Anforderungen des jeweiligen Umweltausschnittes ausweitet. Der Entwicklungsfortschritt besteht dabei sowohl im Erwerb neuer Handlungskompetenzen als auch neuer Rollen, verstanden als *„Satz von Aktivitäten und Beziehungen, die von einer Person in einer bestimmten Gesellschaftsstellung und von anderen ihr gegenüber erwartet werden“* (BRONFENBRENNER 1979/1989, 97). Danach ist schulischer, beruflicher oder sozialer Erfolg bei Partnern als Bewätigung von Anforderungen in bestimmten Settings anzusehen (OERTER 1987b, 94). Die Aufgabe der an den Settings beteiligten Personen verstanden als mitverantwortliche Interessenspartner besteht darin, Rollenerwartungen und Anforderungen in einer angemessenen, vom Individuum zu bewältigenden Weise zu formulieren, die auch ein System individueller, sozialer wie institutioneller Hilfen beinhaltet.

Welche sind die Erkenntnisfortschritte der ökologischen Entwicklungstheorie? BRONFENBRENNERS Theorie ist geeignet, ein Entwicklungsgeschehen mehrperspektivisch zu analysieren. Der Vorteil seines Zugangs ist, Ereignisse oder Verhaltensweisen nicht in linearen Ursache-Wirkungsmodellen zu betrachten, sondern durch „Querdenken“ eine Blickerweiterung auf der horizontalen Ebene und damit auf die mehrfach geschachtelten Zusammenhänge von Handlungen und deren Wirkweisen vorgenommen zu haben. BRONFENBRENNER versucht, kindliche Entwicklung *„vom Kinde aus“* zu denken, diese aber aus den umweltstrukturellen Bezügen zu erklären. Seine Akzentsetzungen liegen eindeutig auf der Umwelt, verstanden als komplexes System. Den Vorwurf der inadäquaten Berücksichtigung der Subjektseite in seinem Entwicklungsmodell beherzigend[84], hat BRONFENBRENNER in jüngster Zeit (1989; 1990) Modifikationen seiner Theorie vorgelegt. Jetzt versucht er das Ungleichgewicht des Systems auf seiten des Organismus (Individuums) durch Hinzufügung signifikanter neuer Elemente auszugleichen. Die mikrosystemischen Zusammenhänge der Entwicklung berücksichtigen jetzt stärker die individuellen Charakteristika der Personen, mit denen das Kind zu tun hat, und des Kindes selbst – früher sah er vorwiegend deren soziale Rollen und die Beziehungen der Partner. Das Temperament, die Persönlichkeit und die Überzeugungen der *signifikanten Personen* nehmen Einfluß auf die Genese des Kindes. Genauso wichtig für die Persönlichkeitsentwicklung des Kindes sind die kulturellen Weltanschauungen (belief systems), die durch das Makrosystem repräsentiert werden. War das Makrosystem im ursprünglichen Modell vor allem durch die institutionellen und strukturellen Errungenschaften einer Kultur charakterisiert, wird es jetzt mindestens gleichwertig durch die historisch gewachsenen ideellen Werte und Überzeugungen entwicklungswirksam *(*BRONFENBRENNER 1989, 228–230). Durch die Stärkung der individuell-psychischen Ebene wird BRONFENBRENNERS Entwicklungsbegriff zu einer wirklichen Person-Umwelt-Interaktion, seine Umwelttheorie zu einer *ökopsychologischen Systemtheorie.* Das aus motologischer Sicht wichtigste Strukturmerkmal ist die Hervorhebung der *Tätigkeit* als Entwicklungsmotor des kindlichen Realitätsbezugs.

Mit seinen *chronosystemischen Überlegungen* hat BRONFENBRENNER (1986a, b; 1989) sein bisheriges Systemgefüge erweitert. Die systemische Anwendung auf den Entwicklungsfaktor Zeit bedeutet, daß Zeit nicht mehr als chronologisches Alter einer Person definiert

---

[84] Zur kritischen Würdigung von BRONFENBRENNERS Modell siehe GEULEN (1991).

wird, sondern als dynamische Relation individueller Erlebnisse, Ereignisse und Prozesse, eingebunden in situative Kontexte. Dabei sind zwei Aspekte zeitlicher Strukturiertheit von Entwicklungsprozessen bedeutsam. Zum einen bezeichnet das Chronosystem besonders markante Zeitpunkte bzw. -räume (auch ökologische Übergänge genannt), die im Entwicklungsverlauf des Kindes Spuren hinterlassen (z. B. der erstmalige Besuch des Kindergartens, der Schuleintritt, die Pubertät). Entwicklungsrelevant sind ebenso Ereignisse, die nicht vorhersehbar sind und als nonnormativ bezeichnet werden (etwa der Tod oder eine schwere Krankheit eines Familienmitgliedes, Scheidung, Umzug der Familie; vergl. BRONFENBRENNER 1986b, 724)[85]. Zum anderen versteht BRONFENBRENNER unter dem Begriff Chronosystem aber auch die persönliche, kumulierte Ereignissequenz, die die Biographie eines Menschen repräsentiert und die Persönlichkeit definiert (vergl. NICKEL/PETZOLD 1993). BRONFENBRENNERS Forschungsdesign orientiert sich zunehmend am Konzept der *ökologischen Übergänge:* Das Konzept relevanter Lebensereignisse ist besonders dazu geeignet zu verdeutlichen, daß Entwicklung niemals im „Vakuum" stattfindet, sondern immer aus der Verflochtenheit personengebundener wie kontextueller Variablen erklärt werden muß.

Ökologische Übergänge kommen das ganze Leben lang vor. Es sind keineswegs nur die großen, schicksalhaften oder normativen Lebenseinschnitte, die der Entwicklung eine Richtung geben. Ökologische Übergänge stellen eine subjektive Aufgabenstruktur dar, die sich aus der aktiven wie kognitiven Bewältigung alläglicher Ereignisse ergibt. BRONFENBRENNER (1979/1989, 43) nennt einige:

> „*Eine Mutter hält ihr Kind zum erstenmal im Arm – Mutter und Kind kommen aus der Klinik nach Hause – Babysitter lösen einander ab – das Kind geht in den Kindergarten – ein neues Baby wird geboren – die Kinder kommen in die Schule, werden versetzt, bestehen die Abschlußprüfung oder gehen vorher ab – man sucht eine Anstellung, wechselt oder verliert sie – man heiratet, beschließt, ein Kind zu bekommen, Verwandte ziehen ein (oder aus). Die Familie kauft das erste Auto, ein Fernsehgerät, ein eigenes Haus – Ferien, Reisen, Umzug – Scheidung, neue Heirat, Berufswechsel, Emigration. Oder noch allgemeinere Themen: Man wird krank und geht ins Krankenhaus, wird wieder gesund und kehrt in den Beruf zurück – Pensionierung und schließlich der Tod als letzter Übergang für alle*".

Will man die entwicklungsrelevanten Ereignisse (ökologische Übergänge) von Kindern erforschen, so ist Kindheit selbst als mehrdimensionaler Prozeß im Lebenslauf zu modellieren (HUININK/GRUNDMANN 1993). Der Blick richtet sich auf die Lebenswelt des Kindes, auf die Veränderungen des Kind-Seins und auf die ökologisch relevanten Interventionsmöglichkeiten.

4.4.1 Familie als kindliche Erfahrungsumwelt

Der ökologische Ansatz setzt am Umweltbegriff an: BRONFENBRENNER versteht Umwelt als *„ein Satz ineinandergeschachtelter Strukturen",* die er in vier Systemebenen beschreibt.

---

[85] Hier bestehen Parallelen zum Konzept der kritische Lebensereignisse (FILIPP 1981).

Die Qualität dieser Entwicklung stiftenden Ebenen ist sozialer (= personaler) und sozial-räumlicher Natur. Im Zentrum des Systems und damit im Blickfeld des Beobachters oder Forschers befindet sich das Kind als sich entwickelnde Persönlichkeit.

> *„Um sich zu entwickeln – intellektuell, emotional, sozial und moralisch – braucht ein Kind die Teilnahme an zunehmend komplexerer, wechselseitiger Aktivität – regelmäßig über eine längere Zeitspanne seines Lebens, mit einer oder mehreren anderen Personen, zu denen es eine starke Zuneigung entwickelt"* (BRONFENBRENNER 1992, 143).

Die erste und wichtigste Erfahrungsumwelt für das Kind ist seine Familie. Die Familie kann als ein System besonderer Art angesehen werden, in das alle Mitglieder die gleichen Voraussetzungen eines ganzen Menschen einbringen (PETZOLD/NICKEL 1989, 250), das als Ganzes von der besonderen Qualität der Beziehungen der beteiligten Mitglieder abhängt und das durch die Veränderungsperspektive der einzelnen Mitglieder und des gesamtgesellschaftlichen Umfeldes einer Entwicklung unterliegt. Die Veränderungsperspektive der Familie wurde vor allem sozialgeschichtlich evaluiert[86]. Uns interessiert die aktualgenetische Situation als Rahmen für kindliche Identitätsbildung. Die aktuelle Situation läßt sich als *Vereinzelung familiärer Erfahrungen* (FÖLLING-ALBERS 1990) charakterisieren. Gab es nach den Angaben des Statistischen Bundesamtes im Jahre 1988 (Statistisches Jahrbuch) in den Familien mit Kindern unter 18 Jahren schon 37% Einzelkinder[87], so verstärkt sich der Trend zur Ein-Kind-Familie nach der Vereinigung der beiden Deutschen Staaten rapide:

> **Land der Einzelkinder:** *Mehr als die Hälfte der Kinder in der Bundesrepublik wächst ohne Geschwister auf. Nach Angaben des Statistischen Bundesamtes in Wiesbaden (…) hat nur ein Drittel von den insgesamt 9,4 Millionen Ehepaaren und Alleinerziehenden, die 1992 mit Minderjährigen unter einem Dach lebten, zwei Kinder. Und nur bei 11,2% der Familien toben drei oder mehr Geschwister durch die Wohnung.*
>
> *Allein in Westdeutschland zählten die Statistiker rund 7,2 Millionen Haushalte mit minderjährigen Kindern. In über 3,6 Millionen Familien waren es zwei. Auch in den neuen Bundesländern war die Ein-Kind-Familie mit knapp 1,2 der insgesamt 2,2 Millionen erfaßten Haushalte die größte Gruppe, gefolgt von gut 890 000 Familien mit zwei Kindern. Insgesamt lag der Anteil der sogenannten kinderreichen Familien mit drei und mehr Kindern im Westen bei 12,4 und Osten bei 8,2 Prozent (Frankfurter Rundschau 5. 1. 94).*

Die Umstrukturierung von der Mehr-Kind-Familie zur Ein-Kind-Familie bewirkt eine Veränderung der familiären Beziehungsmuster und der Rollenerfahrungen der Kinder. Einzelkinder genießen die ungeteilte Aufmerksamkeit ihrer Eltern, müssen aber die sozialen Erfahrungen mit Geschwistern entbehren[88]. Während einige Untersuchungen Einzelkindern wegen der besonderen Förderbedingungen Vorteile in ihrer kognitiven Stimulierung einzuräumen versuchen, werden diese durch die neuerliche Betonung sozialer Kognitio-

---

[86] Siehe etwa WEBER-KELLERMANN (1987) und MITTERAUER (1989).
[87] Zitiert nach FÖLLING-ALBERS (1990, 139).
[88] Zur Sondersituation von Einzelkindern siehe SCHMIDT-DENTER (1993, 346 ff).

nen als notwendige Bedingung zur Lösung komplexer interaktiver Aufgabenstellungen neutralisiert oder in Frage gestellt. Neben der schwindenden Einflußnahme durch Geschwisterbeziehungen ist die Erfahrungswelt von Kindern durch eine Pluralisierung familiärer Lebensformen geprägt – etwa Dreigenerationen-, Stief-, Adoptiv- und Pflegefamilien, nichteheliche Lebens- und Wohngemeinschaften (TEXTOR 1993, 22).

Angesichts der Diversifikation familiärer Erfahrungsmuster wird der Familienbegriff entwicklungspsychologisch heute zunehmend nicht mehr rechtlich oder am Verwandtschaftsprinzip orientiert definiert, sondern es wird vom Prinzip des *gemeinschaftlichen Lebensvollzugs* ausgegangen. Das Prinzip stützt sich auf die Kriterien *Abgrenzung, Privatheit, Nähe* und *Dauerhaftigkeit,* die von den in der Familie lebenden Personen in zumindest ähnlicher Weise persönlich ausgefüllt werden (PETZOLD/NICKEL 1989, 243; SCHNEEWIND 1987a, b):

- *Abgrenzung, d. h. der Zusammenhang von zwei oder mehr Personen, die in Abhebung von anderen Personen oder Personengruppen ihr Leben nach bestimmten expliziten oder impliziten Regeln in wechselseitiger Bezogenheit gestalten;*
- *Privatheit, d. h. das Vorhandensein eines umgrenzten Lebensraumes, der die Verwirklichung von intimen interpersonalen Beziehungen ermöglicht;*
- *Nähe, d. h. die Realisierung von physischer, geistiger und emotionaler Intimität im Prozeß interpersonaler Beziehungen;*
- *Dauerhaftigkeit, d. h. ein durch wechselhaftige Verpflichtung, Bindung und Zielorientierung auf längerfristige Gemeinsamkeit angelegter Zeitrahmen* (SCHNEEWIND 1987b, 973).

Allerdings ist mit PETZOLD/NICKEL (1989) zu präzisieren – und dies entspricht dem ökosystemischen Tenor des Familienbegriffs BRONFENBRENNERS (1986b) –, daß der Familienbegriff nur dann anzuwenden ist, wenn ein Spannungsfeld von wenigstens zwei Generationen vorliegt und eine echte Intimität im Sinne einer wechselseitigen Bezogenheit der Familienmitglieder vorherrscht, was eine Sphäre der Verantwortlichkeit füreinander impliziert. Damit erhalten die Aspekte der Beziehungsgestaltung, des elterlichen Erziehungsstils, des familiären Klimas und vor allem der Gestaltung von Situationen gemeinsamer Aktivität familienkonstitutiven Charakter.

Kind-Sein ist heute eine individualisierte Lebensform. Dieses entspricht nicht nur dem Dasein als Einzelkind, sondern entspringt einer Lebensphilosophie, die, ausgehend vom gesellschaftlichen Wertepluralismus, zur Individualisierung von Lebensentwürfen führt. Elternschaft ist heute in der Regel eine bewußte Entscheidung und ist gepaart mit einer „echten" Erziehungsintention, auch wenn Ziele und Stile heute nicht weniger streuen als in früheren Jahrzehnten. Das zunehmende berufliche Engagement von Frauen[89] führt zu Umstrukturierungen des Familienalltags, Väter entdecken ihre Rollen als Erziehungs- und Spielpartner ihrer Kinder. Auch wenn die „neuen Väter" mehr und mehr Verantwor-

---

[89] FÖLLING-ALBERS (1990, 140–141) verweist darauf, daß 40–45 % der Mütter von Grundschülern erwerbstätig sind.

tung in einer partnerschaftlichen Erziehung der Kinder übernehmen, ist die Realität des Familienalltags – beeinflußt durch die arbeitsmarktstrukturellen Bedingungen des Exosystems sowie die sozial-politischen Bedingungen des Makrosystems – nach wie vor überwiegend die, daß die Mütter bis weit in das Grundschulalter hinein die wichtigsten Bezugspersonen und Ansprechpartner bei Problembewältigungen ihrer Kinder sind oder die alleinige Verantwortung tragen (vergl. TEXTOR 1993).

Die Erziehungspraxis ist gekennzeichnet durch eine zunehmende Pädagogisierung, was zwangsläufig zu einer Überforderung der Balance in der Eltern-Kind-Beziehung führt. Auch wenn Eltern in der Regel beste Erziehungsabsicht unterstellt werden kann, darf nicht übersehen werden, daß der Prozeß der Individuation des Kindes im Rahmen der Familie, in dem das Kind sich seiner Einzigartigkeit und Persönlichkeit bewußt wird, viel Verständnis und das richtige Maß an kompetenter Führung auf seiten der Eltern voraussetzt[90]. Unangemessene Erwartungshaltungen von Eltern sind häufig Einflußfaktor für Verhaltensprobleme und Leistungsversagen auf seiten des Kindes (vergl. HURRELMANN 1991).

Der Gewinn von BRONFENBRENNERS Zugang liegt darin, individuelle Verhaltensweisen nicht in linearen Ursache-Wirkungs-Modellen infolge dyadischer Beziehungsstrukturen, sondern in komplexen, systemischen Wirkzusammenhängen beschrieben zu haben. So lassen sich Entwicklungsfortschritte und Entwicklungsprobleme von Kindern im Verhaltensbereich der Familie heute in Abhängigkeit von der Qualität der Ehepartnerbeziehung und der triadischen Interaktionsstruktur mit dem Kind erklären. Auch läßt sich das Subsystem der Geschwisterbeziehungen in seiner funktionalen Abhängigkeit von der Geburtsfolge, der Altersdifferenz und von den geschlechtsspezifischen bzw. geschlechtsbezogenen Erziehungspraktiken der Eltern auflösen, d. h. einer mehrdimensionalen Erklärungsweise zuführen. Diese Strukturmuster gilt es im Einzelfall zu analysieren und in Beratungsprozessen zu berücksichtigen[91].

Entscheidend ist die Verbindung der ökologischen Entwicklungstheorie mit der Lebenslaufforschung, was forschungskonzeptionell eine Parallelisierung individueller Identitätsentwicklung (des Kindes) und kollektiver Identitäten (der Familie) ermöglicht. Kennzeichnend dafür sind die folgenden Annahmen:

- *Kinder und erwachsene Mitglieder der Familie entwickeln sich beide gleichzeitig (...): Man altert kontinuierlich-synchron miteinander, wenngleich dies lebenszyklisch für die verschiedenen Generationen innerhalb der Familie Unterschiedliches bedeutet.*

- *Die Veränderungen des Kindes und der Familie bedingen sich wechselseitig. Die Kinder beeinflussen diejenigen, deren Einfluß sie ausgesetzt sind, und vermögen von einem gewissen Alter ab auf die eigene Entwicklung einzuwirken.*

---

[90] Es soll nicht verschwiegen werden, daß viele Eltern selbst durch die Komplexität des Lebensalltags überfordert sind und nicht das richtige Maß der Anforderung treffen.

[91] Siehe PETZOLD/NICKEL (1989) und SCHMIDT-DENTER (1993).

• *Die Beziehungen zwischen den Kindern und Eltern sind in weitere Umwelten eingeordnet, die sich ebenfalls stets verändern. Darin liegt ein beträchtliches Potential für
sozialen Wandel und für die Wirksamkeit von Interventionen (…)* (LÜSCHER 1989, 99).

Die sozialen Beziehungen einer Familie werden intrafamiliär (etwa der Beitrag der Groß-
eltern als Kern des elterlichen Unterstützungsystems) und extrafamiliär (Freundeskreis,
Zusammenarbeit mit Kindergarten und Schule) als soziale Netzwerke interpretiert und in
ihren qualitativen Veränderungen über die Lebensspanne analysiert. Daraus ergeben
sich zwei Strategien: Zum einen die Bestimmung von *Familienentwicklungsaufgaben*
(siehe SCHNEEWIND 1987b; LÜSCHER 1989; PETZOLD/NICKEL 1989). Dabei handelt es sich um
die Evaluation der sich verändernden Verantwortlichkeiten des Systems Familie für die
sich ändernden physischen und psychischen Erfordernisse der einzelnen Familienmitglieder. Andererseits reflektieren Familienentwicklungsaufgaben aber auch die gesellschaftlichen Erwartungen an die Familie (etwa die Erziehungsverantwortung). Die Formulierung von Familienentwicklungsaufgaben (siehe *Abb. 10*) erfolgt in der lebensum-
spannenden Perspektive des Familienlebenszyklus (SCHNEEWIND 1987b, 984). Wegen
des stark normativen, auf die Familie als Kollektiv ausgerichteten Charakters des Konzepts ist dieses für eine motopädagogische Entwicklungsförderung und Entwicklungsberatung als Rahmenkonzeption zwar wichtig, aber von sekundärer Bedeutung.

Primär bedeutsam ist die zweite Strategie, die darauf abzielt, die Entwicklungslinien der
Familienmitglieder stärker zu koordinieren, dabei die Individualität einer jeden Person zu

Stufe im Familienlebenszyklus	Stufen-kritische Familienentwicklungsaufgaben
1. Verheiratetes Paar	Gestalten einer wechselseitigen befriedigenden Ehebeziehung; Anpassung an Schwangerschaft und bevorstehende Elternschaft; Einpassung in das Netz der Verwandtschaftsbeziehungen
2. Familie mit Kindern, frühes Stadium	Kinder haben und sich auf sie einstellen; Ermutigung der Entwicklung von Kleinkindern; Einrichtung eines Heims, das für Eltern und Kleinkinder gleichermaßen zufriedenstellend ist
3. Familie mit Vorschulkindern	Anpassung an die kritischen Bedürfnisse und Interessen von Vorschulkindern in einer stimulierenden und wachstumsfördernden Weise; Auseinandersetzung mit Energieverlust und eingeschränkter Pivatheit der Eltern
4. Familie mit Schulkindern	Konstruktives Einfügen in die Gemeinschaft von Familien mit schulpflichtigen Kindern; Ermutigung des kindlichen Leistungsverhaltens
5. Familie mit Jugendlichen …	Balancieren von Freiheit und Verantwortlichkeit entsprechend dem Emanzipationsprozeß Jugendlicher; Entwicklung nachelterlicher Interessen und Karrieren

Abb. 10: Familienentwicklungsaufgaben (nach SCHNEEWIND 1987b).

respektieren. Diese Strategie orientiert sich an dem oben beschriebenen Konzept der *ökologischen Übergänge* in der Weise, daß es stärker die subjektiven Valenzen der gemeinsam erfahrenen Situationen betont. Zur Erinnerung: Für BRONFENBRENNER sind Rollenerfahrungen und Setting-Wechsel dann entwicklungswirksam, wenn die Erfahrungen für das Kind subjektiv bedeutsam sind und von einem kompetenten Erwachsenen in gemeinsamer Tätigkeit oder auch ideell begleitet werden. Hier macht BRONFENBRENNER eine Anleihe bei WYGOTSKIS *„Zone der proximalen Entwicklung"*. Sie wird verstanden als die Distanz zwischen dem *„aktuellen Entwicklungsniveau eines Kindes, bestimmt durch seine Fähigkeit, Probleme selbständig zu lösen"* und der höheren Ebene als *„potentieller Entwicklung, die durch seine Fähigkeit bestimmt wird, Probleme unter Anleitung Erwachsener oder fähiger Kameraden zu lösen"* (WYGOTSKI 1978, 86; zit. nach MILLER 1993, 348).

Eltern als kompetente Partner liefern das Modell der Kompetenzaneignung und die gemeinsame motorische Aktivität ist das *„Werkzeug"* im Prozeß der Selbstformung sowie der familiären Identifikation. Die soziale Realitätskonstruktion des Kindes erfolgt also durch bewegungsbezogene Akte, vermittelt in der Welt der Familie. Auf die Bedeutung dieser Zusammenhänge hat die Motopädagogik mit Entwürfen *„Zur Bewegungserziehung in der Familie"* (SCHICK 1981), Eltern-Kind-Gruppen sowie Familien-Sportgruppen für behinderte und nichtbehinderte Menschen verwiesen (etwa RHEKER 1989a, b; 1993). Damit liegt die Motopädagogik im Schnittpunkt aktueller Konzeptentwicklungen.

4.4.2 Die Bedeutung der Gleichaltrigenwelt für die Entwicklung von Kindern

Für eine stabile Beziehungsgestaltung sind positive Bindungserfahrungen in früher Kindheit bedeutsam. Entsprechend läßt sich *Freundschaft* in der Kindheit als die *„Fähigkeit, emotionale Beziehungen zu anderen aufzunehmen"* konzeptualisieren (HOWES/MUELLER 1980, 431–432). Das familiäre Beziehungsgefüge, insbesondere in der Mutter-Kind-Dyade und der Geschwisterbeziehung, hat zweifellos modellierende Bedeutung für die Entwicklung des sozialkompetenten Verhaltens des Kindes[92]. Dennoch ist von unterschiedlichen Qualitäten in der Beziehungsgestaltung zwischen Erwachsenen und Kindern einerseits und zwischen Gleichaltrigen andererseits auszugehen. Die Beziehungsstrukturen zwischen Erwachsenen und Kindern sind vertikal organisiert und werden in Anlehnung an PIAGETs Konstruktivismus als *komplementär* bezeichnet (vergl. FÖLLING-ALBERS 1990, 142). Selbst ein demokratischer Erziehungsstil, der Kindern eine gleichberechtigte Rolle zugesteht, wird die Entwicklungshierarchie nicht nivellieren. Anders ist die Interaktionsgestaltung zwischen Gleichaltrigen, die als *symmetrisch* bezeichnet wird und eher horizontal ausgerichtet ist. Kinder brauchen Kinder und Freunde vor allem deshalb, weil sie im Kreise der Gleichaltrigen andersartige, entwicklungsgenerierende Erfahrungen machen. Die Gleichaltrigenwelt – englisch *peers* – verweist auf die Gleichheit und Ebenbürtigkeit (= Symmetrie) der sozialen Beziehungen, die bei Kindern über die Altersgruppe hergestellt wird (OSWALD 1993). Nach PIAGET (1973) ist vor allem der Aspekt der Gleich-

---

[92] KRAPPMANN und OSWALD (1990) sprechen diesbezüglich in Anlehnung an BRONFENBRENNER von synergistischen Effekten, die von den zusammenwirkenden Mikrosystemen *Familie* und *peer group* hervorgebracht werden.

heit relevant, der Kinder über Aushandlungsprozesse zur Einsicht in die Notwendigkeit von Regeln führt, die gemeinsames Handeln erst möglich machen.

Forschungen über Kinderbeziehungen verdeutlichen, daß die Prozesse differenzierter zu betrachten sind. Gleichheit, die sich in realisierter Kinderfreundschaft zeigt, ist auch das Ergebnis kognitiv verarbeiteter Ungleichheit, die sich aus Vergleichsprozessen und konkurrierenden Handlungen ergibt. Erst ab dem Vorschulalter entwickeln Kinder das kognitive Potential, die Perspektive eines anderen Kindes einzunehmen und damit die Fähigkeit zur Rollenübernahme und der Verhaltenssynchronisation[93]. Im einzelnen sind die Erfahrungen der Kinder oft schmerzlich, aber unvermeidbar. Sie machen die Entdeckung, daß andere Kinder andere Ziele – nämlich die eigenen – verfolgen und daß man sich zur Wahrnehmung der eigenen Interessen aktiv in das Interaktionsgeschehen einbringen muß. Das Ergebnis der Aushandlungsprozesse ist die wachsende sozialkognitive Erkenntnis und Wertschätzung der Verschiedenheit der Sozialpartner, was als die Voraussetzung zu persönlicher Freundschaft anzusehen ist (KRAPPMANN 1993).

KRAPPMANN (1993, 369) formuliert vier zentrale Aufgaben, denen sich Kinder in ihrer Sozialwelt stellen müssen:

- *Sie müssen sich selber für ihre Absichten und Pläne einsetzen und Konsens mit Kindern erreichen, die entgegenstehende Ziele verfolgen, ohne sich zu Aggressionen hinreißen zu lassen (Perspektivenwechsel, Konflikte, Aggression);*
- *sie müssen andere als Partner für dauerhafte, verläßliche Interaktion gewinnen (Bildung von Freundschaften; Freundschaftsvorstellungen);*
- *sie müssen versuchen, den Umgang mit anderen an gemeinsamen Regeln auszurichten, auf deren Einhaltung man drängen kann, wenn diskrepante Interessen zu vermitteln sind (Fairneß, Gerechtigkeit, Moral);*
- *sie brauchen die Anerkennung anderer, um sich auf die Auseinandersetzung um Wünsche und Vorhaben einlassen zu können (Peer-Status, Selbst).*

Die Synopse der Aufgabenstellungen verdeutlicht, daß die Sozialwelt in zweierlei Hinsicht Meilensteinfunktion für kindliche Entwicklung repräsentiert: Kinderfreundschaften, realisiert in Peer-Beziehungen, verstärken die eigene Identitätsentwicklung, und sie gelten als Multiplikatoren für die wachsende Sozialkompetenz und Beziehungsfähigkeit des Kindes. „*Gelingt es Kindern nicht, befriedigende Freundschaftsbeziehungen aufzubauen und sich an den sozialen Prozessen unter ihresgleichen zu beteiligen, geraten sie in Sackgassen ihrer Entwicklung, ziehen sich zurück oder reagieren aggressiv und manipulieren sich so in eine Außenseiterposition, aus der heraus sie noch weniger positive Sozialerfahrungen machen können*" (HERZBERG 1992, 77–78).

Die Durchsicht von Forschungsarbeiten zur Entwicklung und Bedeutung von Kinderfreundschaften[94] verdeutlicht eine Erkenntnistendenz, die freien Spielsituationen und

---

[93] Zur entwicklungslogischen Sequenz der Rollenübernahme siehe die Analysen von SCHMIDT-DENTER (1978), SELMAN/BYRNE (1980) sowie AUWÄRTER/KIRSCH (1982).
[94] Siehe die Übersichten bei HOWES/MUELLER (1980); HERZBERG (1992); KRAPPMANN (1993) und OSWALD (1993).

Bewegungserfahrungen einen erheblichen Stellenwert für den Aufbau von Sozialkompetenz attestiert, die sich ihrerseits positiv auf die schulische Leistungsfähigkeit von Kindern auswirkt (etwa TREINIES/EINSIEDLER 1989). Dabei erweist sich ein zentrales Element motopädagogischer Förderarbeit als besonders entwicklungswirksam: Interaktionen zwischen Gleichaltrigen sind besonders häufig und intensiv, wenn in Kleingruppen gespielt wird bzw. der situative Kontext es den Kindern ermöglicht, selbständig kleine Gruppen zu bilden, und wenn die Spielgegenstände eher großräumige Bewegungsmöglichkeiten zulassen (Klettergeräte, Geräteparcours). Kleinmaterialien und tragbare Spielgeräte fördern offenbar eher die Individualisierung. Nach HOWES/MUELLER (1980, 428) nimmt die Interaktionsrate besonders zu, wenn die Kinder *„die durch Flure, Treppen und Verbindungräume vorgegebenen räumlichen Verhältnisse* (etwa von Vorschuleinrichtungen, K. F.) *nutzen“*. Es ist dies ein Gestaltungsprinzip motopädagogischer Vorschuldidaktik[95] und verweist auf die Zusammenhänge sozialer und sozialräumlicher Entwicklungsdimensionen der Bewegungsthematik.

4.4.3 Die Bedeutung der sozialräumlichen Umwelt für die Entwicklung

Nach dem Modell der Ökologie der menschlichen Entwicklung BRONFENBRENNERS sind vor allem die Mikrosysteme als unmittelbare Lebensbereiche des Kindes entwicklungswirksam. Die Entwicklung des Kindes erfolgt durch die Beziehungsgestaltung mit relevanten Personen und zeigt sich in einer Differenzierung der Rollenidentität. Das Erkenntnisinteresse des Kindes ist immer auch auf die materialen Objekte der Umgebung gerichtet und erfolgt raumbezogen. Diese räumlich-dinghaften Faktoren der Sozialökologie der Kindheit, die in bewegungspädagogischen Publikationen unter den Begrifflichkeiten der materialen und sozialen Erfahrung schon immer eine wesentliche Rolle gespielt haben, werden in der sozialökologischen Forschung in letzter Zeit verstärkt betont (GUKENBIEHL 1990; WEHRSPAUN/WEHRSPAUN/LANGE/KÜRNER 1990; ENGELBERT/HERLTH 1993). Entscheidend ist die Subsumtion unter die Umweltthematik.

Der Umweltbegriff ist differenziert zu betrachten. Der zu Beginn dieses Teilkapitels unter Bezug auf FUHRER (1983a, b) eingeführte Oberbegriff *Ökopsychologie* verdeutlicht die Schwerpunktsetzungen des Konstrukts. Zum einen geht es um eine stärkere Anwendungsorientierung, die unter den Zielsetzungen der Lebensraum-, Bewegungsraum- und Spielraumgestaltung auch die anwendungsorientierten Disziplinen der Stadtplanung, der Sport- und Motopädagogik erfaßt hat[96]. Zum anderen wird grundlagenwissenschaftlich orientiert die Entwicklungsperspektive stärker thematisiert[97]. Der Begriff der *sozialräumlichen Umwelt* impliziert Beziehungsmuster zwischen den räumlichen Gegebenheiten und den Menschen, die diese für sich nutzen und darin ihr gemeinschaftliches

---

[95] Siehe FISCHER/KERSTE/PASSOLT (1985); HOPPE (1993); ZIMMER (1993b).

[96] Sichtbare Ergebnisse dieser Diskussion sind zahlreiche Schwerpunkthefte von Fachzeitschriften, etwa *Motorik* 3/1991; 1/1993; *Sportpädagogik* 4/1992 und *Spielraum* 4/1992; 6/1992; 1/1993.

[97] Für die Motopädagogik ist die Persönlichkeitsentwicklung des Kindes als Person-Umwelt-Interaktion eine konstitutive wissenschaftliche Kategorie. Diese war allerdings bisher – wie wir gezeigt haben – wenig systematisch diskutiert worden. In der aktuellen sportpädagogischen Diskussion zeichnen sich im Rückgriff auf das sozialräumliche Umweltkonstrukt BAAKES (1984) die *„Konturen einer entwicklungsorientierten Sportpädagogik“* ab (DIETRICH/LANDAU 1989; 1990, 243 ff.).

Leben gestalten. Physikalisch gesehen ist die *Welt* in ihren materialen Beschaffenheiten als objektiv vorhanden anzusehen, zur *Umwelt* wird sie erst in der Bezugnahme auf den Menschen. Umwelt ist somit ein ökopsychologisches Konstrukt, das sich erst durch die Existenz und die Tätigkeit des Menschen konstituiert. Genau in diesem Sinne systematisiert BAHRDT (1974) die Beziehungen des Subjekts mit seiner Außenwelt: Danach ist die Umwelt als der persönliche Ausschnitt der (Außen-) Welt anzusehen. Allerdings gibt es keine starre Gebietsabgrenzung zwischen Umwelt und Welt. Der Unterschied liegt eher in einem Zentrierungswechsel. Das, was für das Kind subjektiv bedeutsam ist, seien es nun konkrete Objekte, ideelle Werte, Freundschaftsbeziehungen oder das Wohnumfeld, wird als Umwelt bezeichnet.

Aus der Perspektive des Kindes gewinnt die *Umwelt* die Bedeutung des Erfahrungs- und Erprobungsraumes (GUKENBIEHL 1990). Die gegenständliche Welt und die räumliche Umgebung werden nicht in ihren physikalischen Dimensionen, sondern in ihren subjektiven Sinngebungen erfahren. LEWIN spricht in diesem Zusammenhang von dem *Aufforderungscharakter* bzw. der *Valenz* räumlicher Gegebenheiten. *„Aufforderungscharaktere sind jene erlebten Umweltqualitäten, die uns in unserer Eigenschaft als handelnde Wesen zu bestimmten Handlungen auffordern"* (LEWIN 1926; zit. nach KRUSE/GRAUMANN 1978, 187). Das, was Kinder zu bestimmten Handlungen auffordert, liegt in der Umwelt selbst, ohne daß die Bindung solcher Qualitäten an eigene Bedürfnisse und Intentionen den Kindern bewußt wird. *„Die Korrelation zwischen Valenz der Umwelt und Motiviertheit des Subjekts wird als solche nicht erlebt, eher eine (phänomenale) ‚Kausalität' von außen nach innen (...): Bewußtsein ist nicht primär bei sich, sondern ‚bei den Dingen' (MERLEAU-PONTY), also auch ‚im' Raum"* (KRUSE/GRAUMANN 1978, 187).

Die Aneignung der Umwelt spielt in der Entwicklung des Kindes eine wesentliche Rolle. Kinder eignen sich ihre Umwelt über Bewegung und Spiel an; sie bauen so eine Beziehung zu ihr auf und verleihen ihr eine eigene Bedeutung. Durch die selbständige Bearbeitung und Nutzung werden Spielräume zu etwas Eigenem, einem Raum, der die Aktivitäten des Kindes widerspiegelt. In diesem Prozeß verändert sich nicht nur die Umwelt, sondern auch das Kind, das aktiv seine Fähigkeiten und sein Können erweitert und damit in seiner Entwicklung voranschreitet. *„In der aktiven Auseinandersetzung des Menschen mit seiner Umwelt sucht der Mensch, sie sich zu assimilieren, ihr seinen Stempel aufzudrücken, um sich in ihr wiederfinden zu können. Dadurch aber, daß der Mensch sich im Verhältnis zu seiner bestimmten Umwelt realisiert, verändert er sich selbst durch das, was er im Prozeß der Aneignung hervorbringt und „seine" Umwelt ihm abverlangt"* (GRAUMANN 1990, 128–129).

Umweltaneignung durch Kinder ist immer verbunden mit der Möglichkeit, etwas zu verändern oder umzufunktionalisieren, um spielerisch neue Bedeutungszusammenhänge zu entdecken. Dafür sind Räume notwendig, die zweckentfremdet werden können, Material zur Umgestaltung enthalten, Räume, in denen Kinder ihre Spuren hinterlassen, sich der Dinge bemächtigen und selbst tätig werden können. Phantasie, Neugier und Kreativität bleiben nur dann erhalten, wenn Kinder die Räume nach ihrem Muster entdecken und erkunden und ihnen einen neuen Sinn, unabhängig von den bisherigen Funktionszuschreibungen geben können (vergl. ZIMMER 1993a). *„Das Spiel im auf diese Weise neu ge-*

wonnenen Raum hat eine eigene Erlebnisqualität: Nichts ist vorgegeben, nichts vorher-bestimmt, jede Spielidee wird neu geschaffen, der Raum gehört demjenigen, der ihn aus-füllt mit Spiel und Bewegung" (ZIMMER 1993c, 5). Das Kind eignet sich seine Umwelt mit Hilfe seiner Sinne und seines Körpers an, quasi Schritt für Schritt ergreift es Besitz von der Welt, und indem es voranschreitet und die Welt erkundet, erwirbt es eine Repräsentation der Welt. Diese Entwicklungsprozesse sind von Orten abhängig, die dem Kind vielfältige Möglichkeiten bieten, multimodale Erkundungserfahrungen zu machen und seinen Handlungsspielraum zu erweitern.

Die ökologische Perspektive untersucht nicht nur die Bedeutung und die Wirkung von Bewegung und Spiel für die Entwicklung des Kindes, entscheidend ist die Einbettung der Betrachtung in ein komplexes System sich wechselseitig beeinflussender Faktoren. In der Absicht, einseitige Interpretationen des sozialräumlichen Verhaltens von Kindern zu vermeiden, differenziert FLADE (1993a) zwischen *pull-* und *push*-Faktoren: „pull" bedeutet Hinwendung, „push" meint Abstoßung. Die Welt der Kinder beinhaltet zahlreiche attraktive Aspekte, wie eine bespielbare Umwelt, Abenteuerspielplätze, aber auch die *neuen Spiele und Medien* (z. B. game-boy oder Videorecorder), die üblicherweise unter dem Stichwort *Mediatisierung der Kinderwelt* diskutiert werden[98]. Als push-Faktoren und damit negativ in ihren Auswirkungen auf kindliche Entwicklung bezeichnet FLADE (1993a, 37) Monotonie und Langeweile, fehlende Spielfreude, Verkehrsgefährdung, geringes Anregungspotential im Elternhaus. Entscheidend ist nun, daß die Bedingungen nicht einseitig bewertet, sondern in ihrer Wechselwirkung interpretiert werden müssen.

So untersucht ROGGE (1985) die Stile der Umweltwahrnehmungen von Kindern am Beispiel der Medienrezeption vor dem Hintergrund veränderter Erfahrungsräume, vor allem unter dem Aspekt des Verlustes an Körperlichkeit. In dem Maße, wie kindliche *Primärerfahrungen* in Handlungsräumen eingeschränkt werden, ist eine Umstrukturierung der Sinnlichkeit unumgänglich. Wir teilen die im Prinzip positive Einschätzung ROGGES zur Bedeutung der Medienwelt (1985, 92; 95), die darin liegt, daß Kinder mit Hilfe der visuellen Medien ihrem Bedürfnis nach Spannung und emotionaler Beteiligung nachgehen (können) und auf diese Weise einen Beitrag zur produktiven Realitätsverarbeitung leisten (vergl. HURRELMANN/ MÜRMANN/WISSINGER 1986). Dort, wo kein Freundeskreis zu gemeinsamer Aktivität einlädt und die Lebenswelt des Kindes dessen Erkundungshandlungen einschränkt, entwickeln die Medien ihre Anziehungskraft (pull-Faktor). Das Kind kann am Spielecomputer Räume durchstreifen und findet im Fernsehangebot Themenstellungen, von denen es angesprochen wird: *gemeinsam sind wir stark, Umgang mit Risikoverhalten und mit der Angst, groß und stark werden, die Rolle als Junge oder Mädchen, Erwachsenwerden* (siehe KÜBLER 1993, 89–90), wie wir sie oben mit Bezug auf ERIKSON als motopädagogisch-praktische Bearbeitungen von Entwicklungsaufgaben beschrieben haben. Besser ist jedoch eine direkte, primäre Erfahrung.

Primärerfahrungen sind an Orte gebunden, die für Kinder Spielraum im doppelten Sinne bedeuten. Orte sind objektiv bestimmbar, dann ist Spielraum ein Sammelbegriff für konkrete Flächen, Ecken, Nischen, Areale und Plätze, die sich für das Spiel der Kinder eignen

---

[98] In der Übersicht siehe KÜBLER (1993).

oder sogar reserviert sind. Subjektiv bestimmt werden Orte zur Lebenswelt: „*Spielraum, Spielräume im übertragenen Sinn, als ideelle Räume für Einzelaktivitäten, ohne fremdgesetzte (Lern-) Ziele, ohne einschneidende Regelungen, mit wenig Verboten: Handlungs- und Entfaltungsspielräume, in denen sich eigene Interessen konkretisieren können. Dazu reichen Spielflächen und Spielzeug allein nicht aus – dies ist eben eine Frage, wieviel ‚Freiheiten‘ Erwachsene Kindern, da und dort, zeitweise, nicht immer und überall lassen*" (Pädagogische Aktion 1988, 14).

Kinder lieben Räume, die spontan zum Handeln auffordern, in denen sie nach eigenen Vorstellungen schalten und walten können. Deshalb favorisieren sie funktionsdiffuse Orte wie Dachböden, Höfe, Brachflächen, Baustellen etc. Doch haben sich die klassischen Nutzungsräume der Kinder gewandelt. *Zwischenbereiche*, wie Hinterhöfe, die einen idealen Tummelplatz für kleine Kinder darstellen, da sie einerseits als halböffentliche Räume der Expansionslust der Kinder Raum geben und andererseits die schnelle Rückzugsmöglichkeit in den Intimbereich der Wohnung sichern, werden als Parkraum genutzt oder verschwinden völlig. Verschwinden die Räume mit ihren bewegungsbezogenen Nutzungsmöglichkeiten des Hüpfens, Rutschens, Kletterns, Murmel-, Ball-, Versteck- und Rollenspielens, des Malens und Spiels mit Wasser, verschwinden auch die Spiele (ENGELBRECHT 1987; HOETZEL 1987).

Die kindliche Lebenswelt trägt heute das Merkmal der *Verhäuslichung*. Die jüngste Kindergeneration spielt eher im *sicheren* Privatbereich der Wohnung, eher allein als mit anderen, eher mit technisiertem und fertig entwickeltem Spielzeug, eher mit Dingen als mit Menschen. Es besteht kein Mangel, sondern ein Überfluß an Spielsachen, was häufig zu Sättigung und Langeweile führt. „*Heutige Kinder sind schon im frühen Alter damit beschäftigt, ihr zukunftiges Leben vorzubereiten (…). Vom didaktischen Spielmaterial (möglichst aus Naturholz) über die Wahl des richtigen Kindergartens und der Freunde bis zur wohlbedachten Einrichtung des Kinderzimmers ist die Umwelt für die Kinder durchorganisiert*" (MUTSCHLER 1986, 37).

Die Monokultur unserer Innenstädte, Häuser und Wohnungen mit ihrer zunehmend autogerechten Siedlungsstruktur und ihrer Spezialisierung der Räume auf eine vorherrschende Tätigkeit verlangt, daß Kinder sich in ihnen nicht frei in der Vielfalt ihrer Erlebnis-, Erfahrungs- und Lernbedürfnisse bewegen können, sondern sich der Funktion des Raumes entsprechend verhalten müssen. Diese Disziplinierung durch Räume wird verstärkt durch die generelle Beschränkung auf das Haus und allenfalls – falls vorhanden – auf den Garten. Die Einbindung in lokale Lebenszusammenhänge wird somit relativiert. Möglichkeiten der *Straßensozialisation* (ZINNECKER 1979) werden immer mehr beschnitten. „*Aus einst ‚frei‘ beweglichen Kindern sind seit dem Verlust der Straße als Spielraum transportbedürftige Kinder geworden, denen ohne fremde Hilfe der Zugang zu vielerlei Freizeiträumen versperrt ist, und für die überdies nach dem Verlust des Stücks ihrer Beweglichkeit mehr und mehr „Bewegungsprogramme" entwickelt werden müssen*" (BÜCHNER 1985, 435).

Diese Zusammenhänge hat vor allem ZEIHER (1983) mit ihrem Konzept des *verinselten Lebensraumes* anschaulich verdeutlicht. Sie geht davon aus, daß sich die Entwicklung des

Kindes im Zuge der Aneignung der räumlichen Umwelt bis weit in die sechziger Jahre hinein räumlich-einheitlich in sich allmählich erweiternden konzentrischen Kreisen vollzog, d. h. das Kind erweiterte mit zunehmendem Alter seinen Lebensraum, zunächst von der Wohnung aus, über das Haus und die Zwischenbereiche in die nähere und weitere Umgebung hinaus.

> *„Dieses Modell eines einheitlichen Lebensraumes setzt voraus, daß aller Raum multifunktional nutzbar ist, beziehungsweise, daß alle Funktionstrennungen gleichmäßig gestreut und so dicht im Raum verteilt sind, daß im Prinzip um jede Wohnung herum ein Segment herausgeschnitten werden kann, in dem alles Tun seinen Ort finden kann"* (ZEIHER 1983, 187).

Durch die Funktionsspezialisierung von Räumlichkeiten (Spielplätze, reine Wohnsiedlungen) hat sich die Raumaneignung der Kinder seit den siebziger Jahren stark verändert und gestaltet sich heute als *verinselter Lebensraum*.

> *„Der Lebensraum ist nicht einer der realen räumlichen Welt, sondern besteht aus einzelnen separaten Stücken, die wie Inseln verstreut in einem größer gewordenen Gesamtraum liegen, der als Ganzer unbekannt oder zumindest bedeutungslos ist (…). Die Aneignung der Rauminseln geschieht nicht in einer räumlichen Ordnung, etwa als allmähliches Erweitern des Nahraums, sondern unabhängig von der realen Lage der Inseln im Gesamtraum und unabhängig von ihrer Entfernung"* (ZEIHER 1983, 187).

Die Distanzen zwischen den einzelnen Bereichen vergrößern sich, stark befahrene Straßen bilden Hindernisse und werden für Kinder immer schwerer überbrückbar. Kinder werden aufgrund der räumlichen Entfernungen transportbedürftig, wodurch ihnen kindliche Formen der Raumerschließung verlorengehen. Diese erfolgt nicht in *„zunehmend komplexerer, wechselseitiger Aktivität"*, sondern abrupt, quasi zeitlos; die ökologischen Übergänge sind für die Kinder kaum noch erfahrbar (BRONFENBRENNER 1992, 143). Der Verlust der Straße als gemeinschaftlicher Spielraum schränkt die Möglichkeiten zur Bildung von Freundschaftsbeziehungen zwischen Gleichaltrigen stark ein. Haben die Kinder schon kaum noch Geschwister, so finden sie jetzt auch immer schwieriger Freunde.

Die Folgen der Verinselung sieht ZEIHER (1983, 188) in einer *Entsinnlichung des Lebensraumzusammenhangs*, da Räume nicht als sinnliche Einheit, sondern immer nur Teilräume erlebt werden. Die Kinder verlieren ihr Gefühl, in ihrer Straße, ihrem Wohnviertel *zu Hause* zu sein und sich an vertraute Orte zurückziehen zu können. Da sie die Entfernungen zwischen den Spielorten nicht mehr zu Fuß oder mit dem Fahrrad bewältigen, wird ihnen die Möglichkeit genommen, einen zusammenhängenden Plan ihres Wohngebietes (kognitive Landkarte) zu entwickeln; stattdessen repräsentieren sie nur noch verbindungslose Rauminseln (vergl. BOCHNIG 1993). Die durch Distanzen entstehenden Zwischenräume werden durch technische Medien (Telefon, Fernsehen) zeitlos überbrückt. Spontanes Handeln ist in einem verinselten Lebensraum durch die Notwendigkeit verstärkter Planung, durch eine Absprache mit anderen Personen, durch eine Zeitregelung nach Öffnungszeiten, Fahrplänen und Fahrzeiten erschwert, was für Kinder schon sehr früh eine „*Zeitplanung im objektiven Zeitsystem, Leben mit der Uhr und Terminkalender*" bedeutet (RABE-KLEBERG/ZEIHER 1984, 35). Die Herausforderungen moderner Kindheit sind ambivalent: Einerseits bedeuten sie Entsinnlichung und Rasterung der Handlungszeit, oft im akademischen 45- oder 90-Minutentakt von Kursanbietern wie Musikschulen, Volkshochschulen und (Sport-) Vereinen, andererseits enthält der historische Übergang vom einheitlichen zum verinselten Lebensraum „*ein Moment der Freisetzung des Individuums aus festen sozialen Einbindungen in einen Zustand mehr rational steuerbarer Verfügung über Bedingungen der eigenen Existenz*", verstanden als „*Zugewinn an individueller Autonomie*" (ZEIHER 1983, 188).

Bei genauer Betrachtung gilt der Zugewinn für immer weniger Kinder, denn immer mehr Kinder im Vorschulalter (10–20%) sind verhaltensauffällig (BARTH 1992; SCHMIDT 1992); dabei stehen Verhaltensweisen wie motorische Unruhe, ziellose Aktivität gepaart mit Impulsivität, manchmal auch Aggressivität im Vordergrund. Bei vielen Kindern besteht ein erhöhtes Risiko späteren Schulversagens (NICKEL 1990). In dem Maße, wie es um die schulische Karriere von Kindern geht, werden Eltern, Pädagogen, Psychologen und Therapeuten hellhörig und betreiben Ursachenforschung. Kindern wird in unserer heutigen Gesellschaft häufig ein bewegungsarmer Lebenstil aufgezwungen. Dazu tragen die Verplanung der kindlichen Freizeit wie die vermeintliche Abhängigkeit vom Auto ebenso bei, wie die inadäquate Infrastruktur der kindlichen Bewegungswelt. „*Sind gerade in den ersten Lebensjahren Bewegungserfahrungen eingeschränkt, fehlen dem Kinde wichtige Entwicklungsreize, ohne die es häufig zu Bewegungsunsicherheiten und manchmal auch zu -auffälligkeiten kommt*" (ZIMMER 1989a, 28).

Die sozialräumlichen Akzente des Ökologie-Konzepts sind geeignet, personenbezogene und umweltbezogene Aspekte in Einklang zu bringen. Es ist deutlich geworden, daß *Spielräume* zur Entwicklung einer Ortsidentität (Beziehung des Menschen zu seiner geographisch-physikalischen sowie sozialen Umwelt) als einem Teil der personalen Identität des Kindes beitragen. Die Bindung an bestimmte Orte entsteht durch Vertrautheit und Familiarität, deren Entwicklung auf den Faktor Zeit angewiesen ist, d. h. auf Gelegenheiten, sich ausreichend lange in einer bestimmten außerhäuslichen Umgebung aufzuhalten und sich diese handelnd anzueignen. Ortsidentität wird als eine wesentliche Sinndimension menschlicher Existenz betrachtet, die die Einmaligkeit und die Kompetenz des Individuums mitbestimmt (KELLER 1990; 1993b). In diesem Prozeß der Identifikation des Subjekts mit seiner Umwelt haben Aneignungsprozesse über Körper und Bewegung somit existentielle Bedeutung.

4.5 Zusammenfassung

Hatten wir eingangs die Motologie als entwicklungstheoriegeleitete Handlungswissenschaft mit Ausrichtung auf die Erforschung der dynamischen Person-Umwelt-Interaktionen definiert, so wurde in diesem Kapitel das Persönlichkeitskonstrukt in Abhängigkeit von Person- und Umweltmerkmalen diskutiert. Ausgehend von einer Klärung des Begriffes Persönlichkeit wurde die Theoriediskussion an den individuumszentrierten, biographischen Ansatz THOMAEs (1968; 1988) angelehnt. Dieser versucht die klassische Gegenüberstellung von nomothetischem und ideographischem Vorgehen in der Persönlichkeitsforschung aufzuheben. Die motologische Theorierezeption nimmt vor allem Bezug auf den zentralen Begriff der themenzentrierten Persönlichkeitsentwicklung, womit THOMAE die subjektiv-sinnhafte Entwicklungsgestaltung bei gleichzeitiger Berücksichtigung spezifischer Umweltsituationen versteht. Themen entsprechen einer subjektiven Motivstruktur, die das Handeln einer Person situativ bestimmt, die aber ohne die situativen Bedingungen selbst nicht zustande kommt. THOMAE geht bei seinem Persönlichkeitskonstrukt davon aus, daß kognitive, emotionale und soziale Aspekte eine Einheit bilden. Auch die Motologie sieht sich zunehmend vor die Aufgabe gestellt, die sozial-affektive Bedeutungsgebung des Entwicklungsgeschehens durch Bewegungshandlungen in ihr Theoriegebäude zu integrieren.

Die die subjektiv-emotionale Erlebnisqualität des Handelns betonende Sichtweise der kindlichen Entwicklung geht vor allem auf ERIKSON (1950) zurück. Dieser beschreibt die menschliche Entwicklung als Persönlichkeitsentwicklung mit dem Ziel der Bildung der eigenen Identität. Das Kapitel 4.2 evaluiert exemplarisch die drei ersten Phasen kindlicher Identitätsbildung in der Absicht, den körperbezogenen Beitrag zu einem Identitätskonzept herauszuarbeiten. Die moderne Entwicklungspsychologie hat die bei ERIKSON thematisierte Bedeutung von Krisen und typischen Lebensthematiken anerkannt, eine genetisch dominierte universelle Krisenabfolge innerhalb festgelegter Zeitraster – die nicht selten zur Diagnostik des Entwicklungsstandes von Kindern herangezogen wird – haben wir abgelehnt. Heuristisch ist die zentrale Stellung der Identitätsbildung als Stärke der Theorie auszumachen; kritisch wurde die Notwendigkeit verdeutlicht, den Identitätsbegriff um die spezifische Angebotsstruktur der Umwelt zu erweitern.

In Kapitel 4.3 wurde eine Abgrenzung und inhaltliche Klärung der Begriffe *Identität – Selbstkonzept – Körperkonzept* vorgenommen. Zunächst wurde das bei ERIKSON durchscheinende Bild der Einheitlichkeit und der Kontinuität der Identitätsbildung, das einer zeitgemäßen, inhärenten Entfaltungslogik von Entwicklungsprozessen entsprach, relativiert und durch die Vorstellung eines dynamischen Interaktionsgeschehens zwischen Person und (personaler) Umwelt ersetzt. Entsprechend wurde der Identitätsbegriff als Beziehungsbegriff ausgewiesen, der das Subjekt in Relation zu anderen Subjekten und zu den gesellschaftlichen Bedingungen betrachtet. Damit verbunden war eine Anmahnung erhöhter Verantwortlichkeit der einbindenden Kultur, was sich durch den veränderten Stellenwert sozialkultureller Aspekte im Entwicklungsgeschehen ergibt. Belegt wurde diese Sichtweise mit dem Bild des Fragmentarischen (LUTHER 1985), das eher die Labilität der Entwicklung der Person über die gesamte Lebensspanne verdeutlicht. Der Mensch ist danach ein responsives Wesen (GERGEN 1979), bei dem die Reliabilität persönlichkeitsbezogener Strukturen sich als lebenslanger Aushandlungsprozeß zwischen den beteiligten Personengruppen darstellt.

Die weiteren Überlegungen führten dazu, die *Körpererfahrung* (Körperkonzept) als Teilkonzept der Identitätsentwicklung auszuweisen (JORASCHKY 1986; PAULUS 1986). Persönlichkeitspsychologisch gesehen ist die Körpererfahrung im Rahmen eines hierarchischen Modells zu verstehen, bei dem auf der untersten Ebene einfache, vorreflexive Bewegungshandlungen anzusiedeln sind, die zunehmend an Komplexität gewinnen und dem handelnden Subjekt Informationen über die eigene Person und die personale und materiale Umwelt vermitteln. Diese Prozesse führen auf der obersten Hierarchieebene zu einem kognitiv und emotional repräsentierten Selbstsystem, der Identität. Um dies zu verdeutlichen, wurden die für die motologische Theoriekonstruktion wesentlichen Begriffe des *Körperschemas* und des *Körperbildes* systematisch diskutiert und der Begriffshierarchie zugeordnet. Als Ergebnis der Diskussion konnte in Anlehnung an EPSTEINS (1984) Realitätstheorie der Nachweis erbracht werden, daß Körpererfahrungen einen besonderen Beitrag zum Aufbau einer personalen Identität leisten, die sowohl Erfahrungsdaten über die eigene Person (Selbsttheorie) als auch über die Außenwelt (Umwelttheorie) beinhaltet. Damit wurde die Brücke zum ökologisch-systemischen Entwicklungskonzept geschlagen, das die Person-Umwelt-Bezüge zum Schwerpunkt der Betrachtungen macht.

Im Zuge der Konkretisierung einer ökologischen Orientierung in der Motologie (Kapitel 4.4) richteten sich die Theoriebezüge auf zwei Schwerpunkte ökopsychologischer Forschungstradition: die sozialen und die sozialräumlichen Aspekte der Person-Umwelt-Interaktion. Zunächst wurden die Grundlagen der ökologischen Entwicklungstheorie BRONFENBRENNERS (1979/1989) kritisch gesichtet und die aktuellen Theorieanpassungen (BRONFENBRENNER 1986a, b; 1989; 1990) vor allem unter der Fragestellung des Erkenntnisfortschritts des Ökologiebegriffs für die Erklärung des Entwicklungsgeschehens, ausgewiesen. Insbesondere die chronosystemischen Überlegungen sowie das Konzept der ökologischen Übergänge sind dazu geeignet zu verdeutlichen, daß Entwicklung des Kindes niemals im „Vakuum" stattfindet, sondern immer aus der Verflochtenheit personengebundener und kontextueller Variablen erklärt werden muß.

Die für das Kind wichtigsten Erfahrungsumwelten sind die Familie, die Welt der Gleichaltrigen sowie die Bewegungsumwelten. Die Diskussion richtete sich sowohl auf eine Klärung des Umweltbegriffes, der als persönlicher (= subjektiver) Ausschnitt einer als objektiv anzunehmenden (Außen-) Welt definiert wurde (BAHRDT 1974; FUHRER 1983b), als auch auf eine inhaltliche Bewertung des Entwicklungspotentials der unmittelbaren Lebensbereiche des Kindes. Die *Familie* stellt eine wesentliche kindliche Erfahrungswelt dar. Die Eltern als signifikante Personen liefern das Modell für die Kompetenzaneignung des Kindes und gemeinsame, bewegungsbezogene Handlungen gelten als Werkzeug im Prozeß der Selbstformung sowie der familialen Identifikation. Die Sozialkompetenz und die eigene Identität des Kindes wird vor allem durch die Qualität von Kinderfreundschaften gestärkt, die sich durch Spiel- und Bewegungssituationen in der *Gleichaltrigenwelt* realisieren. In Anlehnung an KRAPPMANN (1993) wurden die sozialen Aufgaben der Sozialwelt eruiert und der Beitrag motopädagogischer Gestaltungsprinzipien ausgewiesen. Abschließend wurden die Implikationen der veränderten *Kinderwelt* und die besondere Relevanz der Bewegung (swelten) für die kindliche Persönlichkeitsentwicklung evaluiert.

5 Integrative Perspektiven von Entwicklung und Erziehung

5.1 Metatheoretische Überlegungen zu den zugrundegelegten Konzepten

Die Komplexität der Entwicklungsphänomene macht es notwendig, verschiedene Entwicklungstheorien zur Erklärung heranzuziehen. Theorien haben einen begrenzten Aussagebereich; sie erlauben nur ausschnitthaft Einblick in das Ganze. Dieses haben wir mit der Begriffswahl der *Perspektive* verdeutlicht. Das Ganze ist die Persönlichkeitsentwicklung des Kindes über die Entwicklungsspanne. Die Motologie betrachtet kindliche Entwicklung aus der Perspektive der Bewegungsaktivität. Auch dieses ist nur ein Ausschnitt, allerdings ein wesentlicher, wie wir gezeigt haben, denn die Realitätserfassung über die tätige Auseinandersetzung mit der materialen und sozialen Umwelt ist das kindgerechteste Mittel. Entwicklung vollzieht sich auf diese Weise medial über die Bewegung*praxis*.

Alle modernen Theorien gehen davon aus, daß die Aneignung der Umwelt durch das Kind aufgrund subjektiver Strukturierungen erfolgt. Strukturen sind kognitive Konstrukte, die das Kind nicht durch Aufnahme von Informationen erwirbt, sondern im interaktiven Handeln erzeugt (SEILER 1991). Strukturbildung ist vor allem ein dynamischer Konstruktionsprozeß, der einer qualitativen Veränderung unterliegt und von der fundamentalen Bedeutung des Bewegungskonzepts ausgeht. Die Revisionsstudien der letzten Jahre (vergl. zur OEVESTE 1987) haben bereichsspezifische Anpassungen von PIAGETs Strukturkonzept hervorgebracht; dabei hat sich die Bewegung im Handlungskontext als entwicklungsgenerierendes Basiskonzept herauskristallisiert. *„Die Entwicklungspsychologen werden sich zunehmend der Tatsache bewußt, Kognition, Persönlichkeit und Wahrnehmung zu lange losgelöst vom bedeutsamem motorischen Verhalten betrachtet zu haben"* (MILLER 1993, 397).

PIAGET selbst hat in seinem Spätwerk eine Interessensverlagerung zum psychologischen Konstruktionsbegriff eingeleitet und den akkommodativen Prozessen in seinem Interaktionsmodell eine größere, entwicklungstragende Rolle eingeräumt. Biographieforschung im Dienste eines individuellen Interventionsinteresses hat er nie betrieben. Erst in der postpiagetschen Periode treten Fragen subjektiver Sinnkonstruktion infolge sozialer Handlungen stärker in den Vordergrund (SEILER 1991; EDELSTEIN 1993). Die strukturgenetische Sichtweise der 90er Jahre ist radikal verschieden von der piagetschen Tradition. Strukturen, die sich auf Bezugspersonen richten, werden sozialkognitive Kompetenzen genannt; sie verändern sich im Laufe der Zeit zu einem differenzierten sozialen Interaktionssystem. Zur Entwicklung braucht das Kind Sozialpartner, vor allem die Eltern, Geschwister und Gleichaltrigen (vergl. SEILER 1991, 117). EDELSTEIN (1993) vertritt ein sozialkonstruktivistisches Konzept in Anlehnung an BRONFENBRENNER. Er spricht von ökologischen Erfahrungsmustern, die die Individualität der kindlichen Identität erst hervortreten lassen[99]. War Erfahrung bei PIAGET noch ein rein individueller Prozeß, bei dem das Erkenntnissubjekt seine Aufmerksamkeit auf ein Objekt richtete, so wird der Erfahrungsprozeß jetzt durch die Integration eines beteiligten oder anleitenden Partners (vergl. WYGOTSKIS Zone der proximalen Entwicklung) zu einem kollektiven Muster. Entsprechend gestaltet sich das Entwicklungsmodell heute als subjektiver Konstruktionsprozeß in der triadischen Struktur zwischen dem Kind und dessen sozialer und materialer Umwelt (CHAPMAN 1992; HOPPE-GRAFF 1993). Mit dem besonderen Akzent der Körper- und Bewegungsthematik ist dieses *„epistemische Dreieck"* auch für die Motologie grundlegend.

Aus den hier diskutierten entwicklungstheoretischen Perspektiven lassen sich drei Postulate bestimmen, die als *metatheoretische Orientierungen* für eine am Handlungskonstrukt orientierte motopädagogische Praxis gelten können:

- *Entwicklung als subjektive Sinn-Konstruktion*: Diese Orientierung akzentuiert die Perspektive des Kindes. Allen modernen Theorien über Entwicklung ist ein Bemühen um eine *„tragfähige Subjektkonstruktion"* zu attestieren (HURRELMANN/ MÜRMANN/WISSINGER 1986). Für das Kind sind die Objekte der Umwelt (Gegenstände, Personen, Handlungsräume) nicht per se relevant, sondern durch subjektiv erfahrbare Sinngebungen und Bedeutungsimplikationen.

- *Entwicklung als interaktiver Prozeß*: Die Annahme der Interaktion oder der Person-Umwelt-Beziehung ist eine Orientierung, die in ihrer weittragenden Bedeutung für die Gestaltung und wissenschaftliche Erforschung des Entwicklungs- und Erziehungsgeschehens erst in den letzten Jahren und allmählich Anerkennung findet. Mit Interaktion ist heute eine Position gekennzeichnet, die Umwelt nicht als Rahmen für individuelle Entwicklung beschreibt, sondern Person und Umwelt als komplementäres Konstrukt erachtet. Diese Perspektive ist erst durch die ökologisch-systemische Theorie präzisiert worden. Entsprechend kennzeichnet LANG (1988) diesen Perspektivenwechsel als Dezentrierung des Denkens von einem rein anthropozentrierten Menschenbild auf den Menschen *und* seine Umwelt als Analyse-Einheit. Den Erkenntniswandel verdeutlicht er mit dem Begriff der *kopernikanischen Wende*[100]. Danach dezentriert sich das wissenschaftliche und pädagogische Interesse *„auf jene Mensch-Umwelt-Gebilde, bei denen sich Impulse, die vom Individuum ausgehen, im Entwicklungspartner als Spuren niederschlagen, die sich später wieder geltend machen und über mehrere Hins und Hers verfolgt werden können"* (LANG 1988, 106).

Wir verstehen das Entwicklungsgeschehen als ökologisches Geschehen, und das bedeutet im Sinne LANGS, Entwicklung als ein *„Gebilde"* (System) von zwei Teilsystemen zu verstehen. Das Kind und seine Umwelt sind als *Entwicklungspartner* zu sehen; eine Entwicklungsförderung kann dann mit wechselnder Zentrierung bei beiden Partnern ansetzen und damit das Entwicklungsgeschehen insgesamt optimieren. Genau in diesem Sinne ist das Konzept der *„produktiven Realitätsverarbei-*

---

[99] Ein solches Persönlichkeitskonstrukt, bei dem die Identität des Kindes sich aus der Person-Umwelt-Interaktion konstruiert, haben wir in Kapitel 4.3 dargestellt.

[100] Diese Analogie zur philosophischen Erkenntnistradition taucht erstmalig bei BULLENS (1982, 425) auf.

tung" zu verstehen (siehe Kap. 4.3), das Persönlichkeitsentwicklung des Kindes im Schnittpunkt von innerer (= subjektiver) und äußerer (= objektiver) Realität verortet. Innere und äußere Realität sind danach trennbare Analyseeinheiten, die aber nur in ihrem handlungsvermittelten Zusammenwirken – als Einheit – Persönlichkeitsentwicklung bewirken. Diese wird verstanden *„als die individuelle, in Interaktion und Kommunikation mit Dingen und mit Menschen erworbene Organisation von Merkmalen, Eigenschaften, Einstellungen, Handlungskompetenzen und Selbstwahrnehmungen eines Menschen auf der Basis der natürlichen Anlagen und als Ergebnis der Bewältigung von Entwicklungs- und Lebensaufgaben zu jedem Zeitpunkt der Lebensgeschichte"* (HURRELMANN/MÜRMANN/WISSINGER 1986, 98). Damit ist die dritte metatheoretische Orientierung angesprochen.

- *Entwicklung als dynamischer, lebenslanger Prozeß*: Kindliche Entwicklung erfolgt nicht als geradliniger, endogen oder exogen vorbestimmter Prozeß, sondern ist in einem hohen Maße von den Aushandlungsprozessen im epistemischen Dreieck abhängig. Die Entwicklung des Kindes ist prinzipiell als selbstgestalteter Prozeß zu konzipieren (1. metatheoretische Orientierung), in dem sich das Kind zunehmend seiner eigenen Gestaltungsmöglichkeiten bewußt wird. Der interaktive Charakter der Realitätskonstruktion (2. metatheoretische Orientierung) zwingt zu einer offenen Vorannahme des Entwicklungsverlaufes, der von den jeweils vorgefundenen und aufgesuchten ökologischen Übergängen abhängt. Wir formulieren in Anlehnung an GEULEN (1987; 1991) eine Vorstellung von Entwicklung als *Modell von Weichenstellungen*, das von der Tatsache ausgeht, daß Kinder in ihrem Entwicklungsverlauf auf zahlreiche kulturell bedingte Handlungs- und Entscheidungsalternativen treffen, die den Entwicklungsverlauf problematisieren und individualisieren. Gemeint sind hier – ganz im Sinne GIBSONS und BRONFENBRENNERS – Angebote (affordances) für die Ausübung bestimmter Aktivitäten, die von den Kindern entsprechend ihrem jeweiligen Entwicklungsstand wahrgenommen werden können (LEYENDECKER 1989; ENGELBERT/HERLTH 1993). Das Ergebnis der Entwicklung sind die Handlungskompetenzen, die sich immer aus der Wechselwirkung zwischen persönlichen und kontextuellen Faktoren ergeben. Hieraus erwächst die Verantwortung der Erziehenden, bei der Passung von subjektiven und objektiven Strukturierungen behilflich zu sein. Dieses erfolgt über *Entwicklungsaufgaben*.

Das Konzept der Entwicklungsaufgaben wird üblicherweise ausschnitthaft in der Tradition der Konfliktbewältigung mit der Zielrichtung der Identitätsbildung akzentuiert[101]. Darüber hinaus hat es eine viel grundsätzlichere Bedeutung als Brückenschlag zwischen Entwicklung und Erziehung. Wir möchten hier in Anlehnung an OERTER (1978; 1986; 1987a, b), DREHER/DREHER (1985) und FLAMMER (1993) eine Konzepterweiterung verdeutlichen, die in der Motopädagogik die Funktion einer theoretischen Leitperspektive für Praxisentscheidungen erhält. Der Begriff der Entwicklungsaufgabe geht auf HAVIGHURST (1948; 1956) zurück. Dieser versteht darunter

---

[101] Siehe die motopädagogische Konzeption der Bewältigung psychosozialer Konflikte in der Theorietradition ERIKSONS in Kapitel 4.2; siehe auch HÖLTER/DENZER/HAMMER (1989).

„eine Aufgabe, die sich in einer bestimmten Lebensperiode des Individuums stellt. Ihre erfolgreiche Bewältigung führt zu Glück und Erfolg, während Versagen das Individuum unglücklich macht, auf Ablehnung durch die Gesellschaft stößt und zu Schwierigkeiten bei der Bewältigung späterer Aufgaben führt" (zit. n. OERTER 1987b, 119).

Die Entwicklungsaufgabe ist ein hilfreiches Konstrukt und steht für jene Anforderungsstruktur, die sich dem Individuum im Laufe der Entwicklung und Lebensbewältigung stellt (DREHER/DREHER 1985, 30). Dabei sind drei Konzeptannahmen entscheidend für die Begründung einer motopädagogischen Arbeit mit Kindern:

- Die Weiterentwicklung eines Kindes basiert auf dem aktuellen Entwicklungsstand, bezieht also individuelle Könnens- und Problemlagen als Voraussetzung ein.
- Entwicklungsfortschritt entsteht aus der Vermittlung (Bewältigung) zwischen individuellen Zielsetzungen und kulturellen Anforderungen.
- Dem Kind wird eine aktive Rolle in diesem Prozeß der Aufgaben- oder Problembewältigung zugeschrieben. Es kann über die (bewußte) Realisierung von Zielen über Handlung Einfluß auf die eigene Entwicklung nehmen. In Problemlagen hilft der kompetente Partner bzw. das soziale Stützsystem.

Diese Weiterentwicklung des Konzeptes geht originär auf OERTER zurück, für den Entwicklungsaufgaben *„Scharnierstellen"* zwischen Individuum und Umwelt darstellen (FLAMMER 1993, 120). Dem Kind wird ein größerer Entscheidungsspielraum eingeräumt, es orientiert sich situativ an normativen Gegebenheiten, und ganz im Sinne der Bedeutungskonstruktion PIAGETS ist die Entscheidung oder die konkrete Handlung eine Verrechnung eigener Ziele mit den situativen Gegebenheiten.

„Der Vorteil des Konzeptes der Entwicklungsaufgabe liegt darin, pädagogische Zielsetzungen auszumachen, ohne in Spekulationen über Wertgeltungen verfallen zu müssen. Es gibt Aufgaben, die das sich entwickelnde Individuum vorfindet, modifiziert und in etwas Individuelles umformt. Dieser Umformungsvorgang kann sich von konventionellen Entwicklungsnormen mehr oder minder weit entfernen, stellt jedoch immer einen Balanceakt zwischen individueller Lebenslage und Sozialisationsdruck dar. Erziehung bzw. Intervention kann nun in reflexiver Auseinandersetzung mit diesem (dialektischen) Verhältnis tätig werden" (OERTER 1987a, 13).

Während die frühere Forschung stark daran interessiert war, gesellschaftlich vorgegebene Aufgabentaxonomien zu erstellen und das individuelle Bewältigungshandeln danach auszurichten[102], ist das wissenschaftliche und das pädagogische Interesse an der Thematik heute anders ausgerichtet. Es steht stärker der Gesamtkomplex zur Diskussion, etwa die Fragestellung, welche persönlichen Voraussetzungen und situativen Arrangements notwendig sind, um eine (selbst) gestellte Aufgabe zu bewältigen. Ein erheblicher Forschungsbedarf besteht nach wie vor in der Bestimmung ökologisch relevanter Entwicklungsaufgaben im Kindesalter. Die Forschung konzentriert sich in der Regel auf das

---

[102] Siehe FLAMMER (1993): Entwicklungsaufgaben als gesellschaftliche Eintrittskarten.

Jugendalter (DREHER/DREHER 1985; SILBEREISEN 1986) oder das Erwachsenen- bzw. Seniorenalter (THOMAE 1988). Hilfreich ist dabei die Einteilung BRONFENBRENNERS in normative und nonnormative ökologische Übergänge, die wir in Kapitel 4.4 beschrieben haben. Es handelt sich hierbei um die persönliche Aufgabensequenz, die die Biographie eines Kindes repräsentiert und sich sowohl aus den inneren Befürfnissen als auch aus den äußeren Erwartungen speist. Von der Forschung zu definieren wären die konkreten Handlungszusammenhänge und Handlungsgegenstände, in denen bzw. mit Hilfe derer die beteiligten Personen die entwicklungsrelevanten Übergänge realisieren. Als Übergänge sind im motopädagogischen Sinne sowohl lebensthematische Zentrierungen interessant, die sich über Bewegung bewältigen lassen (Kap. 4.2; DENZER 1992; FÄRBER 1992; HAMMER 1992), als auch die normativen Übergänge von der Familie zum Elementarbereich sowie vom Elementar- zum Primarbereich und die damit verbundenen jeweiligen spezifischen Herausforderungen und Aufgabenstellungen.

5.2 Handeln – Sprechen – Schreiben: Die entwicklungslogische Ereignisfolge des Schriftsprachenerwerbs als motologisches Forschungsthema

Der Übergang vom Kindergarten zur Grundschule ist für Kinder ein entwicklungsrelevantes Ereignis. Während das Vorschulkind die Realität aufgrund handlungsbezogener, konkreter Erfahrungen erfaßt, stellen die neuen Herausforderungen – etwa der Erwerb der Kulturtechnik Schreiben – einen Prozeß dar, der mit Veränderungen der kognitiven Repräsentationsfähigkeit einhergeht. Die Bewältigung der Aufgabenstellung gelingt nur als Passung zwischen den Möglichkeiten des Kindes und der Angebotsstruktur des Unterrichts. Wir haben eingangs die Motologie als entwicklungstheoriegeleitete Handlungswissenschaft mit Ausrichtung auf die Erforschung der dynamischen Person-Umwelt-Interaktionen bezeichnet. Als solche richtet sie ihr Interesse nicht nur auf Bewegungshandlungen im frühen Kindesalter, die spätere sportmotorische Aktivitäten vorbereiten; der finale Bezug der Persönlichkeitsentwicklung impliziert eine weite Begriffsfassung der bewegungsbezogenen Handlungsthematik: Es gilt diejenigen handlungsbezogenen Teilprozesse zu identifizieren, die Kinder für ihre aktuellen und späteren Lebensaufgaben qualifizieren. Dazu gehört auch die Erfassung der Theorie-Praxis-Bezüge im Bereich der Graphomotorik[103].

---

[103] Unsere Forschungen sind eingebettet in den größeren Zusammenhang des vom Hessischen Kultusminister geförderten Modellschulversuches *„Motopädagogische Betreuung bewegungsbeeinträchtigter Schüler – Angewandte Motologie in der Schule"*, der unter der Leitung von Prof. Dr. F. SCHILLING seit Beginn des Schuljahres 1989/1990 über einen Zeitraum von fünf Jahren an drei Marburger Schulen durchgeführt wird. Über Konzeption und erste Ergebnisse wurde mehrfach berichtet, etwa SCHILLING (1990b); FISCHER (1990). Wichtige Zwischenergebnisse und theoretische Erkenntnisse wurden u. a. von SCHILLING auf der Fachtagung *„Integration durch Sport"* des Hessischen Kultusministeriums in Zusammenarbeit mit der Sportjugend Hessen anläßlich des Hessentages am 19. Juni 1991 in Lorsch (siehe SCHILLING 1992a), von SEIFFERT aus Anlaß des *„Expertengespräches: Interdisziplinär-integrative Sportdidaktik für den Elementar- und Primarbereich"* vom 9.–12. September 1991 in Münsbach/Luxemburg (siehe SEIFFERT 1993) sowie von FISCHER (1992a) und SCHILLING (1992b; 1992c) auf der Fachtagung *„Psychomotorik und Schule"* vom 25.–27. September 1992 in Marburg vorgestellt (siehe Abschlußbericht des Schulversuches; SCHILLING 1994).

Wenn Kinder mit etwa sechs Jahren in die Schule eintreten, bringen sie vielseitige Lebenserfahrungen mit, die sie in vielen Handlungssituationen erworben haben. Nun werden sie die Erfahrung machen, daß die Schule andersartige Anforderungen an sie stellt. Sie erleben, daß das gewohnte, freizügige Sprechen in Bahnen gelenkt wird, Form erhält und mit Hilfe eines komplizierten Zeichensystems (dem Alphabet) eine von der aktuellen Sprechsituation loslösbare Umwandlung der Kommunikation erfährt. Genau dieses ist die Hauptfunktion der Schrift, des Schreibens. Die Hauptproblematik für Kinder beim Erlernen der Schrift liegt in der Umsetzung von gehörter Sprache in graphische Zeichen (MAI 1991, 16). Da die Sprache in der Entwicklung des Kindes bereits die abstrahierte Form konkret erfahrener (Handlungs-) Ereignisse darstellt, könnte man bei der Schrift von einer doppelt abstrahierten Kommunikationsform sprechen.

Der Schreiberwerbsprozeß stellt zusammen mit dem Leselernprozeß eine komplizierte Entwicklungsabfolge dar, die sehr stark auf kognitiven Prozessen beruht. Bei genauer Analyse läßt sich die Schreibhandlung als eine komplexe psychomotorische Leistung auflösen, die an mehrdimensionale Entwicklungsvoraussetzungen gebunden ist (vergl. SCHILLING 1990c). Dabei spielen Optimierungsprozesse der feinmotorischen Bewegungsabläufe, die die Geschwindigkeit und Ausdauer des Schreibens zum Ziel haben (vergl. MAI 1991), eine ebenso bedeutsame Rolle, wie Aspekte der Raumgestaltung und Figur-Grund-Wahrnehmung, der Formgebung, der Einhaltung der Schreibrichtung sowie der bedeutungsgetreuen Sprachabbildung.

In unserer Analyse richten wir das Augenmerk auf einige Teilfragen, deren Beantwortung Licht in die undurchsichtige Komplexität des Erwerbs der geschriebenen Sprache bringen soll; dieses vor allem in der Perspektive der kindlichen Entwicklungsförderung. Es sind vor allem folgende Fragen, die uns interessieren:

- Welche cerebralen Prozesse liegen der Sprachverarbeitung zugrunde?
- Wie lassen sich diese Funktionen in einem phylogenetisch orientierten Konzept mit einem Erklärungswert für die Aktualgenese des Kindes aufeinander beziehen?
- Gibt es strukturelle Zusammenhänge zwischen den Modalitäten der Schriftsprache und der Hirnstruktur?
- Welche praktischen Konsequenzen für eine graphomotorische Entwicklungsförderung lassen sich aus den theoretischen Erkenntnissen ableiten?

5.2.1 Die cerebralen Prozesse der Sprachverarbeitung

Die neuronalen Verarbeitungsmodalitäten von Leistungen wie Sprechen, Schreiben, Rechnen, Orientierung im Raum oder Ausführung einer Bewegungshandlung unterliegen

---

Der Arbeitsschwerpunkt „Graphomotorik" stellt einen Teilbereich der wissenschaftlichen Begleitforschung des Modellversuches dar. Verwiesen sei diesbezüglich auf das Schwerpunktheft *„Thema: Händigkeit"* der Zeitschrift *Motorik,* 15 (1992), Heft 3.

Teile der von uns hier dargestellten Forschungserkenntnisse wurden der Redaktion der Zeitschrift Kindheit und Entwicklung zur Veröffentlichung eingereicht und angenommen (siehe FISCHER/WENDLER 1994). Die Darstellungen des Co-Autors zur Evaluation diagnostischer Verfahren bilden einen eigenen Schwerpunkt und werden hier nicht berücksichtigt (siehe auch Anmerkung 105).

einer derartigen Komplexität, daß es eines interdisziplinären Zugangs bedarf, um die zugrundeliegenden Prozesse zu erklären. Die neurowissenschaftliche Forschung beginnt, die strukturellen Zusammenhänge offenzulegen und nimmt Einfluß auf die therapeutische und pädagogische Praxis.

Die Entstehung der Sprache, der Wahrnehmungsfunktionen und der manuellen Funktionsspezialisierung (Händigkeit) ist nur als komplexer Entwicklungsvorgang des gesamten Gehirns zu verstehen. Während man bis weit in unser Jahrhundert hinein (zuerst bei DAX 1836; publiziert 1865; BROCA 1881) noch von einer Theorie der strengen Hirnlokalisation aller höheren Funktionen in einer, d. h. der Gebrauchshand gegenüber liegenden Hemisphäre, ausging, ist heute die komplementäre Funktionsweise von linkem und rechtem Gehirn bei der Organisation intellektueller Leistungen (SPRINGER/DEUTSCH 1987) allgemein akzeptiert. Danach ist das Gehirn in bezug auf bestimmte Funktionen lateralisiert. Die linkshemisphärische Spezialisierung (beim Rechtshänder) ist nicht auf die Sprache beschränkt. Die linke Hemisphäre scheint auch spezialisiert zu sein auf die Führung der dominanten Hand, wenn es sich um feinmotorische Zielbewegungen und feedbackorientierte Bewegungsequenzen handelt. Das Gemeinsame beider Funktionen, insbesondere auch der Sprache in ihrer gesprochenen Form (Artikulationsmotorik), scheint eine ursprüngliche Spezialisierung für sequentielle Informationsverarbeitung und zeitliche Programmierung zu sein (vergl. CORBALLIS 1983, 46). Demgegenüber ist die rechte Hemisphäre dann überlegen, wenn es sich um Anforderungen im Bereich der räumlichen Wahrnehmung und der Orientierung handelt (siehe *Abb. 11*).

Die Lateralisation von Hirnfunktionen organisiert sich jedoch nicht nach dem Alles-oder-Nichts-Prinzip, sondern hauptsächlich komplementär im Sinne einer relativen Zuständigkeit der Hirnhemisphären an einem zentralen Gesamtkonzept. Wie ist das zu verstehen? Hinter der Aussage verbergen sich zwei – nur scheinbar widersprüchliche – Funktionsweisen des Organismus. Zum einen ist es das Organisationsprinzip der *Plastizität.* Es beinhaltet die Erkenntnis, daß das Gehirn eben nicht alle Funktionen streng lokalisiert. Das Gehirn legt quasi ein Duplikat aller wichtigen Lernleistungen (auch Afferenzen der verschiedenen sensorischen Informationen) in der jeweiligen kontralateralen Hemisphäre an. Der notwendige Informationsaustausch erfolgt über den Balken (Corpus callosum). Dieses Prinzip ist biologisch sinnvoll, bietet es doch einer potentiellen Hirnschädigung eine möglichst unspezifische Angriffsfläche. Genauso biologisch sinnvoll ist die *Funktionsspezialisierung*, da nicht alle neuronalen Areale gleichermaßen für die Steuerung aller höheren Funktionen zuständig sein können. In Streßsituationen käme es dann zu Konflikten (z. B. zu neuronalen Übergriffen auf die Steuerzentren der anderen Hemisphäre etwa bei Epilepsie). Die Lösung des Organismus ist die Organisationsform einer zunehmenden funktionalen Spezialisierung, die sich sowohl zentral als auch peripher ausweist. Diese Funktionsspezialisierung ist aber nur in einem „relativen Sinn" (vergl. JUNG 1992, 206) zu verstehen, da die Steuerung solch komplexer Leistungen wie Sprache, Rechnen, Orientierung im Raum, Schreiben und Lesen oder die Ausführung einer sportlichen Bewegungshandlung immer das Zusammenwirken großer Neuronenverbände (einige 100 000) erfordert, die auch über das gesamte Gehirn verteilt sind: Man spricht dann von „neuronalen Netzwerken" (ALKON 1989). Das Entscheidende ist, daß sich diese Netz-

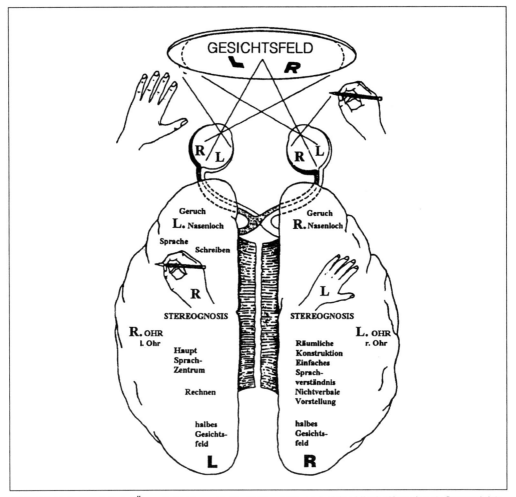

Abb. 11: Schematisierte Übersicht über die Funktionsteilung beider Hirnhälften (nach SPERRY) (siehe WACHTEL/JENDRUSCH 1990).

werkkonstellationen je nach Anforderungsprofil der Aufgabe und Entwicklungsgrad des Organismus, nach den relativen Dominanzbildungen (= Spezialisierungen) der beiden Hemisphären ausrichten.

Um die komplementäre Zusammenarbeit aller Hirnregionen bei der Kontrolle komplexer Leistungen wie der Sprache zu verstehen, wird in manchen Ansätzen der Begriff der zerebralen Spezialisierung vermieden und durch das Modell der cerebralen Metakontrolle ersetzt (vergl. DUNN/REDDIX/DUNN 1993); dieses vor allem, um die Funktionsweise des Gehirns in Form von komplexen Ganzheiten zu verdeutlichen. Das Modell beruht auf den ursprünglichen Erkenntnissen von LEVY und TREVARTHEN (1976), wonach *die wesentlichen Merkmale der beiden Hirnhälften möglicherweise nicht darin bestehen, daß die eine auf Sinneswahrnehmungen, die andere auf sprachliche Information spezialisiert wäre* (DUNN/REDDIX/DUNN 1993, 73). Vielmehr besteht der Unterschied in der amodalen Spezialisierung auf die Art der Informationsverarbeitung. Danach habe die Sprache deshalb ihren Hauptsitz in der linken Hemisphäre, weil diese über einen linearen, schrittweisen Stil der Verabeitung von Wörtern und Sätzen verfüge, während die rechte Hemisphäre eher Form- und Bildgestalten in einem parallelen Verarbeitungsstil beisteuere (vergl. DUNN/REDDIX/DUNN 1993, 73).

5.2.2 Schriftsprache und Hirnstruktur

Sprache, Wahrnehmung und Feinmotorik verfügen offensichtlich über qualitative Gemeinsamkeiten im Sinne der oben beschriebenen Komplemente, die sich weniger in ihren Formen der Äußerung als in den zentralen (= cerebralen) Strukturen festmachen lassen. Ein vermittelndes Element ist der Schriftsprachenerwerb, den wir in einem phylogenetisch wie historisch orientierten Erklärungskonzept mit einem Erklärungswert für die individuelle (= aktuelle) Entwicklung des Kindes nachvollziehen wollen. Die Argumentationskette ist wie folgt: Ursprung der Hemisphärenlateralisation für Sprache und Händigkeit ist die Entwicklung manueller Fertigkeiten selbst. Am Anfang der Phylogenese stand die zunehmende Funktionsdifferenzierung der beiden Hände durch die Ausbildung einer bevorzugten Aktionshand und einer Hilfshand im Sinne von „holding and operating" (BRUNER 1968a, b) durch den veränderten Werkzeug- und Waffengebrauch des Urmenschen. Diese Funktionsdifferenzierung der Hände machte eine Umorganisation des „neuronalen Raumes" (FROST 1980) notwendig, und zwar in der Weise, daß jede Hand durch die kontralaterale Hemisphäre kontrolliert wird. Die zuständige Hirnhälfte für die Aktionshand entwickelte im Laufe der Zeit gegenüber der Schaltzentrale der Hilfshand zwangsläufig eine Spezialisierung für eine temporär präzise Handkontrolle. Damit war gleichzeitig der Grundbaustein für die Kontrolle der Sprache gelegt:

Unilaterale Kontrolle bilateral angelegter Muskulatur war genau das, was notwendig war zur Kontrolle des Sprechapparates. Die beidseitige Zuständigkeit der beim Sprechen notwendigen temporären Kontrolleistungen wäre vermutlich zu ineffizient gewesen und würde zudem zu Konflikten zwischen den Hemisphären führen (vergl. CORBALLIS 1983, 63). Entsprechend verlagerte sich das Steuerzentrum für Sprache in die Hemisphäre, die durch die Kontrollzuständigkeit der beiden Hände – der dominanten Hand – vorbelastet war (STUDDERT-KENNEDY 1980; zit. n. CORBALLIS 1983, 63). Damit sind in einem ersten Schritt die korrelativen Zusammenhänge zwischen der cerebralen Kontrolle manipulativer Fertigkeiten und der gesprochenen Sprache (Artikulationsmuskulatur) erklärbar.

Einen qualitativen Sprung in der cerebralen Repräsentation stellt der Erwerb der Schriftsprache dar. Während das Vorschulkind Lebenszusammenhänge aufgrund handlungsbezogener Erfahrungen begreift, stellt der Erwerb der Kulturtechniken (Schreiben, Lesen, Rechnen) in der Schule einen Prozeß der Dekontextualisierung und der Abstraktion dar (OERTER 1985, 208). Hier sichert die interdisziplinäre, vor allem neurowissenschaftliche Sprachforschung zunehmend Erkenntnisse über den Schriftsprachenerwerb in seiner reziproken Bedeutung für die cerebrale Repräsentation und Organisation. Dabei leisten auch die historischen Perspektiven zur Entstehung der Schriftsprachen einen interessanten Beitrag zum Verständnis der Repräsentationen kognitiver Leistungen.

Ein hervorragendes Beispiel der interdisziplinären Forschung stellt das Projekt von DE KERCKHOVE und LUMSDEN (1988a) dar. In ihrem Sammelband gehen sie vor allem der Kernhypothese nach, daß eine Schriftsprache im Sinne eines spezifischen Schreibsystems ein ebensolches spezifisches neuronales Antwortsystem in bezug auf die Strategie der Entzifferung bzw. des Lesevorganges erfordert (DE KERCKHOVE/LUMSDEN 1988b, 6). Dieses ist nur zu verstehen, wenn man annimmt oder akzeptiert, daß Sprache, vor allem Schriftsprache und Hirnorganisation, in einem wechselseitigen Abhängigkeitsverhältnis stehen. Diese Wechselwirkung wird zunehmend offensichtlich.

Beginnen wir mit einem interessanten Phänomen: Weniger als 10 von 200 historischen und modernen Schriften, die Zeichen für Silben oder Einzellaute entwickelt haben, werden von rechts nach links geschrieben, die anderen von links nach rechts (DE KERCKHOVE/LUMSDEN 1988b, 10). Die Eigentümlichkeiten *unserer* Schrift als Buchstabenschrift mit Konsonanten und Vokalen in ihrer Schreibrichtung von links nach rechts sind nicht zufällig, sondern spiegeln strukturelle Eigentümlichkeiten unserer gesprochenen Sprache wider. Diese haben ein Korrelat in der Hirnorganisation oder im Stil der sprachlichen Informationsverarbeitung. Nach HAVELOCK (1980, 91 ff.) sind alle Menschen „Oralisten" (= sprechorientiert). Das Alphabetentum als Verschriftlichung der oralen Kommunikationsform wurde durch kulturelle wie kognitive Einflüsse erreicht, die sich selbstverständlich wechselseitig bedingen. Dabei entsprach die erste Entwicklungsphase der Produktion von Bildern, später der Erfindung von Bildschriften zur Darstellung konkreter Erfahrungen.

Im Gegensatz zu diesen bildbezogenen (piktographischen oder logographischen) Schriften repräsentieren phonographische Schriften Silben oder einzelne Laute, d. h. die Schriften repräsentieren die der gesprochenen Sprache inhärenten linguistischen Strukturen (SKOYLES 1988). Hierbei sind kleine, aber entscheidende Feinheiten hervorzuheben.

Der entscheidende Schritt in der Entwicklung der Schriftsprache war die „Erfindung" der Vokale als sichtbare graphische Zeichen in der klassischen Hochkultur Griechenlands (ca. 1100–600 v. Chr.) (vergl. LAFONT 1988; DE KERCKHOVE/LUMSDEN 1988b, 9; HAVELOCK 1980). Die griechische Schrift entstand als „Adaptation" an das phönizische Alphabet infolge der Kommunikation verschiedener mediterraner Kulturen mit unterschiedlichen Schriften (Sumerisch, Ägyptisch). Nach JURDANT (1988, 382) war eine Variation zwangsläufig, da einige Konsonanten der semitischen Sprachen nicht in der griechischen Phonologie vorkamen. Die „frei gewordenen Zeichen" wurden dazu verwendet, Vokale zu repräsentieren, die ihrerseits zwar in der phönizischen Sprache vorkamen, aber nicht in dem rein konsonantischen Alphabet repräsentiert waren. Das Lesen semitischer Sprachen (Hebräisch, Arabisch) muß nach DE KERCKHOVE (1988, 404) als *kontextgebunden* bezeichnet werden. Aufgrund des Fehlens von Vokalen in der Schriftform muß der Leser aus seiner Erfahrung der gesprochenen Sprache die Vokale assoziieren. Die korrekte Entzifferung möglicher Silbenbedeutungen erfolgt also primär aus der Interpretation der kontextbezogenen Ordnung der Wörter und erst in zweiter Linie aus der sequentiellen Ordnung der Buchstaben.

Die neu entstandene und sich über Jahrhunderte entwickelnde griechische Schrift, die ihrerseits alle indoeuropäischen Alphabete beeinflußt hat, hatte einen entscheidenden Vorteil, entsprach sie doch in ihrer Repräsentation von Sprache der gleichen cerebralen

Anforderungsstruktur wie die Generierung von gesprochener Sprache selbst. Das heißt, durch einen vollständigen Zeichensatz, der alle Laute der Sprache (Vokale und Konsonanten) repräsentiert, ist es möglich, Silben als die natürlichen Einheiten der Sprache in sequentieller Form *graphisch* darzustellen und zu entziffern, was der gleichen cerebralen Verarbeitungsstrategie entspricht wie die Regelung der Artikulationsmuskulatur beim Sprechen.

Nach GRANT (1988, 269 ff.) und de KERCKHOVE (1988, 415) erfordern unterschiedliche Orthographien unterschiedliche Verteilungen in der kortikalen Informationsverarbeitung:

- Die Entzifferung aller Orthographien erfordert zwei fundamentale cerebrale Leistungen: Die Wiedererkennung der Buchstaben*form* und die Analyse der Buchstaben*folge,* die miteinander integriert werden müssen.
- Dabei ist die linke Hemisphäre der rechten in bezug auf die sequentielle Informationsverarbeitung überlegen, während die rechte gegenüber der linken in der Qualität und Geschwindigkeit der graphisch-räumlichen Diskrimination (z. B. Figur-Grund-Wahrnehmung) überwiegt.
- Forschungen über visuelle Halbfeldmessungen haben gezeigt (s. *Abb. 11*), daß die visuellen Afferenzen der rechten Hälften beider Augen von der kontralateralen linken Hemisphäre verarbeitet werden, während die rechte Hemisphäre für die jeweils linke Hälfte beider Augen zuständig ist (dieses gilt für Rechtshänder; vergl. auch WEBER 1989).

Aus den Eigentümlichkeiten der verschiedenen Orthographien und der Funktionsspezialisierungen der Hirnhemisphären läßt sich nun das oben beschriebene Phänomen der Schreibrichtung von Schriftsprachen erklären. Während semitische Schriften von rechts nach links geschrieben werden, ist die Schreibrichtung der indoeuropäischen Sprachen von links nach rechts. Das Abtasten der Zeile von links nach rechts (beim Lesen) entspricht viel besser der Verarbeitungsstrategie der linken Hemisphäre in bezug auf die Verarbeitungsgeschwindigkeit bei der Buchstabenintegration und der Wortsinnerfassung: Was links steht kommt eher in das Blickfeld des (peripheren Halbfeldes des) rechten Auges; Schreiben und Lesen nach rechts erlaubt also das Führen des rechten visuellen Feldes (GRANT 1988, 269). Umgekehrt entspricht die eher ganzheitliche Arbeitsweise bei der Erkennung der visuell-räumlichen Wortgestalt und die integrative Strategie der Kontextverarbeitung eher der Spezialisierung der rechten Hemisphäre, was dieser eine führende Rolle bei den neurophysiologischen Kontrolleistungen zuschreibt und eine Schreibrichtung der semitischen konsonantischen Orthographien nach links impliziert.

Die Besonderheit der indoeuropäischen Alphabete im Vergleich zu den semitischen Alphabeten liegt nun darin, daß sie ein visuelles Äquivalent der gesamten Sequenz der gesprochenen Sprache darstellen (OLSON 1988, 415) – dieses ist im Sinne der analogen, primär sequentiellen Verarbeitungsstrategie zu verstehen. Das Schreiben nach rechts und die sequentielle visuelle Kontrolleistung entsprechen dabei einer gemeinsamen Struktur, sind aber nicht als qualitative Höherbewertung gegenüber der kontextgebundenen Informationsverarbeitung zu interpretieren. Dabei ist das einzelne Kind immer vor die unabdingbare Aufgabe gestellt, die durch die jeweilige Sprachkultur festgelegten Spezifika der Kulturtechniken nachzuvollziehen. Im Einzelfall entsprechen diese – etwa die Schreibrichtung unserer Schriftsprache nach rechts – nicht der individuellen Disposition eines Kindes, lieber nach und mit links zu schreiben oder Buchstaben und Bilder spiegelbildlich wahrzunehmen (was auf eine seitenvertauschte cerebrale Organisation hinweist und), was zwangsläufig zu Problemen im Schreib- und Leselernprozeß führt.

5.2.3 Schriftsprache und graphomotorische Förderung

Was bedeuten diese Erkenntnisse für das einzelne Kind, das heute in der Grundschule Schreiben und Lesen lernt? Unabdingbare Voraussetzung für das Schreiben und Lesen sind Voraussetzungen, die das Kind lange vorher erwirbt. Am Anfang der Entwicklung steht die sensomotorische Erfahrung; durch Handeln differenziert das Kind zwischen Handlung und Handlungseffekt (= Sequenz und Konsequenz); in der Handlung erfährt es sich als Urheber der Aktivitäten (Subjekt), das sein Interesse auf Ziele und Objekte richtet. Das Vorschulalter ist das Alter des Sprechens und des Tuns. Rhythmisches Sprechen, Sprachspiele, auch Nachsprechen, beanspruchen dabei dieselbe cerebrale Anforderungsstruktur wie sie der Regelung der Handlungsabfolge und der Handlungslogik zugrunde liegt. In dieselbe Zeit fällt die Stabilisierung der Handpräferenz und Herausbildung der geschickteren Hand beim Kind (vergl. FISCHER 1992b; SCHILLING 1992d). Es ist wiederum nicht zufällig, daß dieses durch den konkreten Umgang mit vielfältigen Materialien und Gegenständen (= Handhabung/Handlung) erfolgt. Es wird nun verständlich, wie die cerebrale Nähe der Anforderungsstrukturen für die dominante (geschicktere) Hand und die Regelung des Sprechens zusammenhängen. Ein Kind, das genügend Zeit hatte, vielfältige (Bewegungs-) Erfahrungen zu machen und seine Erlebnisse sprachlich mitzuteilen, erwirbt alle Voraussetzungen, die für die Integrationsleistungen der graphischen Bewegungsabläufe und der Reproduktion der Buchstabenform im Lese-Schreib-Lernprozeß notwendig sind. (*Bewegungs-*) **Handeln, Sprechen, Schreiben** ist somit die entwicklungslogische Ereignisfolge, die bei allen Fördermaßnahmen schulischer Kulturtechniken eine Berücksichtigung finden muß.

Dabei ist das rechtshändige Kind im Vorteil, weil die bevorzugte Führung der rechten Hand der Schreib- und Leserichtung von links nach rechts in bezug auf die neuronalen Verarbeitungsstrategien entspricht. Für dieses rechtshändige Kind bleibt die sequentielle Informationsverarbeitung für alle Teilleistungen in der linken Hemisphäre vorherrschend. Dennoch kann auch das linkshändige Kind die Schreibweise unserer Schrift nach rechts realisieren, obwohl ihm eine Schreibrichtung nach links dispositionell eher entsprechen würde – in fast jeder Anfangsklasse gibt es Kinder, die spiegelbildlich zu schreiben versuchen. Entscheidend ist, ob bei diesen Kindern eine neuronale Funktionsspezialisierung im Sinne der oben beschriebenen komplementären cerebralen Arbeitsweise stattgefunden hat. Aufgrund der Plastizität unseres Gehirns ist das linkshändige Kind sehr wohl in der Lage, die durch die kulturellen Vorgaben unserer Schriftsprache notwendigen Anpassungen in der neuronalen Integration zu vollziehen.

Schwieriger haben es diejenigen Kinder, die durch ständigen Handwechsel signalisieren, daß das Prinzip der neuronalen Aufgabenteilung bei ihnen noch nicht hinreichend differenziert ist. Hier ist es entwicklungslogisch wie aus pädagogisch-therapeutischen Gründen geradezu notwendig, individualdiagnostisch die vermutlich dominante Hand festzulegen und auf die Einhaltung Wert zu legen (vergl. FISCHER 1992b; SCHILLING 1992d). Ist es die rechte Hand, kann im Anfangsunterricht auch die Schreibrichtung nach rechts geübt werden. Ist das Kind jedoch vermutlich linkshändig, wäre ein unmittelbares Schreibtraining (wegen der notwendigen Verpflichtung auf die Schreib- und Leserichtung nach rechts) geradezu kontraindiziert und für das Kind eine Überforderung. Deshalb empfiehlt SCHILLING (1983; 1990c) für alle Problemkinder oder auch generell für den Anfangsunterricht ein graphomotorisches Vorprogramm mit dem Aufgabenbereich „Spielen-Malen-Schreiben", das die Kinder nicht Buchstaben, sondern die graphischen Voraussetzungen für das Schreiben, also Kritzelbewegungen, Striche, Bögen, Kreise, Zielpunktieren etc. üben läßt. Hat sich die Handführung stabilisiert, können auch die komplexeren Leistungsanforderungen des Schreib-Lese-Lernprozesses an das Kind herangetragen werden.

5.2.4 Dimensionen der Graphomotorik und ihre Förderung

Unter dem Begriff der Graphomotorik werden allgemein die Anteile der Gesamtmotorik verstanden, die in ihrem Zusammenspiel den Schreiblernprozeß ermöglichen (Staatsinstitut für Schulpädagogik und Bildungsforschung „ISB" 1991, 15). Dieser beeinhaltet aber nicht nur motorische Anteile im Umgang mit Papier und Stift, sondern die Koordination verschiedener Wahrnehmungsleistungen. Eine hohe Zielgenauigkeit der Hände entsteht erst durch die bewußte Steuerung der visuomotorischen Kontrolle (Auge-Hand-Koordination). Damit ist die visuelle Wahrnehmungs- und Speicherfähigkeit eine der wichtigsten Voraussetzungen für den graphomotorischen Lernprozeß – das Kind muß zunächst verschiedene Formen und Symbole voneinander unterscheiden, wiedererkennen, reproduzieren oder ergänzen können, bevor es die festgelegten Formen des Alphabets übt und den eigentlichen Schreiblernprozeß beginnt (vergl. SCHILLING 1990c, 17; NAVILLE 1991, 4).

Bereits geringfügige Störungen oder Entwicklungsdefizite führen zu Anpassungsschwierigkeiten im Schreiblernprozeß, die sich als Schriftverfall oder Auffälligkeiten in der Schrift zeigen. Bei derartigen Auffälligkeiten werden allzu leicht Veränderungen des affektiven Verhaltens (Auswirkungen geringer Frustrationstoleranz, geringe Lernmotivation, Verweigerung) als Ursachen des schulischen Mißerfolgs angeführt, ohne zu berücksichtigen, daß es sich um Folgeerscheinungen handelt (vergl. BRAND/BREITENBACH/MAISEL 1988, 41; MILZ 1988, 170).

Kinder mit graphomotorischen Auffälligkeiten brauchen eine spezifische Förderung, die auf einer differenzierten Diagnostik störanfälliger Bereiche aufbaut, aber sich subjekt- und handlungsorientiert ausweist. Viele Schwierigkeiten des Kindes im grob- und feinmotorischen Bereich zeigen sich schon in der normalen Schreibsituation: Die verkrampfte Sitzhaltung am Tisch verweist auf Probleme im Bereich der Haltungs- und Gleichgewichtsreaktionen. Der Schreibarm dient oft als Stütze für den Körper. Zudem kann es zu Schwierigkeiten bei der Strichführung (Stifthaltung und -führung), zu reflexhaften Armbewegungen bei Kopfdrehungen oder zu Schwierigkeiten bei der Einhaltung des

Schreibtempos kommen. Ungeschickte Kinder haben oft Probleme bei der Einhaltung von Zeilenbegrenzungen, beim zielgenauen Setzen von Punkten oder der präzisen Einhaltung einer graphischen Bewegungsfolge.

Neben Auffälligkeiten im Bereich der Grob- und Feinmotorik äußern sich graphomotorische Schwierigkeiten in zu schlaffer oder überspannter Sitzhaltung, Verkrampfungen des Schreibarms oder der Schreibhand (bis hin zum Tremor), einem zu starken oder zu schwachen Schreibdruck und schlechter Daumenbeweglichkeit. Eine ungenügende Kraftdosierung und -steuerung, z. B. zu starker Druck auf Zeigefinger und Daumen, führt häufig zu abgebrochenen Stiften und zerrissenem Papier und kann zudem Probleme beim Beschleunigen und Abbremsen der Strichführung hervorrufen. Krafteinsatz, -dosierung und -steuerung in Verbindung mit der Auge-Hand-Koordination beeinflussen die Genauigkeit der Bewegungen (BLÖCHER 1983; ISB 1991).

Viele auftretende Schwierigkeiten im Verlauf des Schreiberwerbsprozesses sind Ausdruck allgemeiner Entwicklungsverzögerungen aufgrund mangelnder Erfahrungen bei der Planung von Handlungen. Kinder mit Planungsfähigkeitsstörungen[104] tun sich schwer mit dem Verstehen und dem Behalten einer Aufgabenstellung, da sie gedanklich nicht kontinuierlich bei einem Inhalt verweilen können oder diesen schnell wieder vergessen. Im Hinblick auf das Schreibenlernen sind auch Schwierigkeiten bei der Benutzung des Schreibwerkzeugs (Stifthaltung) und beim Nachvollzug rhythmischer Bewegungsabläufe beim Schreiben von Buchstaben und Wörtern vorherrschend. Probleme können bei der Wahrnehmung der Schreibbewegung und des Schreibuntergrundes, der Einhaltung der Schreibrichtung und der Buchstabenfolge innerhalb eines Wortes auftreten. Nicht selten sind Verdrehungen von Buchstaben und Verwechslungen ähnlicher Buchstaben und Zeichen; diese verweisen auf mögliche Verzögerungen neuronaler Integration.

Fallen Kinder durch Schwierigkeiten beim Malen, Basteln gehäuft auf, so empfiehlt sich eine eingehende Erfassung des graphomotorischen Entwicklungsstandes. Diese Untersuchung und Beratung steht in dem Bemühen, möglichst differenzierte, exakte und umfassende Informationen über Art und Ausmaß der vorliegenden Schwierigkeiten des Kindes zu erhalten. Die Diagnostik wird nicht als Mittel der Selektion, sondern als eine Informationssammlung für gezielte Fördermaßnahmen verstanden. Die graphomotorische Begutachtung ist deshalb auch nicht ein einmaliger Akt, sondern sie versteht sich als förderungsbegleitende Prozeßdiagnostik. Es wird zunächst ein spezifisches Entwicklungsprofil erfaßt, das sowohl personenbezogene als auch kontextuelle Aspekte berücksichtigt, von dem aus dann verschiedene Fragenkomplexe entwickelt werden. Im weiteren Verlauf erhalten diese eine Passung mit den entwicklungsorientierten Aufgabenstellungen im Sinne der psychomotorischen Förderung (siehe *Abb. 12*)[105].

---

[104] Konstruktive Dyspraxien sowie räumliche Dyskinesien; ausführlich siehe REMSCHMIDT (1981); BRAND/BREITENBACH/MAISEL (1988); MILZ (1988).

[105] Dieses Untersuchungsdesign wird gegenwärtig von WENDLER (in Vorb.) vor allem im Hinblick auf eine umfassende Beratungstätigkeit und den Einsatz im Schulalltag evaluiert.

Untersuchungsabschnitte:

- Allgemeine Angaben / Eltern- und Lehrergespräche / evtl. Fachgutachten; Vorlieben und Interessensgebiete des Kindes; Kinderfreundschaften
- Beobachtung des Bewegungs- und Spielverhaltens
- Basismotorik
- Graphomotorische Grunderfahrungen
- Umgang mit Papier und Stift
- Feinmotorischer Entwicklungsstand
- Links- oder Rechtshändigkeit: Präferenz- und Leistungsdominanz (PDT; LDT)
- Wahrnehmungsentwicklung
- Interpretation der Ergebnisse und Förderplanung

Abb. 12: Marburger Graphomotorisches Untersuchungsschema

Das Interpretationskonstrukt „Entwicklungsprofil" wird in weiteren Gesprächen mit Eltern und Lehrern überprüft und zu einem vorläufigen Förderkonzept zusammengefaßt. Dieses berücksichtigt besonders Stärken und Vorlieben des Kindes. Gemeinsam ist allen Fördersequenzen jedoch die entwicklungslogische Struktur – (Bewegungs-) *Handeln*, *Sprechen*, *Schreiben* – die wir oben theoretisch begründet haben. Sind spezifische Förderthesen gebildet, gilt es für den Förderplan, Schwerpunkte zu bilden; diese orientieren sich zunächst an der übergeordneten Zielsetzung, Kinder zur Handlungsplanung und -ausführung zu führen (siehe *Abb. 13*) und in der Folge spezifische graphomotorische Förderaspekte im Umgang mit Papier und Stiften zu integrieren (siehe *Abb. 14*). Die in den Abbildungen genannten Aspekte sind keineswegs als Übungsabfolge zu verstehen, sondern entsprechen einer dimensionalen Analyse des Schriftsprachenerwerbs im Kontext der Entwicklung und müssen jeweils spezifisch methodisch aufbereitet und auf Inhalte bezogen werden.

Methodisch orientieren sich die Praxisangebote zur graphomotorischen Förderung an zwei von uns theoretisch begründeten Sachverhalten: *Erstens* ist die Förderung der Grundmotorik und die allgemeine Wahrnehmungsförderung immer im Sinne GIBSONs als mehrdimensionale (= multimodale) Erkundungstätigkeit zu verstehen und in Handlungssituationen zu vermitteln, in denen Bewegungs- und Wahrnehmungstätigkeit untrennbar vereint sind. Die Förderpraxis ist dabei nach übergeordneten Wahrnehmungsfunktionen auszurichten, die für jedes Alter – jeweils bezogen auf die adäquaten Realisierungsmöglichkeiten – relevant sind. Nach den aktuellen Erkenntnissen der ökologischen Wahrnehmungspsychologie sind dieses vor allem folgende Aufgabenbereiche:

- die räumliche Orientierung und die zielgerichtete Steuerung der eigenen Bewegung, anfangs auch der Fortbewegungsmöglichkeiten;
- das Erkennen der gegenständlichen Welt und von Ereignissen in ihrer Bedeutung für das Handeln;

Grundmotorik und allgemeine Wahrnehmungsförderung:	Eine Förderung der *Sensomotorik* ist in jeder Situation möglich, in der sich ein Kind bewegt. Deshalb bieten sich für diesen Bereich ausgedehnte Kletterlandschaften an, in denen die Kinder auf vielfältigste Art und Weise schaukeln, klettern, balancieren, rollen, springen und laufen können. Als Material eignet sich alles, was Kinder zur Aktivität anregt. Bewußtes An- und Entspannen des ganzen Körpers oder einzelner Teile in einfachen Entspannungsübungen oder vorgegebenen Spielabschnitten (alle Tiger schlafen) trägt zur Normalisierung des Muskeltonus bei. Umfassende Bewegungs- und Wahrnehmungserfahrungen sind auch Grundlage, um kognitive Prozesse anzuregen und zu verbessern. Ausgehend von einer Förderung der grundlegenden Motorik des Kindes, konzentriert sich das Förderkonzept auf individuelle, spezifische Förderthemen, von denen einige hier exemplarisch aufgeführt werden (vergl. BRAND/BREITENBACH/MAISEL 1988; ISB 1992; PAULI/KIRSCH 1993; MILZ 1988; BLÖCHER 1983). Im Förderprozeß werden Sequenzen zur propriozeptiven, vestibulären und taktilen Wahrnehmung eingebunden. Ziel ist es in dieser Phase, zunehmend mehr und klarere Informationen über den eigenen Körper (Stellung einzelner Glieder und Gelenke, Spannung der Muskeln), dessen Lage im Raum und der eigenen Bewegungsmöglichkeiten zu bekommen. Daneben sollen Erfahrungen im taktilen Bereich (Körpererfahrungen und der Umgang mit Materialien) ermöglicht werden. Methodisch ist es wichtig, die Handlungssituationen so zu arrangieren, daß Kinder selbständig Einfluß auf Gestaltungsprozesse nehmen können.
Auditive und visuelle Wahrnehmung:	Förderangebote in diesem Bereich verstärken die Aufnahmebereitschaft und -fähigkeit des Kindes für akustische und visuelle Reize, es lernt, früher aufgenommene Reize wiederzuerkennen und zu differenzieren und den Bedeutungsgehalt von Klangbildern und Bildinformationen zu verstehen.
Auditiver Wahrnehmungsbereich:	– Geräusche, Klänge und Laute erkennen und deren Quellen lokalisieren, – im Raum (Orientierung) – in der Zeit (Sequenzen) – phonetische Differenzierung (lauter/leiser, gleich/verschieden) – Geräusche, Klänge und Laute speichern und wiedergeben
Visueller Wahrnehmungsbereich:	– Objekte wahrnehmen und mit ihnen umgehen – Objekte an ihren Merkmalen (Größe, Form, Beschaffenheiten) erkennen und klassifizieren – Objekte aus einem Ganzen herausfiltern (Figur-Grund-Wahrnehmung) – visuelle Fördersequenzen zur Raumlagewahrnehmung und zur Wahrnehmung räumlicher (später auch räumlich-zeitlicher) Beziehungen und – Handlungssituationen zur Schulung des optischen Gedächtnisses.
Körperschema und Körperbewußtsein:	Erfahrungen zum Erleben des eigenen Körpers verfolgen das Ziel, sich und seinen Körper zunehmend besser wahrzunehmen, diese Informationen verstandes- und erlebnismäßig zu verarbeiten und situations-angemessen einsetzen zu können. Nach BIELEFELD (1986) beinhaltet dieser Bereich folgende Teilzielbereiche: – Teile des menschlichen Körpers und deren Funktionen erfassen – Seitigkeit des menschlichen Körpers erfahren – Ausmaße des menschlichen Körpers erfahren und abschätzen – den eigenen Körper in verschiedenen Ruhelagen und in Bewegung erfahren sowie – den eigenen Körper aktiv an- und entspannen
Förderung zur Bewegungsplanung und zweckmäßiges Ausführen von Bewegungsabfolgen:	Hinführung zur Handlungsplanung und -ausführung – Nachahmen von Bewegungen – Verbalisierung des eigenen Bewegungsplanes und -ablaufes – Durchführung eines Bewegungsplanes nach verbaler Vorgabe – Verbalisierung eines beobachteten /vorgestellten Bewegungsablaufs – Durchführung eines Bewegungsablaufes nach vorgegeben Handlungsschritten und – Bewegungsplanungen und -ausführungen speziell mit der Hand

Abb. 13: Grundmotorik und allgemeine Wahrnehmungsförderung

Ausprägen einer lateralen Dominanz	Erfahrungen zum Bewußtsein beider Körperhälften, ihrer Zusammenarbeit und ihrer Unterschiede stehen in diesem Abschnitt im Vordergrund: – Entwicklung des Zusammenspiels beider Körperseiten – Überkreuzen der Körpermittellinie – Entwicklung der Seitendominanz – Ausbau des Gleichgewichtssinns – Orientierungshilfen am Körper wahrnehmen (z. B. Markierung an der linken Hand) – Einsatz der/des geschickteren Hand/Fußes für besondere Aufgaben, bewußte Wahrnehmung und Einsatz – Händigkeit weiterentwickeln (vorwiegend mit einer bestimmten Hand tätig werden)
Förderung der Feinmotorik	– Greifen und Loslassen – Pinzetten- und Zangengriff – Fingerdifferenzierung – Handgelenksbeweglichkeit – Handhabung von Werkzeug – Umgang mit verschiedenen formbaren Materialien
Auge-Hand-Koordination	– Zielkontrolle an feststehenden Zielen – Zielanpassung an bewegliche Ziele – Koordination von visuellen Reizen und Handmotorik – Verbesserung der Zielgenauigkeit und der visuellen Kontrolle
Gestaltung des Schreibraumes und der Schreibbewegung	– Vielfältiger Umgang mit Papier und Stiften – Präzision der Strichführung und Formwiedergabe – Planung der Strichführung und Formwiedergabe – Räumliche Orientierung

Abb. 14: Spezielle graphomotorische Förderbereiche

- die Steuerung der sozialen Kommunikation (vergl. RITTER 1987; 12)[106].

Zweitens sind Handlungssituationen immer als Problemlösesituationen zu gestalten, die Kinder vor die Aufgabe stellen, Planungsaktivität und Handlungsausführung gemeinsam – auch sprachlich – abzustimmen. Dem Pädagogen kommt dabei die wesentliche Aufgabe zu, die die Handlung strukturierende Funktion der Sprache gezielt einzusetzen oder zu provozieren, um durch Sprechen und Erkenntnisfunktion kognitive (hier beschrieben als neuronale) Prozesse zu beeinflussen. Es liegt ein wesentliches pädagogisches Moment darin, ein vom kindlichen Standpunkt aus wirklich „lohnendes" und von der Aufgabenstellung optimal „passendes" Problem zu finden und zu gestalten (vergl. BRODTMANN/LANDAU 1980; KIPHARD 1988). Dieses gilt auch für die Spezifik graphomotorischer Fördersituationen. Auch *inhaltlich* ist die Förderung gemäß der Entwicklungslogik von einer allgemeinen Spiel- und Handlungsorientierung mit großräumigen Planungs- und Gestaltungsprozessen zu einer zunehmend spezifischeren Thematik auszurichten[107].

- Einige besondere Aspekte sollen dieses spezifizieren. Da der Schriftsprachenerwerb eine Komplexleistung darstellt und niemals auf die feinmotorische Bewe-

---

[106] Eine Affinität zu den motologischen Praxisbereichen der Körper-, Material- und Sozialerfahrung ist dabei beachtenswert.

[107] Exemplarisch sei hier auf die ganz im psychomotorischen Verständnis ausgerichteten Förderbeispiele von a) KIPHARD (1980a, 1988); KLEINERT-MOLITOR (1989); FRITZ/KELLER (1993a, b); LÜTJE-KLOSE (1994) und b) BLÖCHER (1983); BRAND/BREITENBACH/MAISEL (1988); MILZ (1988) sowie ISB (1991) verwiesen.

gungssteuerung beschränkt ist, wird der motopädagogische Förderprozeß schwerpunktmäßig auf die mehrdimensionalen Basisvoraussetzungen ausgerichtet, aber immer in für das Kind verständlichen Handlungszusammenhängen organisiert. In der Regel haben Schulanfänger im allgemeinen und entwicklungsbeeinträchtigte Kinder im besonderen Schwierigkeiten, komplexe (selbst gestellte oder vorgegebene) Problemlöseaufgaben zu realisieren; entsprechend wird systematisch zur Handlungsplanung und -ausführung hingeführt. Das Medium des Bewegungsspiels hat dabei eine motivierende und handlungsaufschließende Bedeutung.

- Der pädagogische Gehalt des Problemlösehandelns liegt vor allem darin, daß Wahrnehmen, Erleben, Denken und Handeln immer als Einheit betont werden. So werden in der motopädagogischen Praxis die Handlungseinheiten mit Handlungsthemen verknüpft und in Handlungsgeschichten eingebettet, die im Laufe des Lerngeschehens die kreativen Planungsaktivitäten der Kinder provozieren und zunehmend voraussetzen. Die motorischen Problemlösesituationen entsprechen immer einem umweltorientierten Handeln, da die Kinder mit Materialien, Geräten, Räumen konfrontiert sind, die neben individuellen, vor allem gemeinschaftliche Problemlösungen erfordern. Der heilpädagogische Kern motopädagogischen Geschehens (vergl. KIPHARD 1980b) erfordert eine anfängliche Reduzierung des Materialangebotes und eine Orientierung an individuellen Problemlösungen, da uneingeschränkte und zu komplexe Handlungsaktivitäten die Kinder in ihren (kognitiven) Entscheidungen eher lähmen.

- Sinnvoll sind also individuelle Bewegungsaufgaben zu Beginn des Förderprozesses. Besonders geeignet ist *beispielsweise* das Rollbrett als *„Medium vielfältiger Bewegungs- und Wahrnehmungserfahrungen"* (IRMISCHER 1979). Es ermöglicht zahlreiche Körper-, Material- und Sozialerfahrungen und kann zunehmend medial in mehrdimensionale Förderprozesse integriert werden. Aus dem individuellen (Er-) Fahren entsteht die gemeinschaftliche Konstruktion von Großfahrzeugen (Eisenbahn, Bus, Krankenwagen, Baufahrzeuge), die sich wiederum in themenzentrierte Projekte integrieren lassen. Die Kinder gestalten einen Stadtteil mit Straßenzügen, Plätzen und Gebäuden, die Anlaß zu gemeinsamer Aktivität und zur Einbettung in Phantasiegeschichten mit der Möglichkeit der sprachlichen Bearbeitung bieten. Das Befahren der Straßenzüge regt die Kinder (und den Lehrer) an, lebensweltliche Bezüge herzustellen. Ein „Unfall" macht den Transport des Verletzten in ein Krankenhaus notwendig; dort wird er von einem Ärzte- und Pflegeteam in Empfang genommen. Die Ereignisse und real erfahrene Erlebnisse verschmelzen zu Anlässen der sprachlichen Bearbeitung. Zunehmend wird Sprache zum *„Schlüsselwerkzeug des Handelns"* (KLEINERT-MOLITOR 1989). Dabei stehen spielerische Ausgestaltung, sprachliche (Konflikt-) Begleitung und Neuplanung des Spielgeschehens in einem spiralförmigen Entwicklungsprozeß. So entsteht aus der Klärung der konfligierenden Ereignisse des Unfallgeschehens der Wunsch, einen *„Rollbrettführerschein"* machen zu wollen (PASSOLT 1990), dessen Bedingungen die Beteiligten aushandeln müssen.

- Der Förderprozeß ist von vornherein als fächerübergreifender Unterricht zu konzipieren. Nur wenn Bewegungs-, Sach- und Fachunterricht aufeinander abgestimmt sind, ist für den Schulanfänger die unterrichtsbezogene Sinnkonstruktion und Begriffsbildung als Einheit faßbar. Aus motopädagogischer Perspektive wird die Bewegungshandlung zum Unterrichtsprinzip des Anfangsunterrichts:

In einer der Spielphasen mit dem Rollbrett entsteht die Idee, zwischen den Straßenzügen Gebäude zu errichten. Nach zahlreichen und unermüdlichen Konstruktionen mit Groß- und Kleingeräten, Matten und Tüchern, regt der Lehrer an, Schuhkartons und größere Kartonagen zu sammeln, um daraus Häuser zu bauen. Nach einer Zeit des Sammelns von Materialien und Werkzeug (Kartons als Mauersteine, Kleber, Pinsel, Farben, Klebeband, Scheren, Teppichmesser) nimmt unter den Händen von Architekten und Handwerkern eine Burg, ja eine ganze Stadt Gestalt an (siehe FISCHER 1989a). Das komplexe Handlungsgeschehen zeichnet sich aus durch einen Wechsel von planerischen Episoden und konkreter manueller Tätigkeit, ganz in der Weise, wie wir es in Anlehnung an BAKER-SENNET/MATUSOW/ROGOFF (1993; siehe Kapitel 3.2) als *„Synthese von Vorausplanung und Improvisation"* für handlungsbezogene Entwicklungsprozesse konzipiert haben. Die konkreten Erfahrungen der Kinder sind immer ideelle Bezüge für weitere Lern- und Gestaltungsprozesse, die mit speziellen graphomotorischen Förderthemen kombiniert werden (siehe *Abbildung 14)* und die zunehmend den Erwerb der Kulturtechniken fundamentieren.

Die motopädagogische Betonung von handlungsbezogenen Basisqualifikationen bzw. Lernvoraussetzungen in der schulischen Entwicklung von Kindern wird in letzter Zeit zunehmend theoretisch wie empirisch gestützt. So konnten KLICPERA/HUMER/LUGMAYR/GASTEINER-KLICPERA (1993) in einer Längsschnittuntersuchung über das Lesenlernen und die Aneignung der Schriftsprache in der ersten Klasse nachweisen, daß ein Viertel bis knapp die Hälfte der interindividuellen Unterschiede in den Lernfortschritten durch die Lernvoraussetzungen erklärt werden kann. *„Kinder, die Schwierigkeiten beim Erlernen des Lesens und Schreibens haben, kommen mit geringeren Lernvoraussetzungen in die Schule als gute Schüler. Neben einer geringeren Allgemeinbegabung (Schulreife) sind vor allem die geringen Vorkenntnisse über die Schriftsprache und eine mangelnde Einsicht in die Phonemstruktur der Sprache auffällig"* (KLICPERA/HUMER/LUGMAYR/GASTEINER-KLICPERA (1993, 183). Gerade das von den Autoren geforderte phonematische Bewußtsein – sie sprechen auch von metalinguistischem Bewußtsein – entspricht nun einer neuronalen (kognitiven) Integrationsleistung von zwei Teilfertigkeiten, der wortspezifischen logographischen Lesekenntnis und der Fertigkeit zum Erlesen neuer Wörter durch das phonologische Rekodieren (= Graphem-Phonem-Zuordnung)[108] und stellt eine Komplexleistung dar, die erst auf der Basis zahlreicher Lernvoraussetzungen den Schreib-Lese-Lernprozeß ermöglicht. Diese kognitive Integration selbst wird zum einen durch die handlungsvermittelte Bewegungs-Wahrnehmungs-Integration im Vorschulalter, zum anderen durch die spezifischen Anforderungen des Erwerbsprozesses der Kulturtechniken in der

---

[108] Siehe KLICPERA/HUMER/LUGMAYR/GASTEINER-KLICPERA (1993, S. 176) sowie unsere Ausführungen weiter oben in Anlehnung an GRANT (1988, 269 ff.) und DE KERCKHOVE (1988, 415).

Grundschule realisiert. In dieser Weise sind auch die Daten der Wiener Studie verständlich: KLICPERA/HUMER/LUGMAYR/GASTEINER-KLICPERA (1993) konnten drei Gruppen mit einem unterschiedlichen Verlauf des Schreib-Lese-Lernprozesses differenzieren. 60% der Kinder entwickelten sich ohne erkennbare Probleme, 30% zeigten vorübergehende und 10% anhaltende Schwierigkeiten beim Erwerb der Schriftsprache. Damit konnten die ursprünglich diagnostizierten Entwicklungsrückstände als Indikator für künftige Schwierigkeiten identifiziert werden.

Die von uns dargestellten Zusammenhänge sind nicht als Unterstützung technologischer Unterrichtsstrategien zu verstehen. Zweifellos sind Forschungen über strukturelle Zusammenhänge von Techniken hilfreich, da sie einen analytischen Einblick in optimierte Fertigkeitsstrukturen gewähren. Aneignungs- und damit Lernprozesse folgen allerdings völlig anderen Gesetzmäßigkeiten und sind als Prozeß subjektiver Realitätskonstruktionen zu konzipieren, die von den individuellen Lernvoraussetzungen des Kindes ausgehen müssen und den Kompetenzerwerb an der entwicklungslogischen Ereignisfolge (Bewegungs-) Handeln – Sprechen – Lesen/Schreiben orientieren. Entsprechend legt das motopädagogische Konzept seinen Förderschwerpunkt auf jene Tiefenstrukturen, die für alle Kinder – auch die in der Wiener Studie ausgewiesenen Kinder mit ungünstigen Lernvoraussetzungen - als Basisqualifikationen für den Erwerb der Kulturtechniken als schulische Entwicklungsaufgaben gelten können.

5.3 Entwicklung und Erziehung – eine motopädagogische Perspektive

Der Übergang vom Elementar- zum Primarbereich ist in der Entwicklung des Kindes ein wesentliches Ereignis. Wissenschaftlich wird dieses Übergangsverfahren (Einschulung) traditionell als Schulreife- oder Schulfähigkeitsproblematik thematisiert. Pädagogisch ist vor allem das Rückstellungsverfahren relevant. In einer in der Regel nicht länger als halbstündigen Einschulungsuntersuchung werden die Weichen für die schulische Karriere der Kinder gestellt. Dabei werden Kinder, die für noch nichtschulfähig (kognitive Faktoren) oder nichtschulbereit (sozial-emotionale Faktoren) befunden werden, zurückgestellt und der Vorklasse bzw. dem Schulkindergarten zugewiesen. Die unter der Vorgabe entwicklungstheoriegeleiteter Anwendung praktizierten Konzepte sind bis heute meist individuumszentriert, d. h. das Schulaufnahmeverfahren orientiert sich primär an personenzentrierten Merkmalen und Daten[109]. Die von LANG (1988) geforderte kopernikanische Wende des wissenschaftlichen Denkens von der anthropozentrierten zur ökologisch-systemischen Sicht hat in bezug auf die Schuleingangsproblematik noch nicht allerorts stattgefunden (siehe auch NICKEL 1990, 220). Erst allmählich wird der Paradigmenwechsel in der entwicklungstheoretischen Orientierung den Verantwortlichen bewußt. In der Theorie hat NICKEL (1981) erstmalig ein ökologisches Konzept vorgelegt und dieses mehrfach modifiziert (1985b; 1989; 1990). Danach ist Schuleintritt nicht länger einseitig

---

[109] Bezüglich der klassischen Extrempositionen der Entwicklungstheorie, die bis heute das Schuleingangsverfahren beeinflussen, sei auf FLAMMER (1988, Kap. 2–4) sowie spezifisch auf NICKEL (1989) verwiesen.

ein Problem individueller Reife und Schulfähigkeit/Schulbereitschaft, das sich auf ein gesellschaftlich definiertes punktuelles Ereignis bezieht, sondern wird als *begleiteter ökologischer Übergang definiert.* Dieser ist als Konstrukt zeitlich wie konzeptionell viel weiter gefaßt und integriert sowohl die individuellen Voraussetzungen des Kindes (Körperlichkeit, Kognition, Motivation und Sozialverhalten) als auch die Ökologien der Familie, des Kindergartens und der Schule als Lern- und Lebenswelten des Kindes. Eine solche Sichtweise hat vor allem zwei Konsequenzen. Zunächst muß die Einschulungsuntersuchung ihren selektiven Charakter der Differenzierung schulreifer und nichtschulreifer Kinder zugunsten einer *„vorläufigen Entscheidungshilfe"* (NICKEL 1990, 223) aufgeben. Stattdessen ist die Diagnose im Problemfall als kommunikativer Entscheidungsprozeß eines Teams von verantwortlichen Personen (Eltern, Erzieherin, Kinderarzt, Lehrer, Schulpsychologe) zu gestalten, das sich von der Grundhaltung *„Fördern statt Auslesen"* (KORMANN 1987) leiten läßt und die adäquaten Förderentscheidungen trifft[110]. Viel wesentlicher sind die entwicklungsfördernden Potentiale, die sich aus der Zusammenarbeit (= begleiteter Übergang) der erziehungsrelevanten Personen vor und nach der Einschulung sowie der Angleichung der didaktisch-methodischen Konzepte des Elementar- und Primarbereiches ergeben (= gleitender Übergang). Es sind dies vor allem handlungsorientierte Konzepte, die eine kindgerechte Bildungskontinuität und einen Entwicklungsfortschritt gewährleisten. An diesem Prozedere ist das motopädagogische Konzept wesentlich beteiligt.

Motopädagogik will den Menschen anregen, sich handelnd seine Umwelt zu erschließen, um seinen Bedürfnissen entsprechend auf sie einwirken zu können. Dieses versucht sie zu erreichen, indem sie vielfältige Wahrnehmungs- und Bewegungserfahrungen in Handlungssituationen vermittelt. Motopädagogik ist auf die Ganzheit der menschlichen Persönlichkeit gerichtet, weil sie nicht die Verbesserung bestimmter motorischer Fertigkeiten in das Zentrum ihrer Bemühungen stellt, sondern weil sie *Bewegungshandeln* als Verwirklichungsmöglichkeit der kindlichen Persönlichkeit und als wesentliches Mittel der Förderung betrachtet (IRMISCHER 1987, 13). Als Richtziel ihres Förderungsbemühens formuliert die Motopädagogik die Kompetenzerweiterung des Kindes, sich sinnvoll mit sich selbst, mit seiner materialen und personalen Umwelt auseinanderzusetzen und entsprechend handeln zu können. Daraus lassen sich folgende, nur analytisch trennbare Kompetenzbereiche ableiten:

- sich und seinen Körper wahrzunehmen, zu erleben, zu verstehen und mit seinem Körper umzugehen und mit sich selbst zufrieden zu sein (*Ich-Kompetenz*),
- die materiale Umwelt wahrzunehmen (= sie zu erleben und zu verstehen) und in und mit ihr umzugehen (*Sach-Kompetenz*),
- *Sozial-Kompetenz* zu erwerben, d. h. zu erfahren und zu erkennen, daß sich alle Lernprozesse im Spannungsfeld zwischen den eigenen und den Bedürfnissen anderer vollziehen.

---

[110] Es sind dies Perspektiven, wie sie in der heil- und sonderpädagogischen sowie psychologischen Diagnostik, aber auch in der Motologie unter dem Begriff der Förderdiagnostik entwickelt wurden. In der Übersicht siehe JETTER/SCHMIDT/SCHÖNBERGER (1983); EGGERT/RATSCHINSKI (1984); HILDESCHMIDT/SANDER (1988) sowie die Sammlung von Beiträgen zur Motodiagnostik in CLAUSS (1981).

- Daraus ergeben sich die drei inhaltlichen Lernfelder der Körpererfahrung, der materialen Erfahrung und der Sozialerfahrung. Die Körperlichkeit des Kindes ist das Zentrum seiner Persönlichkeit, der Dreh- und Angelpunkt seiner Existenz. Handeln schließt immer die körperliche Bewegung mit ein. Im Bewegungshandeln lernt das Kind seinen Körper kennen, damit umzugehen, ihn einzusetzen und auf die Umwelt einzuwirken. Die Orientierung am eigenen Körper ist die Basis jeder Orientierung im Raum. Zugleich ist der Körper der Spiegel psychischen Erlebens; über seinen Körper erlebt das Kind seine Befindlichkeit und bringt seine Gefühle und Bedürfnisse zum Ausdruck. Das Lernfeld *Körpererfahrung* in der Motopädagogik will Körper- und Bewegungserfahrungen vielfältigster Art ermöglichen und gestaltet seine Angebote adäquat dem Entwicklungsalter der Zielgruppen.

- Der Lernbereich der *materialen Erfahrung* strukturiert schwerpunktmäßig die kognitiv-emotionalen Entwicklungsimplikationen der räumlich-gegenständlichen Umwelt. Der Umgang mit Materialien wird zum Medium der Erkenntnisgewinnung. Im Spiel mit unterschiedlichsten Objekten gewinnt das Kind Informationen über Eigenschaften und Gesetzmäßigkeiten der dinglichen Umwelt: Es erweitert seine Sach- und Handlungskompetenz. Entscheidend für die Förderung kindlicher Handlungskompetenz sind Materialien, die die Selbständigkeit und das kreative Spiel des Kindes provozieren. Bevorzugt werden Alltagsmaterialien in die Angebote einbezogen, um sinnvolle Bezüge zur Alltagsrealität herzustellen (MIEDZINSKI 1986; KRÜGER 1988). Materialgestaltete Spielsituationen im Kindesalter wären etwa die Benennung, Kategorisierung, Unterscheidung von Gegenständen, der sach- und zielgerichtete Einsatz von Material, die Kombination unterschiedlicher Spielobjekte, das Transportieren, Bewegen und Verändern von Material. Auch die Natur (Wald, Wiese, Wasser, Schnee etc.) bietet aus motopädagogischer Perspektive ein reichhaltiges Feld materialer Erfahrungen[111].

- Nur im Kontakt mit den Mitmenschen lernt der Mensch sich zu verständigen und auszudrücken. In geeigneten Situationen lernen Kinder mit Partnern zu kooperieren, Rücksicht zu nehmen, Verantwortung zu tragen, Einfühlungsvermögen zu zeigen, aber auch sich durchsetzen zu können. So sind z. B. Wagnis und Abenteuerlust psychisch erlebbare Zustände, die pädagogisch viel zu selten im Sinne der Stärkung von *Selbst- und Sozialerfahrungen* genutzt werden. Dabei ist es durchaus legitim und pädagogisch sinnvoll, etwa durch das Arrangement eines Geräteparcours in der Turnhalle oder die Aufgabenstellung der Überwindung eines Hindernisses in der Natur (Erklimmen eines Hanges oder Überqueren eines Baches) bei Kindern Prozesse in Gang zu setzen, die das Selbstwertgefühl des einzelnen stärken und die Anerkennung in der Gruppe sichern. Die Erfahrungen gemeinsam durchlebter Abenteuersituationen und der kooperativen Bewältigung komplexer Aufgabenstellungen erweisen sich für die besondere Klientel beeinträchtigter Kinder als persönlichkeitsstärkende Lebenshilfe.

---

[111] Zum Thema Naturerfahrungen aus motopädagogscher Sicht siehe KERSTE (1986; 1989) und JANSEN (1989).

Aus Sicht der Motopädagogik darf der Übergang von Elementar- zum Primarbereich für das Kind nicht wie ein Bruch wirken, deshalb steht die Kontinuität der Persönlichkeitsentwicklung im Vordergrund der pädagogischen Bemühungen. Dieses koinzidiert mit den jüngeren Entwicklungen der Schultheorie, die Schulanfang als eine *Entwicklungsaufgabe* begreift, die vorrangig die Stabilisierung und Weiterentwicklung der kindlichen Identität anstrebt (EINSIEDLER 1988). Es konnte empirisch gesichert werden, daß die schulische Leistungsentwicklung und das Selbstkonzept des Erstkläßlers in einem wechselseitigen Verhältnis stehen, d. h., daß die Wirkrichtungen für kindliche Entwicklung von beiden Seiten ausgehen: Lernerfolg stärkt das Selbstkonzept und Selbstwußtsein steigert die Leistungsmotivation (PEKRUN 1988). Entscheidend ist, daß inhaltliche Schwerpunktsetzung und methodische Vorgehensweise *kindgerecht* sind, also eine Passung zwischen individueller Annahme der Herausforderung und soziokultureller Anforderungsstruktur vorliegt. Schulanfänger sind sich der besonderen Bedeutung der schulischen Lernumwelt bewußt. Schulische Aufgaben führen im Vergleich mit außerschulischen Anforderungen zu deutlich positiveren Reaktionen (Selbstkonzept) nach Erfolg und zu negativeren nach Mißerfolg (RIES 1989). Der Grund hierfür ist die höhere soziale Wertschätzung im Identitätsbildungsprozeß der Schule. Für die Unterrichtswissenschaft sind die Konsequenzen heute klar: Schulanfänger benötigen positive Rückmeldungen durch *„sachbezogenes Lob und durch glaubwürdige Ermutigung"* (EINSIEDLER 1988, 22); inhaltlich ist eine Kontinuität bewegungsbezogener Spielhandlungen zu Beginn des Primarschulalters sinnvoll, weil diese die Handlungsfähigkeit des Kindes direkt fördern und sich positiv auf die motivationalen Lernbegleitprozesse auswirken (TREINIES/EINSIEDLER 1989).

Genau an dieser Nahtstelle setzt das motopädagogische Förderkonzept an. Es nutzt die besondere Eignung der Handlungsorientierung, um Kindern angemessene, d. h. selbstgestaltete Erfolgserlebnisse zu ermöglichen. Bewegungssituationen sind besonders dazu geeignet, den Erfolg einer Handlung als unmittelbar selbst bewirkt und nicht zufallsbedingt zu begreifen und wirken so persönlichkeitsbildend (siehe Kap. 4.3). Motopädagogik praktiziert dabei drei Akzentsetzungen: Bewegungs- und Spielerziehung als Basisunterricht unter fächerübergreifender Perspektive, die besondere Förderung entwicklungsbeeinträchtigter und verhaltensauffälliger Kinder und die Grundlegung der (späteren) Sporterziehung.

Die veränderte lebensweltliche Situation heutiger Kindheit, die Erfahrungen aus erster Hand für Kinder immer schwieriger gestaltet, konfrontiert die Schule mit der Herausforderung, früher für selbstverständlich erachtete Voraussetzungen für schulische Lernprozesse – die Eigentätigkeit als materiale Grundlage der Erkenntnistätigkeit – zum Thema unterrichtlichen Wirkens machen zu müssen (vergl. ROLFF 1990). Hier setzt der spiel- und handlungsorientierte Basisunterricht an. Das Unterrichtskonzept wurde von der Autorengruppe um FRITZ/KELLER[112] entwickelt und basiert auf den Erfahrungen motopädago-

---

[112] Als Quellen sei auf FRITZ/FROBESE/ESSER/KELLER/SPENGLER (1989); FRITZ (1990); FRITZ/KELLER (1993a; b); KELLER/FRITZ (1995) sowie FRITZ/KELLER/SCHMINDER (i. V.) verwiesen.
Vor allem das Arbeitsbuch von KELLER/FRITZ (1995) gibt eine Vielzahl praktischer Anregungen für Spielthemen.

gischer Entwicklungsförderung. Ziel des Spielunterrichts ist es, die Kinder systematisch zu selbständigen Zielformulierungen, Planung und Durchführung themenzentrierter Spielhandlungen zu führen. Dabei ist die Vorgehensweise dreiphasig konzipiert:

- *Schaffung einer Orientierungsgrundlage: Veränderliche Spielräume und Materialien kennenlernen; diese auf unterschiedliche Handlungsmöglichkeiten hin ausprobieren und kleine Spiele darin ausführen.*
- *Nachvollzug von Handlungsplänen und selbständige Ausgestaltung von komplexen Handlungsplänen: In einem Aufbau eine Geschichte mit einer umrissenen Spielhandlung nachspielen und allmählich selbständig die Spielhandlung weiter ausgestalten.*
- *Hinführung zum selbständigen Handeln mit komplexen Handlungsplänen: Selbständig ein Spielthema finden, eine Spielhandlung miteinander absprechen, den Aufbau/die Aufbauten dazu gestalten und das Thema allmählich erweitern* (FRITZ/KELLER 1993b, 93).

Motopädagogische Entwicklungsförderung im Grundschulunterricht steht unter der Zielperspektive einer zunehmend komplexeren und fächerübergreifenden Thematisierung. Dabei ist die Handlungsorientierung nicht als *„praxistischer Aktivismus"* (GUDJONS 1987, 10) mißzuverstehen, sondern gilt als methodisches Prinzip und folgt aus der Erkenntnistheorie PIAGETs, nach der die Denkhandlung aus der praktisch handelnden Erfahrung resultiert.

Viele Kinder bedürfen allerdings einer speziellen Förderung. Vor allem im Primarbereich der Sonderschule verfolgt der Sportunterricht primär die Intention der Entwicklungsförderung. Es geht hier weder um Therapie noch um die Vermittlung von Sportarten, sondern um das Nachholen versäumter Erlebnisse und Lerngelegenheiten als Grundvoraussetzung für einen (späteren) sportartbezogenen Unterricht mit der Zielsetzung der Integration und der möglichst frühzeitigen Aufhebung der Segregation. Voraussetzung für die Auswahl der geeigneten Lerninhalte im Förderunterricht muß eine mehrdimensionale Diagnostik sein, die die Bedingungen einer Förderdiagnostik erfüllt (vergl. EGGERT 1987b).

Vor allem der Marburger Schulversuch (siehe Anmerkung 103) zur motopädagogischen Förderung bewegungsauffälliger Kinder hat zahlreiche Impulse gesetzt. Hier wird deutlich, daß eine erfolgreiche Teilnahme am traditionellen Sportunterricht Lernvoraussetzungen der Schüler in den motorischen und sozial-kognitiven Entwicklungsdimensionen erfordert. *„Bei 70% der lernbehinderten und verhaltensauffälligen Schüler/Schülerinnen liegen motorische Auffälligkeiten bzw. Behinderungen vor, die in ihrem Ausmaß teilweise sogar unter dem kognitiven Niveau der Schüler/Schülerinnen liegen"* (SCHILLING/SEIDL-JERSCHABEK 1992, 32). Der motopädagogisch orientierte Bewegungsunterricht (Bewegungserziehung im Primarbereich der Sonderschule für Lernbehinderte) ist konzipiert als *Handlungsraum* in seiner doppelten Bedeutung: Als Freiraum für selbstbestimmte Bewegungs- und Spielaktivitäten und in seinen erfahrbaren physikalischen Dimensionen. Nichtbehinderte Kinder sind in der Lage, durch eigenständige Umweltauseinandersetzungen Bewegungs- und Handlungserfahrungen zu erwerben. Sie können sich so in ihrer Umwelt orientieren und die adäquaten Handlungsschritte einleiten. Bewegungsbe-einträchtigte Kinder sind in ihrem Wahrnehmungs- und Handlungserleben eingeschränkt und dadurch oftmals in ihrer Persönlichkeit verunsichert. Diese Schüler brauchen daher als ersten Schritt zur Integration möglichst breit gefächerte Lerngelegenheiten, um ihr Handlungsrepertoire zu erweitern, ihren Körper kennenzulernen, um motorische Grund-erfahrungen nachzuholen und die Akzeptanz ihrer Mitschüler zu erleben. Durch vielfälti-ge Variation von Material, Aufgabenstellung und Anwendung in immer komplexeren Handlungsformen müssen Wahrnehmungs- und Bewegungserfahrungen generalisier-bar gemacht werden (SCHILLING/SEIDL-JERSCHABEK 1992).

SEIDL-JERSCHABEK (1991) beschreibt einen eigens geschaffenen Bewegungs- und Spiel-raum, der der besonderen Förderbedürftigkeit entwicklungsbeeinträchtigter Sonder-schüler entspricht. Als Basis für diesen *„Motoraum"* diente ein leerstehender Klassen-raum, in dem vielfältige Möglichkeiten zur multisensoriellen Förderung der Basisqualifi-kationen geschaffen wurden (Klang-, Tast-, Riech,- Schmeckecken, Bällchenbad, zahl-reiche Schaukelmöglichkeiten, Trimpolin, Kuschelecken, Höhlen u. v. m.). Der Förder-raum bietet für den Differenzierungs- und Sprachheilunterricht ideale räumliche und ma-teriale Bedingungen, um ein Nachholen versäumter Erlebnisse, vermittelt in Lernsituatio-nen des Bewegungsspiels, zu gewährleisten.

Der motopädagogische Denkansatz ist als entwicklungsorientierte Bewegungserzie-hung konzipiert, die ihr pädagogisches Interesse eher auf die Vermittlung von Grundla-gen, denn auf sportartspezifische Ausdifferenzierungen legt. Da das Erlernen von Sport-arten *„eine umfassende Kenntnis des eigenen Körpers, der materialen und sozialen Um-welt, das handelnde Umgehen-Können mit sich selbst, mit Materialien und anderen Per-sonen"* (SCHILLING 1992a, 17) voraussetzt, ist es nur folgerichtig, daß die Motopädagogik ihr Anwendungsinteresse in den Feldern der Elementar- und Primarerziehung verortet. Diese entwicklungslogische Sichtweise eröffnet dann die Möglichkeit, mit zunehmen-dem Alter und Entwicklungsstand der Schüler sportartspezifische Inhalte im Sportunter-richt der Sonderschule zu vermitteln, da die *„Erziehung zum Sport"* den Schüler befähi-gen soll, außerhalb der Schule und nach seiner Schulzeit Sport zu treiben wie jedes an-dere Mitglied der Gesellschaft auch (WOLF 1982, 11). Dieses entspricht der historischen wie ökologischen Relevanz des Sports und könnte somit für das spätere Kindesalter und das Jugendalter unter unterschiedlichen Sinnprämissen als Entwicklungsaufgabe be-zeichnet werden. Somit werden *Bewegungserziehung* und *Sport* als sich ergänzende Maßnahmen erkannt (PAUL 1982, 70; FISCHER 1990, 209).

Zweifellos hat auch in der Sportpädagogik eine didaktische Umorientierung stattgefun-den. Nach einer längeren Inkubationszeit finden im Primarbereich jetzt Ansätze eine me-thodische Ausdifferenzierung, die in den 70er und zu Beginn der 80er Jahre konzeptionell vorbereitet wurden[113] und Sporterziehung nicht länger als Technik-Transfer sportmotori-scher Fertigkeiten begreifen, bei dem der Schüler die dargebotenen Lernelemente in Form von Übungsreihen erwirbt, sondern als Selbst- und Welterfahrung eines Subjekts in handlungsorientierten Erfahrungssituationen[114]. Im Vordergrund stehen hier erlebnisori-

---

[113] So etwa SCHERLER (1975); EHNI (1977); FUNKE (1979; 1983) und KRETSCHMER (1981).
[114] Ein solches Verständnis liegt den Ansätzen von FUNKE (1984;1987) und SCHMIDT (1989) zugrunde.

entierte Handlungseinheiten, die sich an den Bedürfnissen der Kinder orientieren: *Spielerisches Laufen, Davonlaufen und Schnellaufen; hochspringen und von oben hinabspringen; schaukeln und weit durch den Raum schwingen; Höhe erklettern und Ausschau halten; den Taumel des Rollens und Drehens erleben; konzentriert und erfolgreich im Gleichgewicht bleiben; riskante Situationen suchen und sie mit Herzklopfen meistern; Bewegungskunststücke lernen und vorführen; bis zur wohltuenden Erschöpfung anstrengen; gleiten und rutschen; an und mit Sportgeräten intensiv spielen; sich von rollenden und fliegenden Bällen faszinieren lassen* (NICKEL 1990). Ausgehend von diesen Primärbedürfnissen werden komplexe Bewegungsanreize geschaffen, die dann allmählich in sportliche Angebote integriert werden.

Die didaktischen Annäherungen zwischen Sport- und Motopädagogik sind nur folgerichtig, da das zugrundeliegende Menschenbild für behinderte und nichtbehinderte Kinder nicht unterschiedlich sein kann. Allerdings erfordert die besondere Situation entwicklungsbeeinträchtigter und behinderter Kinder auch besondere Kenntnisse der pädagogisch Handelnden in bezug auf institutionelle und unterrichtliche Bedingungen (Räumlichkeiten, spezielle Materialien und Medien, innere und äußere Differenzierung, d. h. Kleingruppenarbeit in projektiver Bearbeitung von Unterrichtsthemen) und vor allem bezüglich differentieller Entwicklungsverläufe von Kindern. Da solche speziellen Kenntnisse nach wie vor nur selten Gegenstand traditioneller Sportlehrerausbildung sind, erfordert gerade die integrative Perspektive aktueller Schultheorie[115] eine erhebliche Umstrukturierung des Selbstverständnisses von Sportlehrern und eine Integration entwicklungstheoriegeleiteter motopädagogischer Inhalte in die Aus- und Fortbildung von Bewegungserziehern.

Für das vorschulische Anwendungsfeld sind diese Entwicklungen schon fortgeschritten. Die Bedeutung von Bewegung und Spiel als ganzheitliche Medien der Erziehung unter der Leitidee der Entwicklungsförderung erfahren eine immer stärkere Implementation in die Vorschulpädagogik und den Alltag des Kindergartens. Diese Entwicklungen setzten ein mit der Pragmatisierungsphase des *Situationsansatzes* im Rahmen der Entwicklung eines eigenständigen Vorschulcurriculums. Nach der Etablierung des Kindergartens als Elementarstufe des Bildungswesens (Deutscher Bildungsrat 1973) und der Überwindung funktions- und disziplinorientierter Ansätze in der Vorschuldidaktik konnte sich in den 80er Jahren das situationsbezogene Lernen im Kindergarten flächendeckend durchsetzen[116]:

> *„Ziel der Erziehung im Kindergarten ist die Bereitstellung eines Erfahrungsraumes, in dem die Kinder an exemplarisch ausgewählten Situationen ihres gegenwärtigen Lebens erfahren sollen, daß sie diese Situationen autonom und kompetent im Sinne von Selbstbestimmung beeinflussen können, wobei die Situationen sowohl zur Bestimmung der Qualifikationen (unter dem Leitgedanken von Autonomie und Kompetenz) dienen, als auch insoweit didaktisches Prinzip sind, als nicht für sie, sondern auch in ihnen gelernt wird"* (HEBENSTREIT 1980, 128).

---

[115] Siehe die Analysen von DOLL-TEPPER (1989; 1992) und EGGERT (1994) aus motopädagogischer Sicht.
[116] Siehe LIEGLE (1988); KRENZ (1991) sowie TIETZE/ROSSBACH (1993) für eine fachhistorische Einordnung.

Ein derart verstandener Aufgabenbereich pädagogischen Handelns setzt nicht nur hohes Engagement der beteiligten Personen voraus, sondern erfordert eine institutionelle und konzeptionelle Öffnung des Kindesgartens nach außen und nach innen. An diesen Entwicklungen ist die Motopädagogik wesentlich beteiligt. Die mit *Gemeinwesenorientierung* bezeichnete Öffnung des Kindergartens nach *außen* (siehe J. ZIMMER 1985) bedeutet einerseits die Erschließung von Lernfeldern außerhalb des Kindergartens und damit die lebensweltbezogene Ermöglichung von Primärerfahrungen für Vorschulkinder, *„andererseits bedeutet Gemeinwesenorientierung die Vernetzung eines Kindergartens mit anderen Einrichtungen …"* (J. ZIMMER 1985, 31). Aus Sicht der Motopädagogik bedeutet dieses vor allem die Verschränkung der Vorschulpädagogik mit dem System der Frühförderung in der Zielsetzung des Abbaus von Segregation.

Die Frühförderung ist heute ein professionelles Arbeitsgebiet, in dem *„behinderte und von Behinderung bedrohte sowie entwicklungsgefährdete bzw. entwicklungsverzögerte Kinder"* (Hessischer Sozialminister 1987) konkrete Förderung erfahren. Interessanterweise ist die Frühförderung das einzige gesellschaftlich anerkannte interdisziplinäre Anwendungsfeld, in dem die sonst strikte Trennung von pädagogischer und therapeutischer Intervention aufgehoben ist. Einen Aufriß der historisch-institutionellen Entwicklung der Frühförderung in der Bundesrepublik Deutschland zu einem ökologisch orientierten Fördersystem und die fachlich-inhaltliche Konturierung eines motopädagogischen Teilsystems haben wir an anderer Stelle vorgenommen; diese soll hier nicht wiederaufgenommen werden (siehe FISCHER 1989b; 1991a). Entscheidend sind die aktuellen, konzeptionellen Entwicklungen innerhalb der Frühförderung, die den motopädagogischen Beitrag immer stärker ins Blickfeld rücken. Bestimmten noch vor wenigen Jahren technokratisch-funktionalistische Modellvorstellungen den professionellen Alltag, die sich an Entwicklungsdefiziten der Kinder orientierten, so richtet sich die Förderpraxis jetzt auf die Unterstützung der Selbstkompetenz (Persönlichkeit) des Kindes bei gleichzeitiger Berücksichtigung der Verantwortlichkeit der Familie und der einbindenden ökologischen Systeme (Freunde, Nachbarschaft, Hilfsdienste, Gesellschaftssystem) (vergl. WEISS 1990, 199).

Das neue Paradigma stützt sich vor allem auf zwei wesentliche kategoriale Veränderungen in der wissenschaftlichen Erkenntnistheorie. Erstens wird jedes Individuum, auch das funktionsbeeinträchtigte Kind, heute als Subjekt, also als unteilbares ganzes Individuum – nichts anderes heißt das Wort In-dividuum (vergl. SPECK 1988, 354) – gesehen. Dieses stellt eine veränderte Sicht des Menschenbildes dar. Zum zweiten – und dieses resultiert aus dem veränderten Menschenbild – wird dem Kind die Kompetenz zugeschrieben, sich selbständig in der Auseinandersetzung mit der personalen und dinglichen Umwelt zu entwickeln. Entwicklung ist somit nicht Folge spezieller therapeutischer Intervention, sondern ein ständiger Interaktionsprozeß zwischen dem Kind und seinen Bezugspersonen sowie seiner materialen Umwelt – genau dieses haben wir in unserer Arbeit als triadisches Strukturmodell motopädagogischer Entwicklungsförderung ausgewiesen und entwicklungstheoretisch begründet. Die Ausgestaltung der Wechselbeziehungen geschieht im Handeln. Die entscheidenden neuen Begriffe sind somit *Kompetenz*, *Interaktion* und *Handlung* (FISCHER 1989b, 86). Mit dieser konzeptionellen Neuorientierung ist in der Frühförderung ein Medium avanciert, das die tätigkeitsgebundene und damit kindgerechte Entwicklung in geradezu idealer Weise modelliert: die Bewegungshandlung als ganzheitliches Gestaltungsprinzip von Entwicklungsprozessen (vergl. WALTHES 1991).

Die fachlich-institutionelle Vernetzung des Kindergartens und der Frühförderung ergibt sich aus dem gemeinsamen Interesse der beiden Früherziehungssysteme an der Entwicklungsförderung von Kindern. Dabei wird dem Kindergarten zunehmend die Bedeutung eines wichtigen Beobachtungsfeldes für die Früherkennung von Entwicklungsbeeinträchtigungen, die erst in dieser Altersstufe oder nur in der Gruppensituation sichtbar werden, zuerkannt. Daraus abgeleitet wird ein besonderer, integrativer Förderauftag des pädagogischen Fachpersonals im Vorschulbereich. Diesen Entwicklungen tragen die *„Vorläufigen Richtlinien der Frühförderung"* (1987) in Hessen an herausragender Position im Frühfördersystem der Bundesrepublik Rechnung:

„Ein besonders wichtiges Interventionsfeld für pädagogische Frühförderung stellen Kindertagesstätten, insbesondere Kinderkrippen und Kindergärten, dar. Der Kindergarten wird als Elementarbereich des allgemeinen Erziehungs- und Bildungswesens von nahezu allen Kindern der entsprechenden Altersstufe besucht. Er kann als pädagogisch ausgestaltetes und fachqualifiziert besetztes Sozialisationsfeld in Zusammenarbeit mit Fachkräften der Frühförderung ggf. einen eigenständigen Beitrag zur Frühförderung leisten. In ihm können begonnene Frühfördermaßnahmen fortgesetzt werden. Therapeutische Maßnahmen können in das pädagogische Altersgeschehen integriert werden, und er kann ganz wesentlich zur sozialen Integration behinderter Kinder und ihrer Familien beitragen. Hier kommt den verschiedenen Formen der gemeinsamen Förderung und der Erziehung behinderter und nichtbehinderter Kinder in Kindergärten eine ganz besondere Bedeutung zu" (Hessischer Sozialminister 1987, 805).

Aktuelle Schwerpunktsetzungen des speziellen Förderauftrags seien am Beispiel der Pädagogischen Frühförderstelle der Lebenshilfe Gießen e.V. sowie des Vereins zur Bewegungsförderung Psychomotorik e.V. Marburg exemplarisch verdeutlicht[117]: Neben

---

[117] Die pädagogische Frühförderstelle in Gießen steht unter der Trägerschaft des Vereins Lebenshilfe e.V., Gießen. Im Jahre 1985 wurde das Projekt *„Begleitende Beratung und Förderung in Regelkindergärten"* (BBF) eingerichtet. Entstanden ist das Angebot aufgrund vermehrten Auftretens von auffälligen Kindern in Regelkindergärten und nach Anfragen von seiten der kinder- und jugendärztlichen Abteilung des Gesundheitsamtes in Gießen, die in ihren Vorsorgeuntersuchungen 30% entwicklungsauffällige Kinder diagnostizierte. Es wurde die Notwendigkeit einer interdisziplinären Zusammenarbeit mit der neuropädiatrischen Abteilung der Universitäts-Kinderklinik, den niedergelassenen Kinderärzten, dem pädagogischen und therapeutischen Fachpersonal des Kinderzentrums der Arbeiterwohlfahrt Gießen sowie den Ämtern für Gesundheit und Jugend der Stadt Gießen gesehen und aufgebaut. Die Frühförderung selbst erfolgt auf der Basis des entwicklungsorientierten Konzepts der Erziehung durch Bewegung (Motopädagogik). Zur Zeit werden ca. 320 Kinder in 30 Kindergärten betreut.
Der Verein zur Bewegungsförderung Psychomotorik e. V. Marburg wurde im Oktober 1984 als Elterninitiative mit Unterstützung durch das Institut für Sportwissenschaft und Motologie der Philipps-Universität Marburg gegründet. Zweck des Vereins ist es, insbesondere bewegungsauffällige Kinder, Jugendliche, Erwachsene und Senioren durch geeignete Bewegungsangebote in der Entwicklung ihrer Persönlichkeit zu fördern Die Hauptzielgruppe des Vereins bilden Kinder im *Vor- und Grundschulalter.* Die Fördergruppen werden sowohl eigenständig in Absprache mit den Eltern der betroffenen Kinder als auch in Zusammenarbeit mit Kindergärten, Grund- und Sonderschulen und Frühförderstellen eingerichtet. Gegenwärtig werden etwa 350 Kinder in enger Kooperation mit den jeweiligen Einrichtungen motopädagogisch gefördert und beraten.

der Mobilen Hausfrühförderung, in der entwicklungsgefährdete Kleinkinder eine konkrete Hilfe erfahren, kommt dem Konzept der *Begleitenden Beratung und Förderung in Regelkindergärten*[118] eine zunehmende Bedeutung zu. Zu den Kindergärten und Kindertagesstätten innerhalb des Einzugsgebietes bestehen intensive Kontakte mit vier Aufgabenschwerpunkten:

- Wöchentlich stattfindende *Psychomotorikgruppen*, die auf die Förderung der Gesamtpersönlichkeit der Kinder über das Medium der Bewegung zielen.

- *Elternarbeit*: In Gesprächen werden Eltern über die Entwicklung ihres Kindes beraten. Außerdem werden praxisbezogene Eltern-Kind-Nachmittage zu motopädagogischen Förderthemen angeboten. Ausgehend von dem bei BRANDTSTÄDTER (1985), RAUH (1985) und WÖHLER (1986) formulierten Konzept handlungsorientierter Entwicklungsberatung richtet sich die Beratung auf die Familie als Entwicklungsgemeinschaft und die Bereitstellung spezieller Hintergrundinformationen, die dem zu fördernden Kind eine tätigkeitsbezogene Konflikt- und Aufgabenbewältigung ermöglichen.

- Die *Erzieherinnen und Erzieher* werden in der Arbeit mit einzelnen Kindern beraten. Diese richtet sich auf die Möglichkeiten des Mikrosystems Kindergarten als Kontext zur Initiierung entwicklungsfördernder sozialer Prozesse. Zudem werden themenspezifische Fortbildungen angeboten, z. B. Psychomotorik im Kindergartenalltag; Entwicklungs- und Verhaltensauffälligkeiten (z. B. Wahrnehmungsauffälligkeiten, Linkshänderbetreuung, hyperaktive Kinder).

- *Maßnahmen zur Einzelintegration*: Einzelintegration ist eine sozial-pädagogische Maßnahme, die die Möglichkeit schafft, ein behindertes Kind in den Lebensraum des Regelkindergartens zu integrieren und dort zu fördern. Der Kindergartenalltag bietet für das Kind eine Fülle von Gelegenheiten, im Rahmen von Gruppenprozessen und Spielsituationen Handlungskompetenz zu erwerben und Kontakt zu anderen Kindern aufzunehmen. Übergeordnetes Ziel der gemeinsamen Erziehung ist es, eine Atmosphäre der gegenseitigen Akzeptanz unter Berücksichtigung der individuellen Besonderheiten herzustellen.

Die Verschränkung des Kindergartens mit Angeboten der Frühförderung bedeutet für alle pädagogisch Handelnden vor allem teambezogenes Handeln und damit eine vereinte Verantwortlichkeit für eine integrative Erziehung. Für die Kinder selbst bedeutet diese Vernetzung eine Erweiterung des familiären Erfahrungsraumes und die Grundlegung für eine entwicklungsfördernde soziale Beziehungsgestaltung im Lebensraum Kindergarten.

Im Bundesgebiet existieren zur Zeit ca. 450 Vereine und Einrichtungen, die sich um die spezielle bewegungsorientierte Förderung entwicklungsbeeinträchtigter Kinder bemühen. Eine Übersicht zur Aufgabendifferenzierung und zur Personalstruktur speziell zur Frühförderung in den kreisfreien Städten und Landkreisen in Hessen ist dem Abschlußbericht der Projektgruppe Frühförderung in Hessen (siehe HERBERG/JANTSCH/SAMMLER 1992) zu entnehmen.

[118] Siehe die Konzeptbeschreibungen bei FISCHER/MACHMOR-FRITSCHE/LUCKERT/RÖWEKAMP/SEEBERGER (1990) sowie ERTEL/GAUDIER/FRANK (1993).

Damit untrennbar verbunden sind die Prozesse, die eine Öffnung des Kindergartens *„nach innen"* beinhalten (J. ZIMMER 1985, 31) und die Bewegung als wesentliches Ausdrucks- und Erfahrungsmedium des Kindergartenalltags und somit als integralen Bestandteil dieser Elementarerziehung begreifen (vergl. R. ZIMMER 1993a, 330). Zu Beginn der Entwicklungen stand die Bestandserhebung der Deutschen Sportjugend im Jahre 1979 *„Zur Situation der Bewegungserziehung in Kindergarten und Verein"*, die erhebliche Mängel und Schwachstellen hinsichtlich der räumlichen und materiellen Bedingungen der untersuchten Kindergärten, der Gestaltung der Bewegungsangebote und der Qualifikation des Kindergartenfachpersonals auf dem Gebiet der Bewegungserziehung feststellte (vergl. FISCHER/KERSTE/PASSOLT 1985, 105). In dem anschließenden Diskurs zwischen Kindergartendidaktikern und Fachdidaktikern der Bewegungserziehung wurden Empfehlungen zur frühkindlichen Bewegungserziehung gegeben, und es wurde der Frage nachgegangen, wie eine Bewegungserziehung im Rahmen einer situationsorientierten Kindergartenarbeit konkret aussehen könnte. Wollte die Bewegungserziehung nicht als Wiederaufnahme überwundener, disziplinorientierter Sinngebungen der Vorschulpädagogik mißverstanden werden – etwa als frühzeitige Hinführung zu spezifischen Sportarten instrumentalisiert zu werden –, mußte sie wesentliche Strukturveränderungen zulassen. Genau dieses wurde mit der Konzepterweiterung von der *Erziehung zur Bewegung* zu einer *Erziehung durch Bewegung* realisiert. In der Folge traten Aspekte in den Vordergrund, die die lebensweltliche Orientierung der Einheiten des Curriculums Soziales Lernen (Arbeitsgruppe Vorschulerziehung 1974, 1976; COLBERG-SCHRADER/KRUG 1980) um die bewegungspädagogische Perspektive möglicher Handlungs- und Erfahrungsräume erweiterten[119].

„Wenn sich der Kindergarten als eine Institution versteht, die sich die ganzheitliche Förderung und Erziehung von Kindern zur Aufgabe macht, dann dürfen Körper- und Bewegungserfahrungen weder in einen Lernbereich „Sport" abgeschoben werden, noch dürfen sie auf festgelegte Zeiten beschränkt sein, sie müssen zum integrierten Bestandteil des Kindergartenalltags werden" (ZIMMER 1993a, 336).

Genau diese Schwerpunktsetzungen finden heute immer stärker Eingang in die Richtlinien bzw. Rahmenkonzeptionen zur Bewegungserziehung im Kindergarten verschiedener Bundesländer (Hessischer Sozialminister 1983; MAGS 1992). In allen neueren Richtlinien sind die entscheidenden Elemente der Motopädagogik realisiert, wie: *„Eigentätigkeit des Kindes fördern, durch individuelle Erfahrungen in der Gruppe zu einer erweiterten Handlungs- und Kommunikationskompetenz zu gelangen oder durch Erleben und Spiegeln der eigenen Leistungsfähigkeit in der Gruppe zu Selbstvertrauen und Stabilität in der Person zu gelangen, ..."* (SCHILLING 1990a, 60).

Nach der Reformeuphorie der 70er Jahre und der Pragmatisierungsphase in den 80er Jahren haben Forschungen im Bereich der Vorschulpädagogik gegenwärtig keine gesellschaftliche Priorität (TIETZE/ROSSBACH 1993). Angesichts der analysierten drastischen Veränderungen kindlicher Lebenswelten und der damit einhergehenden Einschränkun-

---

[119] Siehe die Anregungen bei FISCHER/KERSTE/PASSOLT (1985) sowie die Projektberichte von ZIMMER (1992) und UNGERER-RÖHRICH (1993).

gen personaler Entwicklungspotentiale könnte der persönlichkeitsbildende Ansatz in der Vorschuldidaktik (REGEL/WIELAND 1984; BÜCHSENSCHÜTZ/REGEL 1992; ZIMMER 1992; 1993d) den Forschungen im Handlungsfeld Kindergarten neue Initiativkraft verleihen. Dabei sind aus motopädagogischer Sicht die drei in unserer Arbeit fundierten metatheoretischen Orientierungen erkenntnisleitend (siehe Kapitel 5.1):

- Entwicklung erfolgt als subjektive Sinnkonstruktion des Kindes. Körper und Bewegung stellen in einem solchen Verständnis das Bindeglied zwischen Innenwelt und Außenwelt des Kindes dar und sind somit Medien der Erkenntnisgewinnung.

- Die Entwicklung des Vorschulkindes erfolgt durch seine aktive Auseindersetzung mit Personen und Gegenständen. Diese Aushandlungsprozesse bilden persönliche und soziale Identität und bewirken Kompetenz. Die ökopsychologisch begründete Partnerschaft zwischen Kind und Umwelt beinhaltet auch die kindgerechte räumliche Umgestaltung und Nutzung des Lebensraumes Kindergarten. Die jüngsten Entwicklungen *„Offener Kindergartenarbeit"* mit den Strukturverschiebungen vom Sitzkindergarten zum Bewegungskindergarten (siehe REGEL 1992) sind ein gutes Zeugnis für diesen Erkenntniswandel.

- Die Responsivität kindlicher Identitätsbildungsprozesse auf die Angebotsstruktur der Lebensumwelt setzt hohe Ansprüche an die erzieherische Kompetenz der pädagogisch Handelnden in bezug auf fachliches Können und Wissen. Dies begründet den eigenständigen und kindgerechten Bildungs- und Erziehungsauftrag der Institution Kindergarten, der über eine bloße Betreuungsnotwendigkeit weit hinausgeht: *„Vieles spricht dafür, daß eine verantwortungsvolle und durchdachte vorschulische Erziehung wichtig ist, um Kinder mit den Basisfähigkeiten auszustatten, die für eine erfolgreiche Bewältigung bedeutsamer Lebenssituationen in ihrem weiteren Leben erforderlich sind"* (TIETZE 1989, 1602).

Bewegungstätigkeit als motivierende Erkundungsaktivität zum Gegenstand des Kindergartenalltags zu machen und zu fördern ist in dieser Perspektive das kindgerechteste und effektivste pädagogische Mittel.

5.4 Rückblick

In unserem Problemaufriß haben wir die Motologie als entwicklungstheoriegeleitete Handlungswissenschaft ausgewiesen, die ihr Forschungsinteresse auf die dynamische Person-Umwelt-Interaktion richtet. Damit war zunächst eine Programmatik benannt, die bisher wenig systematisch in dem noch jungen Wissenschaftsgebiet diskutiert wurde. Der vorherrschende Teil dieser Arbeit war somit getragen von der Intention, diejenigen Bestimmungsstücke auszuweisen und zu begründen, die den Status einer aktional getragenen Entwicklungswissenschaft im Anwendungsgebiet der Erziehungswissenschaften rechtfertigen (vergl. BALTES/SOWARKA 1983).

Die Komplexität der Entwicklungsphänomene im Kindesalter macht es notwendig, verschiedene Entwicklungstheorien zur Erklärung heranzuziehen. Eine solche Synopse erhält dann die Bedeutung einer Rahmentheorie oder auch Metatheorie, der die Funktion der wissenschaftlichen *Orientierung* für das Entwicklungsgeschehen bzw. für pädagogische Entscheidungen zukommt. Wissenschaftliche (Entwicklungs-) Theorien und Konzepte können Realität nicht abbilden; sie haben lediglich Konstruktcharakter zur Erklärung von (Teil-) Prozessen, aus dem keine Handlungsprogramme für die Praxis logisch-systematisch abgeleitet werden können (vergl. MONTADA 1983). Um die Wirkweise spezifischer Praxisbedingungen zu verstehen, muß der Wissenschaftler wie der pädagogisch Handelnde sich in die ökologisch valide Situation hineinbegeben und am Geschehen teilnehmen. Als Teilnehmer hat er dann die Möglichkeit, das Entwicklungsgeschehen zu beeinflussen, hier nicht verstanden als Instruktion oder Manipulation, sondern als Anregung und Mitgestaltung von Aufgabenstellungen (Entwicklungsaufgaben), die das Kind als Handlungssubjekt und gleichberechtigten Partner voraussetzen. Als kompetente Partner des Kindes haben Wissenschaftler und Pädagoge immer einen Wissensvorsprung, der als implizite oder explizierte Zielsetzung immer dem Postulat der intersubjektiven Nachvollziehbarkeit unterliegt (vergl. HAEBERLIN 1993, 176). Ein solches Verständnis zwischen konstruktiv-erklärender Theorie und subjektiv-verstehender Praxis wurde unserer entwicklungstheoretischen Fundierung der Motologie des Kindesalters zugrundegelegt.

Eine der grundlegenden Problemstellungen motologischer Theoriekonstruktion ist das Verhältnis von Kognition und Aktion. Es ist das Verdienst der strukturgenetischen Tradition der Entwicklungstheorie, die basale Bedeutung der Handlung als Entwicklungsprozessor für ein mehrdimensionales Konstrukt kognitiver Strukturen ausgewiesen zu haben. Entsprechend dieser Bedeutung wurde das Grundkonzept von PIAGETS klassischer Theorie (Strukturkonzept, Entwicklungsmechanismen, Hierarchiepostulat) spezifiziert und einer Theoriekritik unterzogen. Dabei konnte verdeutlicht werden, daß erst das Spätwerk PIAGETS und die postpiagetsche Theoriediskussion die notwendige Akzentverlagerung in Richtung einer performanztheoretischen und ökologischen Subjektkonstruktion durch Handeln einleitet bzw. vornimmt[120].

Entsprechend wurde hier die *Entwicklungsperspektive durch Handeln* begründet. Als Bestimmungsstücke des Handlungskonstrukts konnten die ökologische Entwicklungsperspektive, die Mechanismen der Realitätskonstruktion und die Bedeutung der Handlungskompetenz als tragendes Element der Persönlichkeitsentwicklung ausgewiesen werden. Handlung wurde dabei als vermittelndes, d. h. Kognitionen, Emotionen und Sozialkompetenz integrierendes und damit die Entwicklung modellierendes Element beschrieben.

Als entwicklungsorientierte Handlungswissenschaft richtet die Motologie ihr Forschungsinteresse nicht nur auf Bewegungshandlungen im frühen Kindesalter, die spätere sportmotorische Aktivitäten vorbereiten. Der finale Bezug der Persönlichkeitsentwicklung impliziert eine weite Begriffsfassung der bewegungsbezogenen Handlungsthematik. Dazu gehört auch der Erwerb der Schriftsprache, den wir mit KOSSAKOWSKI (1991) als

---

[120] Um an dieser Stelle Doppelungen zu vermeiden, sei auf die ausführlichen Zusammenfassungen am Ende der Hauptkapitel verwiesen.

den einschneidenden Meilenstein in der Erkenntnisentwicklung des Kindes zu Beginn der Grundschulzeit bezeichnet haben. Unter einer Anwendungsperspektive wurde der Prozeß des Schriftsprachenerwerbs einer dimensionalen Analyse unterzogen in dem Bestreben, diejenigen handlungsbezogenen Teilprozesse zu identifizieren, die dem eigentlichen „Schreibenlernen" entwicklungslogisch vorausgehen. Dabei haben wir die kognitionspsychologische Terminologie verlassen und eine neurowissenschaftliche Perspektive eingenommen. Aus der Analyse interdisziplinärer Forschungsergebnisse, die eine Betrachtung sprachhistorischer Aspekte einschloß, konnten die neuronalen Verarbeitungsmodalitäten der Komplexleistung „Graphomotorik" (Sprache, Wahrnehmung, Feinmotorik) in einem integrativen Modell gesichert werden und in die für eine Förderung relevante entwicklungslogische Ereignisfolge (Bewegungs-) *Handeln – Sprechen – Schreiben* transformiert werden. Durch Exemplifikation inhaltlicher und methodischer Konsequenzen konnte eine Passung zwischen der Forschungsebene und der handlungsorientierten motopädagogischen Förderpraxis hergestellt werden. Dabei zielt letztere in dieser speziellen Thematik auf jene Tiefenstrukturen, die für alle Kinder – vor allem auch Kinder mit ungünstigen Lernvoraussetzungen – als Basisqualifikationen für den Erwerb der Kulturtechniken als schulische Entwicklungsaufgaben gelten können.

Mit der Förderung von Basiskompetenzen wurde für die Motopädagogik des Kindesalters ein Aufgabenfeld markiert, das einen konzeptionell gleitenden Übergang vom Elementar- zum Primarbereich sichert und den Identitätsbildungsprozeß über das Medium der Bewegungshandlung entwicklungswirksam gestaltet. Mit dieser konzeptionellen Ausrichtung realisiert der motopädagogische Denkansatz einen kindgerechten Bildungsauftrag im Schnittfeld von Entwicklung und Erziehung.

Literatur

AEBLI, H. (1963): *Über die geistige Entwicklung des Kindes*. Stuttgart: Klett.

AEBLI, H. (1984): Handlungen verstehen. In: ENGELKAMP, J. (Hrsg.): *Psychologische Aspekte des Verstehens* (S. 131–146). Berlin: Springer.

ALKON, D. L. (1989): Gedächtnisspuren in Nervensystemen und künstliche neuronale Netze. *Spektrum der Wissenschaft*, 9, 66–75.

ALLMER, H. (1985): Entwicklungspsychologie aus handlungstheoretischer Sicht: Implikationen für die Theoriebildung und Forschungskonzeption. *Psychologische Rundschau*, 46, 4, 181–190.

ALTHERR, P. (1990): Kinder- und Jugendpsychiatrie und Psychomotorik. In: HUBER, G./RIEDER, H./NEUHÄUSER, G. (Hrsg.): Psychomotorik in Therapie und Pädagogik (S. 159–172). Dortmund: modernes lernen.

ANDERSON, N. H. (1981): *Foundations of information integration theory*. New York: Academic Press.

ANDERSON, N. H./CUNEO, D. O. (1978): The heigth and width rule in children´s judgements of quantity. *Journal of Experimental Psychology*, 107, 335–378.

Arbeitsgruppe Vorschulerziehung (Hrsg.) (1974): *Anregungen I: Zur pädagogischen Arbeit im Kindergarten*. München: Juventa.

Arbeitsgruppe Vorschulerziehung (Hrsg.)(1976): *Anregungen II: Didaktische Einheiten im Kindergarten*. München: Juventa.

ARGYLE, M. (1979): *Körpersprache und Kommunikation*. Paderborn: Junfermann.

AUWÄRTER, M./KIRSCH, E. (1982): Zur Entwicklung interaktiver Fähigkeiten. *Zeitschrift für Pädagogik*, 28, 2, 273–298.

BAAKE, D. (1984): *Die 6- bis 12jährigen*. Weinheim: Beltz.

BAHRDT, H. P. (1974): *Umwelterfahrung. Soziologische Betrachtungen über den Beitrag des Subjekts zur Konstitution von Umwelt*. München: Nymphenburger Verlagsanstalt.

BAHRICK, L. E. (1988): Intermodal learning in infancy: Learning on the basis of invariant relations in audible and visible events. *Child Development*, 59, 197–209.

BAHRICK, L. E./WATSON, J.S. (1985): Detection of intermodal proprioceptive-visual contingency as a potential basis for self-perception in infancy. *Developmental Psychology*, 21, 963–973.

BAKER-SENNETT, J./MATUSOV, E./ROGOFF, B. (1993): Planning as developmental process. *Advances of Child Development*, 24, 253-281.

BALTES, P. B. (1990): Entwicklungspsychologie der Lebensspanne: Theoretische Leitsätze. *Psychologische Rundschau*, 41, 1–24.

BALTES, P. B./SOWARKA, D. (1983): Entwicklungspsychologie und Entwicklungsbegriff. In: SILBEREISEN, R. K./MONTADA, L. (Hrsg.): *Entwicklungspsychologie. Ein Handbuch in Schlüsselbegriffen* (S. 11–29). München: Urban & Schwarzenberg.

BARKER, R. G./WRIGHT, H. F. (1954): *Midwest and its children; the psychological ecology of an American town*. Evanston, Ill.: Row, Peterson.

BARTH, K. (1992): Erzieherinnen beurteilen Kinder auf ihre Schulfähigkeit. *Kindergarten heute*, 22, 2, 40–50.

BAUMGARTNER, U./HALG, D. (1989): *Graphomotorik am Beispiel hyperaktiver Kinder*. Idstein: Schulz-Kirchner.

BAUR, J. (1988): Entwicklungstheoretische Konzeptionen in der Sportwissenschaft. *Sportwissenschaft*, 18, 4, 361–386.

BAUR, J. (1989a): Zur Anlage-Umwelt-Kontroverse: Die Entwicklung der Motorik in der frühen Kindheit. In: BRETTSCHNEIDER, W.-D./BAUR, J./BRÄUTIGAM, M. (Red.): *Bewegungswelt von Kindern und Jugendlichen* (S. 74–85). Schorndorf: Hofmann.

BAUR, J. (1989b): *Körper- und Bewegungskarrieren*. Schorndorf: Hofmann.

BEILIN, H. (1989): Piagetian theory. In: VASTA, R. (Ed.): *Annals of Child Development* (pp. 85–131). Vol. 6: Developmental Theory. Greenwich, Conn.: Jai Press.

BEILIN, H. (1992): Piaget's new theory. In: BEILIN, H./PUFALL, P. B. (Eds.): *Piaget's theory: Prospects and possibilities*. Hillsdale (N. J.): Erlbaum.

BEILIN, H. (1993): Konstruktivismus und Funktionalismus in der Theorie Jean Piagets. In: EDELSTEIN, W./HOPPE-GRAFF, S. (Hrsg.): *Die Konstruktion kognitiver Strukturen* (S. 28–67). Bern: Huber.

BERTENTHAL, B. I./CAMPOS, J. J./BARRETT, K. C. (1984): Self-produced locomotion: An organizer of emotional, cognitive, and social development in infancy. In: EMDE, R. N./HARMON, R. J. (Eds.): *Continuities and discontinuities in development* (pp. 175–210). New York: Plenum Press.

BERTRAND, L. (1982): Die Entwicklung des Raum-Zeit-Begriffs beim Kind. Motorik, 5, 4, 136–142.

BIELEFELD, J. (Hrsg.) (1986): *Körpererfahrung*. Göttingen: Hogrefe.

BIELEFELD, J. (1987): Sportunterricht und/oder Motopädagogik? *Motorik,* 10, 1, 30–40.

BISCHOF, N. (1966): Stellungs-, Spannungs- und Lagewahrnehmung. In: METZGER, W. (Hrsg.): *Handbuch der Psychologie* Bd. 1. (S. 422-430). Göttingen: Hogrefe.

BLÖCHER, E. (1983): *Schwierigkeiten beim Schreibenlernen – Erkennen und Behandeln von Grundursachen*. Langenau-Ulm: Armin Vaas.

BOCHNIG, S. (1993): Bausteine für eine bespielbare Stadt. Neue Aufgaben für Freiraumplanung und Stadtentwicklung. *Spielraum*, 14, 1, 3–8.

BÖS, K./MECHLING, H. (1983): *Dimensionen sportmotorischer Leistungen*. Schorndorf: Hofmann.

BOESCH, E. E. (1980): *Kultur und Handlung*. Bern: Huber.

BOLLNOW, O. F. (1976[3]): *Mensch und Raum*. Stuttgart: Klett.

BRAND, I. (1990): Lernen braucht alle Sinne – Förderung der Wahrnehmungsfähigkeit. *Grundschule*, 22, 4, 20–22.

BRAND, I./BREITENBACH, E./MAISEL, I. (1988[4]): *Integrationsstörungen – Diagnose und Therapie im Erstunterricht*. Würzburg: Maria-Stern-Schule (Selbstverlag).

BRANDTSTÄTTER, J. (1984): Entwicklung in Handlungskontexten: Aussichten für die entwicklungspsychologische Theorienbildung und Anwendung. In: LENK, H.: *Handlungstheorien interdisziplinär* (S. 848–878). Band III. 2. Halbband. München: Fink.

BRANDTSTÄTTER, J. (1985): Entwicklungsberatung unter dem Aspekt der Lebensspanne: Zum Aufbau eines entwicklungspsychologischen Anwendungskonzepts. In: BRANDTSTÄTTER, J./GRÄSER, H. (Hrsg.): *Entwicklungsberatung unter dem Aspekt der Lebensspanne* (S. 1–15). Göttingen: Hogrefe.

BRANDTSTÄTTER, J. (1986): Personale Entwicklungskontrolle und entwicklungsregulatives Handeln: Überlegungen und Befunde zu einem vernachlässigten Forschungsthema. *Zeitschrift für Entwicklungspsychologie und Pädagogische Psychologie*, 18, 316–334.

BROCA, P. (1881): Remarques sur le siège de la faculté du langage articulé suives d'une observation d'aphemie. *Bulletin Societé Anatomique* 6, 330–357.

BRODTMANN, D./LANDAU, G. (1980): An Problemen lernen im Sportunterricht. *Sportpädagogik*, 4, 1, 16–22.

BRONFENBRENNER, U. (1979/1989): *The ecology of human development*. Cambridge, Mass.: Harvard University Press. (dt.): *Die Ökologie der menschlichen Entwicklung*. Frankfurt: Fischer.

BRONFENBRENNER, U. (1986a): Recent advances in research on the ecology of human development. In: SILBEREISEN, R. K./EYFERTH, K./RUDINGER, G. (Eds.): *Development as action in context* (pp. 287–309). Berlin: Springer.

BRONFENBRENNER, U. (1986b): Ecology of the family as a context for human development: research perspectives. *Developmental Psychology*, 22, 723–742.

BRONFENBRENNER, U. (1989): Ecological systems theory. *Annals of Child Development*, 6, 187–249.

BRONFENBRENNER, U. (1990): The ecology of cognitive development. *Zeitschrift für Sozialisationsforschung und Erziehungssoziologie*, 10, 2, 101–114.

BRONFENBRENNER, U. (1992): Städte sind für Kinder da! *Spielraum*, 13, 143–147.

BRUNER, J. S. (1968a): *Processes of cognitive growth: infancy* (vol. 3). Heinz Werner Lecture Series. Worcester, Mass.: Clarc Univ. Press.

BRUNER, J. S. (1968b): Up from helplessness. *Psychology Today*, 66–67.

BRUNER, J. S. (1987): *Wie das Kind sprechen lernt*. Stuttgart: Huber.

BRUNSWIK, E. (1934): *Wahrnehmung und Gegenstandswelt*. Leipzig: Deuticke.

BRUNSWIK, E. (1955): Representative design and probabilistic theory in the functional psychology. *Psychological Review*, 62,193–217.

BÜCHNER, P. (1985): Verplant, vermarktet, verzogen. Kindsein heute. *Welt des Kindes*, 63, 6, 434–439.

BÜCHSENSCHÜTZ, J./REGEL, G. (Hrsg.) (1992): *Mut machen zur gemeinsamen Erziehung*. Hamburg: EBV Rissen.

BUGGLE, F. (1985): *Die Entwicklungspsychologie Jean Piagets*. Stuttgart: Kohlhammer.

BULLENS, H. (1982): Die Entwicklung des begrifflichen Denkens. In: OERTER, R./ MONTADA, L. (Hrsg.): *Entwicklungspsychologie* (S. 425–474). München: Urban & Schwarzenberg.

BUYTENDIJK, F. J. J. (1956): *Allgemeine Theorie der menschlichen Haltung und Bewegung*. Berlin: Springer.

CELLÉRIER, G. (1993): Strukturen und Funktionen. In: EDELSTEIN, W./HOPPE-GRAFF, S. (Hrsg.): *Die Konstruktion kognitiver Strukturen* (S. 68–91). Bern: Huber.

CHAPMAN, M. (1987): Piaget, attentional capacity and the functional implications of formal structure. *Advances in Child Development and Behavior*, 20, 289–334.

CHAPMAN, M. (1992): Equilibration and the dialectics of organization. In: BEILIN, H./PUFALL, P. B. (Eds.): *Piaget`s theory: Prospects and possibilities* (pp. 39–59). Hillsdale, N. J.: Erlbaum.

CIOMPI, L. (1988): *Außenwelt, Innenwelt. Die Entstehung von Zeit, Raum und psychischen Strukturen*. Göttingen: Vandenhoeck & Ruprecht.

CLAUSS, A. (1981): *Förderung entwicklungsgefährdeter und behinderter Heranwachsender*. Erlangen: Perimed.

COLBERG-SCHRADER, H./KRUG, M. (1980): *Lebensnahes Lernen im Kindergarten. Zur Umsetzung des Curriculums Soziales Lernen*. München: Kösel.

CONZEN, P. (1990): *Erik H. Erikson und die Psychoanalyse*. Heidelberg: Asanger.

CORBALLIS, M. C. (1983): *Human laterality*. New York: Academic Press.

DAX, M. (1865): Lésions de la moitié gauche de l'encéphale coincident avec l'oubli des signes de la pensée. *Gazette Hebdom*, 11, 259–260.

DENZER, M. (1992): Mein Auto, das bin ich. Auf der Suche nach der „Persönlichkeit" in einer psychomotorischen Entwicklungsförderung. *Motorik*, 15, 4, 222–233.

Deutsche Sportjugend (DSJ) (1979): *Zur Situation der Bewegungserziehung in Kindergarten und Verein – eine Bestandserhebung*. Frankfurt: Selbstverlag.

Deutscher Bildungsrat (1973): *Zur Einrichtung eines Modellprogramms für Curriculum-Entwicklung im Elementarbereich. Empfehlungen der Bildungskommission*. Bonn.

DIEPOLD, B. (1990): Ich-Identität bei Kindern und Jugendlichen. *Praxis der Kinderpsychologie und Kinderpsychiatrie*, 39, 214-221.

DIETRICH, K./LANDAU, G. (1989): Gegenstand und Betrachtungsweisen der Sportpädagogik. In: BALZ, E. (Red.): *Sportpädagogik - wohin?* DVS-Protokolle Nr. 16 (S. 11–22). Clausthal-Zellerfeld: Selbstverlag.

DIETRICH, K./LANDAU, G. (1990): *Sportpädagogik*. Reinbek: Rowohlt.

DÖRNER, D. (1974): *Die kognitive Organisation beim Problemlösen*. Bern: Huber.

DÖRNER, D. (1984): Denken, Problemlösen und Intelligenz. *Psychologische Rundschau*, 35, 1, 10–20.

DOLL-TEPPER, G. (1989): Gemeinsames Lernen Behinderter und Nichtbehinderter. Überlegungen zur Integration im Sportunterricht. In: IRMISCHER,T./FISCHER, K. (Red.): *Psychomotorik in der Entwicklung* (S. 113–119). Schorndorf: Hofmann.

DOLL-TEPPER, G. (1992): Konzeptionelle Ansätze integrativen Sporttreibens. In: SPEIKE-BARDORFF, S. (Red.): *Integration durch Sport* (S. 25–30). Frankfurt: Sportjugend Hessen.

DREHER, M. (1985): Planung im Jugendalter: Konzepte der Handlungsorganisation. In: OERTER, R. (Hrsg.): *Lebensbewältigung im Jugendalter* (S. 62–68). Weinheim: VCH.

DREHER, E./DREHER, M. (1985): Wahrnehmung und Bewältigung von Entwicklungsaufgaben im Jugendalter: Fragen, Ergebnisse und Hypothesen zum Konzept einer Entwicklungs- und Pädagogischen Psychologie des Jugendalters. In: OERTER, R. (Hrsg.): *Lebensbewältigung im Jugendalter* (S. 30–62). Weinheim: Edition Psychologie VCR.

DREHER, M./OERTER, R. (1987): Action planning competencies during adolescence and early childhood. In: FRIEDMAN, S. L./SCHOLNICK, E. K./COCKING, R. R. (Eds.) (1987a): *Blueprints for thinking: The role of planning in cognitive development* (pp. 321–355). Cambridge: Cambridge University Press.

DUNN, B. R./REDDIX, M. D./DUNN, D. A. (1993): Ganzheitlicher und analytischer kognitiver Stil. In: BALHORN, H./BRÜGELMANN, H. (Hrsg.): *Bedeutungen erfinden – im Kopf, mit Schrift und miteinander* (S. 73–82). Konstanz: Faude.

ECKENSBERGER, L. (1979): Die ökologische Perspektive in der Entwicklungspsychologie: Herausforderung oder Bedrohung? In: WALTER, H./OERTER, R. (Hrsg.): *Ökologie und Entwicklung* (S. 264–281). Donauwörth: Auer.

EDELSTEIN, W. (1993): Soziale Konstruktion und die Äquilibration kognitiver Strukturen: Zur Entstehung individueller Unterschiede in der Entwicklung. In: EDELSTEIN, W./HOPPE-GRAFF, S. (Hrsg.): *Die Konstruktion kognitiver Strukturen* (S. 92–106). Bern: Huber.

EDELSTEIN, W./HOPPE-GRAFF, S. (Hrsg.) (1993): *Die Konstruktion kognitiver Strukturen*. Bern, Göttingen, Toronto: Huber.

EGGERT, D. (1987a): Sonderpädagogische Psychomotorik – ein Konzept für einen Schwerpunkt in der sonderpädagogischen Ausbildung im Fach Psychologie der Behinderten. *Sonderschule in Niedersachsen*, 4, 26–41.

EGGERT, D. (1987b): Grundlagen und Inhalte eines Konzepts zur Integration der Psychomotorik in die Sonderpädagogen-Ausbildung. *Motorik*, 10, 4, 135–144.

EGGERT, D. (1994a): Integration, Motopädagogik und Sport. Möglichkeiten der psychomotorischen Förderung im gemeinsamen Leben behinderter und nichtbehinderter Kinder. *Motorik*, Teil I: 17, 2, 39–45; Teil II: 17, 3, 74–80.

EGGERT, D. (1994b): *Theorie und Praxis der psychomotorischen Förderung*. Dortmund: modernes lernen.

EGGERT, D./LÜTJE, B. (1991): Psychomotorik in der (Sonder-) Schule? *Praxis der Psychomotik*, 16, 3, 156–168.

EGGERT, D./LÜTJE, B./JOHANNKNECHT, A. (1990): Die Bedeutung der Psychomotorik für die Sprachbehindertenpädagogik. *Die Sprachheilarbeit*: Teil I: 3, 106–121; Teil II: 5, 230–245.

EGGERT, D./RATSCHINSKI, G. (1984): Interventionsorientierte Diagnostik psychomotorischer Basisfaktoren bei lern- und entwicklungsgestörten Kindern. *Motorik*, 7, 1, 3–12.

EHNI, H. W. (1977): *Sport und Schulsport. Didaktische Analysen und Beispiele aus der schulischen Praxis*. Schorndorf: Hofmann.

EINSIEDLER, W. (1988): Schulanfang und Persönlichkeitsentwicklung. *Grundschule*, 20, 11, 20–23.

ENGELBERT, A./HERLTH, A. (1993): Sozialökologie der Kindheit: Wohnung, Spielplatz und Straße. In: MARKEFKA, M./NAUCK, B. (Hrsg.): *Handbuch der Kindheitsforschung* (S. 403–415). Neuwied: Luchterhand.

ENGELBRACHT, V. (1987): Lernfeld Spielplatz? Analyse der Spiel- und Bewegungsumwelt von Kindern in Großstädten. *Motorik*, 10, 2, 67–71.

EPSTEIN, S. (1984[2]): Entwurf einer Integrativen Persönlichkeitstheorie. In: FILIPP, S.-H. (Hrsg.): *Selbstkonzept-Forschung* (S. 15–45). Stuttgart: Klett.

ERDMANN, R. (1990): Handlungstheorie – ein Gewinn? *Sportwissenschaft*, 20, 146–161.

ERIKSON, E. H. (1950/1989[11]): *Identität und Lebenszyklus*. Frankfurt: Suhrkamp.

ERTEL, M./GAUDIER, E./FRANK, I. (1993): Fragen adäquater Diagnostik von Kindern im Vorschulalter. In: Vereinigung für Interdisziplinäre Frühförderung e.V. (Hrsg.): *Früherkennung von Entwicklungsrisiken: Dokumentation des 7. Symposiums Frühförderung*, Tübingen 1993 (S. 117–120). München: Reinhardt.

FÄRBER, H.-P. (1992): Mototherapie bei Tics? Markus - ein „hyperaktiver" Junge. *Motorik*, 15, 4, 234–240.

FILIPP, S.-H. (1980): Entwicklung von Selbstkonzepten. *Zeitschrift f. Entwicklungspsychologie und Pädagogische Psychologie*, 12, 2, 105–125.

FILIPP, S.-H. (Hrsg.) (1981): *Kritische Lebensereignisse*. München: Urban & Schwarzenberg. (2., erweiterte Auflage 1990). München: Psychologie-Verlags-Union).

FILIPP, S.-H. (1984a[2]): *Selbstkonzeptforschung*. Stuttgart: Klett-Cotta.

FILIPP, S.-H. (1984b): Entwurf eines heuristischen Bezugrahmens für Selbstkonzept-Forschung. In: FILIPP, S.-H. (Hrsg.): *Selbstkonzept-Forschung* (S. 129–152). Stuttgart: Klett.

FILIPP, S.-H./FREY, D. (1988): Das Selbst. In: IMMELMANN, K./SCHERER, K. R./VOGEL, Chr./SCHMOOCK, P. (Hrsg.): Psychobiologie (S. 415–454). München: G. Fischer/ Psychologie-Verlags-Union.

FISCHER, K. (1985): Begründung eines vielseitigen Bewegungsangebotes aus lerntheoretischer Sicht. In: REIBER, H. (Red.): *Bewegungserziehung mit Kindern im Vorschulalter* (S. 42–51). Schriftenreihe des Deutschen Sportlehrerverbandes, Bd. 8. Wetzlar: Selbstverlag.

FISCHER, K. (1988a): *Rechts-Links-Probleme in Sport und Training*. Schorndorf: Hofmann.

FISCHER, K. (1989a): Spielen ist Handeln. *Motorik*, 12, 3, 120–130.

FISCHER, K. (1989b): Das psychomotorische Paradigma in der Frühförderung. In: IRMISCHER, T./FISCHER, K. (Red.): *Psychomotorik in der Entwicklung* (S. 79–91). Schorndorf: Hofmann.

FISCHER, K. (1990): Sportunterricht oder Motopädagogik an der Sonderschule? *Sportunterricht*, 39, 6, 205–213.

FISCHER, K. (1991a): Psychomotorik und Frühförderung. *Motorik*, 14, 1, 17–23.

FISCHER, K. (Red.) (1991b): *Bewegung, Spiel und Sport im Kindergarten. Ergebnisse des DSLV-Werkstattseminars „Aktuelle Sportfragen – Schwerpunkt Vorschulerziehung" vom 4.–5. Mai 1990 in Ludwigsburg*. Deutscher Sportlehrerverband, Wetzlar: Selbstverlag.

FISCHER, K. (1991c): Kindergarten und Frühförderung. Gemeinsames Interesse zweier Institutionen an der Entwicklungsförderung von Kindern über das Medium der Bewegung. Vortrag auf dem Kongreß „Kinder brauchen Bewegung – Brauchen Kinder Sport? 1991 in Osnabrück. (Zusammenfassung in: ZIMMER, R./CICURS, H. (Red.): *Kinder brauchen Bewegung – Brauchen Kinder Sport?* (S. 220–224). Aachen: Meyer & Meyer, 1992).

FISCHER, K. (1992a): *Bewegung als Grundbaustein für Können, Wissen und Verhalten von Kindern in der Schule*. Vortrag auf der Fachtagung „Psychomotorik und Schule" des Aktionskreises Psychomotorik e.V. vom 25.–27. 9. 1992 in Marburg.

FISCHER, K. (1992b): Lateralität und Motorik. *Motorik*, 15, 3, 122–134.

FISCHER, K. (1993a): Die Erschließung des Raumes über Körper und Bewegung. Ein Beitrag zur angewandten Entwicklungspsychologie im (frühen) Kindesalter. *Sportunterricht*, 42, 8, 349–354.

FISCHER, K. (1993b): Hyperaktivität im frühen Kindesalter. In: PASSOLT, M. (Hrsg.): *Hyperaktive Kinder: Psychomotorische Therapie* (S. 47–60). München: Reinhardt.

FISCHER, K./KERSTE, U./PASSOLT, M. (1985): Bewegungserziehung im Alltag des Kindergartens. *Motorik*, 8, 2, 51–57.

FISCHER, K./MACHMOR-FRITSCHE, B./LUCKERT, H./RÖWEKAMP, S./SEEBERGER, T. (1990): Zum Selbstverständnis der Berufsgruppen in der Frühförderung. Aktuelle Beiträge zur Weiterentwicklung interdisziplinärer Frühförderung in Hessen – die Darstellung der Psychomotoriker. In: HERBERG, K.-P./JANTSCH, H./SAMMLER, C. (Red.): *Dokumentation der Arbeitstagung am 1./2. November 1989 in Fürsteneck* (S. 35–56). Hessisches Sozialministerium: Wiesbaden.

FISCHER, K./WENDLER, M. (1993): Abenteuer – Ein Weg an den Behinderten vorbei? In: BSJ (Hrsg.): „Abenteuer - Ein Weg zur Jugend?" (S. 134–155). Kongreßbericht 9.–11. Sept. 1992 in Marburg. Frankfurt: AFRA.

FISCHER, K./WENDLER, M. (1994): Der Schriftsprachenerwerb und kindliche Entwicklung – Neurowissenschaftliche Grundlagen und praktische Konsequenzen für eine graphomotorische Förderung. *Kindheit und Entwicklung*, 8, 74–83.

FISCHER, K. W. (1980): A theory of cognitive development: The control of hierarchies of skill. *Psychological Review*, 87, 477–531.

FISCHER, K. W. /PIPP, S. L. (1984): Processes of cognitive development: optical level and skill acquisition. In: STERNBERG, R. J. (Ed.): *Mechanisms of cognitive development* (pp. 45–80). New York: Freeman.

FISCHER, M. (1984[2]): Phänomenologische Analysen der Person-Umwelt-Beziehung. In: FILIPP, S.-H. (Hrsg.): *Selbstkonzept-Forschung* (S. 47–73). Stuttgart: Klett.

FLADE, A. (1993a): Wohnungsumgebung als Erfahrungs- und Handlungsraum für Kinder. In: TIETZE, W./ROSSBACH, G. (Hrsg.): *Erfahrungsfelder in der frühen Kindheit. Bestandsaufnahme, Perspektiven* (S. 35–55). Freiburg: Lambertus.

FLAMMER, A. (1988): *Entwicklungstheorien.* Stuttgart: Huber.

FLAMMER, A. (1993): Entwicklungsaufgaben als gesellschaftliche Eintrittskarten. In: MANDL, H./ DREHER, M./KORNADT, H.-J. (Hrsg.): *Entwicklung und Denken im kulturellen Kontext* (S. 119–128). Göttingen: Hogrefe.

FLAVELL, J. (1979): *Kognitive Entwicklung.* Stuttgart: Klett-Cotta.

FODOR, J. A./PYLYSHYN, Z. W. (1981): How direct is visual perception: Some reflections on Gibson' s ecological approach. *Cognition,* 9, 139–196.

FÖLLING-ALBERS, M. (1990): Kindheit heute – Leben in zunehmender Vereinzelung. Herausforderung für die Grundschule. In: FAUST-SIEHL, G./SCHMITT, R./VALTIN, R. (Hrsg.): *Kindheit heute. Herausforderung für die Schule* (S. 138–149). Arbeitskreis Grundschule / Frankfurt: Selbstverlag.

FRANKE, E. (1985): Der Raum sportlicher Handlungen – ein übersehenes Thema sportwissenschaftlicher Grundlagendiskussion. In: KLEIN, M. (Red.): *Sport, Umwelt und sozialer Raum* (S. 19–50). DVS-Protokolle Nr. 17. Clausthal-Zellerfeld.

Frankfurter Rundschau: (5. 1. 1994): *Land der Einzelkinder.* Frankfurt.

FREY, H.-P./HAUSSER, K. (Hrsg.) (1987): *Identität. Entwicklung psychologischer und soziologischer Forschung.* Stuttgart: Enke.

FRIEDMAN, S. L./SCHOLNICK, E. K./COCKING, R. R. (Eds.) (1987a): *Blueprints for thinking: The role of planning in cognitive development.* Cambridge: Cambridge University Press.

FRIEDMANN, S. L./SCHOLNICK, E. K./COCKING, R. R. (1987b): Reflections on reflections: what planning is and how it develops. In: FRIEDMAN, S. L./SCHOLNICK, E. K./ COCKING, R. R. (Eds.) (1987a): *Blueprints for thinking: The role of planning in cognitive development* (pp. 515–534). Cambridge: Cambridge University Press.

FRITZ, A. (1990): Spielend lernen… Ein Projekt zur Entwicklungsförderung. *Grundschule,* 22, 4, 14–16.

FRITZ, A./FROBESE, R./ESSER, O./KELLER, R./SPENGLER, U. (1989): *Schule zum Anfassen. Ein Förderkonzept.* Heidelberg: Edition Schindele.

FRITZ, A./KELLER, R. (1993a): Entwicklungsförderung in einem spiel- und handlungsorientierten Unterricht. *Heilpädagogische Forschung,* 19, 1, 33–39.

FRITZ, A./KELLER, R. (1993b): Auf leisen Sohlen durch den Unterricht. Spiel als Unterrichtsfach für die Grundschule. *Motorik,* 16, 3, 90–99.

FRITZ, A./KELLER, R./SCHMINDER, R. (i.V.): Psychomotorik und Unterricht: Spiel- und Handlungsorientierung in der Grundschule. In: SCHILLING, F. (Hrsg.): *Psychomotorik und Schule. Abschlußbericht des Schulversuchs „Motopädagogische Betreuung bewegungsbeeinträchtigter Schüler – Angewandte Motologie in der Schule".* Schorndorf: Hofmann.

FROST, F. T. (1975): Tool behavior and the origins of laterality. *Journal of Human Evolution,* 9, 447–459.

FUHRER, U. (1983a): Zur Bedeutung des Attributs „ökologisch" in der Psychologie: Eine Standortbestimmung. *Schweizerische Zeitschrift für Psychologie,* 42, 255–279.

FUHRER, U. (1983b): Überlegungen zur Ökologisierung handlungspsychologischer Theoriebildung. In: MONTADA, L./REUSSER, K./STEINER, G. (Hrsg): *Kognition und Handeln* (S. 54–64). Stuttgart: Klett-Cotta.

FUNKE, J. (1979): Selbständige Eroberungen im erziehlichen Milieu. *Sportwissenschaft,* 9, 4, 370–395.

FUNKE, J. (Hrsg.) (1983): *Sportunterricht als Körpererfahrung.* Reinbek: Rowohlt.

FUNKE, J. (1984): Die technische Zubereitung sportlicher Erfahrung als (un-) heimliches Curriculum. *Neue Sammlung,* 24, 1, 2–18.

FUNKE, J. (1987): Von der methodischen Übungsreihe zur differenzierten Erfahrungssituation. *Sportpädagogik,* 11, 5, 22–26.

FUNKE, J. (1988): Psychomotorik in der Schule. *Motorik,* 11, 4, 119–128.

FUNKE-WIENEKE, J. (1990): Psychomotorik aus sportpädagogischer Sicht. In: HUBER, G./RIEDER,

H./NEUHÄUSER; G. (Hrsg.): *Psychomotorik in Therapie und Pädagogik* (S. 79–91). Dortmund: modernes lernen.

GARDNER, H. (1989): *Dem Denken auf der Spur*. Stuttgart: Klett-Cotta.

GARDNER, W./ROGOFF, B. (1990): Children´s deliberateness of planning according to task circumstances. *Developmental Psychology*, 26, 480–487.

GAUVAIN, M./ROGOFF, B. (1989): Collaborative problem solving and children´s planning skills. *Developmental Psychology*, 24, 139–151.

GEPPERT, U./HECKHAUSEN, H. (1990): Ontogenese der Emotionen. In: SCHERER, K. R. (Hrsg.): *Psychologie der Emotion* (S. 115–213). Enzyklopädie der Psychologie (Bd. C/IV/3). Göttingen: Hogrefe.

GERGEN, K. (1979): Selbstkonzept und Sozialisation des aleatorischen Menschen. In: MONTADA, L. (Hrsg.): *Brennpunkte der Entwicklungspsychologie* (S. 358–373). Stuttgart: Kohlhammer.

GERGEN, K. J. (1990): Die Konstruktion des Selbst im Zeitalter der Postmoderne. *Psychologische Rundschau*, 41, 191–199.

GEULEN, D. (1987): Die Integration von entwicklungspsychologischer Theorie und empirischer Sozialforschung. *Zeitschrift für Sozialisationsforschung und Erziehungssoziologie*, 7, 1, 2–25.

GEULEN, D. (1991): Die historische Entwicklung sozialisationstheoretischer Ansätze. In: HURRELMANN, K./ULICH, D. (Hrsg.): *Neues Handbuch der Sozialisationsforschung* (S. 21–54). Weinheim: Beltz.

GIBSON, E. J. (1969): *Principles of perceptual learning and development*. New York: Appleton-Century-Crofts.

GIBSON, E. J. (1982): The concept of affordances in development: The renascience of functionalism. In: COLLINS, W. A. (Ed.): *Minnesota symposia on child psychology* (Vol. 15) (pp. 55–81). Hillsdale, N. J.: Erlbaum.

GIBSON, E. J. (1987): What does infant perception tell us about theories of perception? *Journal of Experimental Psychology: Human Perception and Performance*, 13, 515–523.

GIBSON, E. J. (1988): Exploratory behavior in the development of perceiving, acting, and the aquiring of knowledge. In: ROSENZWEIG, M. R./PORTER, L. W. (Eds.): *Annual Review of Psychology*, 39, 1–41.

GIBSON, E. J. (1992): How to think about perceptual learning : Twenty-five years later. In: PICK, H. L. JR./VAN DEN BROEK, P./KNILL, D. C. (Eds.): *Cognition: Conceptual and Methodological Issues* (pp. 215–237). Washington, D. C.: American Psychological Association.

GIBSON, J. J. (1973): *Wahrnehmung der visuellen Welt*. Weinheim: Beltz.

GIBSON, J. J. (1982): *Wahrnehmung und Umwelt*. München: Urban & Schwarzenberg.

GIGERENZER, G. (1983a): Über die Anwendung der Informations-Integrations-Theorie auf entwicklungspsychologische Problemstellungen: Eine Kritik. *Zeitschrift für Entwicklungspsychologie und Pädagogische Psychologie*, 15, 101–120.

GIGERENZER, G. (1983b): Informationsintegration bei Kindern: Eine Erwiderung auf Wilkening. *Zeitschrift für Entwicklungspsychologie und Pädagogische Psychologie*, 15, 216–221.

GOODNOW, J. J. (1987): Social aspects of planning. In: FRIEDMAN, S. L./SCHOLNICK, E. K./COCKING, R. R. (Eds.) (1987a): *Blueprints for thinking: The role of planning in cognitive development* (pp. 179–201). Cambridge: Cambridge University Press.

GORDIJN, C. C. F. (1975): *Wat beweegt ons*. Amsterdam: Baarn.

GRANT, P. E. (1988): Language processing: A neuroanatomical primer. In: KERCKHOVE, D. DE/LUMSDEN, Ch. J. (Eds.): *The alphabet and the brain* (pp. 246–272). Berlin: Springer.

GRAUMANN, C.-F. (1990): Aneignung. In: KRUSE, L./GRAUMANN, C.-F./LANTERMANN, E.-D. (Hrsg.): *Ökologische Psychologie. Ein Handbuch in Schlüsselbegriffen* (S. 124–129). München: Psychologie Verlags Union.

GRÖSCHKE, D. (1986): Kompetenz als Zielbegriff der Frühförderung. *Frühförderung Interdisziplinär*, 5, 79–87.

GRÖSSING, S. (1993): *Bewegungskultur und Bewegungserziehung*. Schorndorf: Hofmann.

GRUNWALD, V./KUNTZ, St. (1989): *Körpererfahrung*. Aktionskreis Psychomotorik (Hrsg.): Lehrbriefsammlung. Lemgo: Selbstverlag.

GRUPE, O. (1976): Was ist und was bedeutet Bewegung? In: HAHN, E./PREISING, W. (Red.): *Die menschliche Bewegung* (S. 3–19). Schorndorf: Hofmann.

GUDJONS, H. (1987): Handlungsorientierung als methodisches Prinzip. *Westermanns pädagogische Beiträge,* 5, 8–18.

GUKENBIEHL, H.-L. (1990): Materiell-räumliche Faktoren in der ökologischen Sozialisationsforschung. *Zeitschrift für Sozialisationsforschung und Erziehungssoziologie,* 10, 2, 130–146.

HAAS, R. (1993): Die Erfassung des Raumverhaltens und -erlebens bei psychisch Kranken. In: HÖLTER, G. (Hrsg.): *Mototherapie mit Erwachsenen* (S. 94–108). Schorndorf: Hofmann.

HAEBERLIN, U. (1993): Die Verantwortung der Heilpädagogik als Wissenschaft. *Zeitschrift für Heilpädagogik,* 44, 3, 170–182.

HAHN, M. Th. (1990): Bewegung als Freiheit. In: HUBER, G./RIEDER, H./NEUHÄUSER, G. (Hrsg.): *Psychomotorik in Therapie und Pädagogik* (S. 11–26). Dortmund: modernes lernen.

HALL, E. T. (1976): *Die Sprache des Raumes.* Düsseldorf: Schwann.

HAMMER, R. (1992): Das Ungeheuer von Loch Ness. Fallbeschreibung eines „aggressiven Kindes". *Motorik,* 15, 4, 241–248.

HAMMER, R./DENZER,M./TWELLMEYER, K. (1989): *Psychomotorische Entwicklungsförderung in der Heimerziehung.* Vortrag auf dem 1. Internationalen Kongreß „Psychomotorik in Therapie und Pädagogik" 1989 in Heidelberg.

HAVELOCK, E. A. (1963): *Preface to Plato.* Cambridge (Mass.): Harvard University Press.

HAVELOCK, E. A. (1980): The coming of literate communication to western culture. *Journal of Communication,* 30, 90–98.

HAVIGHURST, R. J. (1948): *Developmental tasks and education.* New York: McKay.

HAVIGHURST, R. J. (1956): Research on the developmental task concept. *School Review. A Journal of Secondary Education,* 64, 215–223.

HEAD, H./HOLMES, G. (1911): Sensory disturbances from cerebral lesions. *Brain,* 34, 102–254.

HEBENSTREIT, S. (1980): *Einführung in die Kindergartenpädagogik.* Stuttgart: Klett.

HECKHAUSEN, H. (1980): *Motivation und Handeln.* Berlin: Springer.

HECKHAUSEN, H. (1987): Emotional components of action: Their ontogeny as reflected in achievement behavior. In: GÖRLITZ, D./WOHLWILL, J. F. (Eds.): *Curiosity, imagination and play: On the development of spontaneous cognitive and motivational processes* (pp. 326–348). Hillsdale (N. J.): Erlbaum.

HEINEMANN, W. (1988): Das Subjekt als Objekt. Anmerkungen über objektive und subjektive Psychologie. *Psychologische Rundschau,* 39, 125–135.

HERBERG, K.-P./JANTSCH, H./SAMMLER, C. (1992): *Abschlußbericht der Projektgruppe Frühförderung in Hessen – wissenschaftliche Praxisbegleitung.* Ministerium für Jugend, Familie und Gesundheit, Wiesbaden.

HERRMANN, TH. (1976): Ganzheitspsychologie und Gestaltkreis. In: *Psychologie des 20. Jahrhunderts* (S. 573–658). Bd. I. Zürich: Kindler.

HERZBERG, I. (1992): Kinderfreundschaften und Spielkontakte. In: Deutsches Jugendinstitut (Hrsg.): *Was tun Kinder am Nachmittag?* (S. 75–126). München: DJI-Verlag.

Hessischer Sozialminister (Hrsg.) (1983): *Bewegung und Spiel im Kindergarten.* Wiesbaden: Selbstverlag.

Hessischer Sozialminister (1987): *Vorläufige Richtlinien für die Frühförderung behinderter und von Behinderung bedrohter sowie entwicklungsgefährdeter bzw. entwicklungsverzögerter Kinder.* Wiesbaden: Staatsanzeiger 15/87, 803–806 (25. 3. 1987).

HEUER, H./KEELE, St. (Hrsg.) (1993): *Psychomotorik.* Enzyklopädie der Psychologie. Bd. CII. Göttingen: Hogrefe.

HILDENBRANDT, E. (1979): Aufriß der Motopädagogik. *Motorik,* 2, 3, 86–93.

HILDESCHMIDT, A./SANDER, A. (1988): Der ökosystemische Ansatz als Grundlage für Einzelintegration. In: EBERWEIN, H. (Hrsg.): *Behinderte und Nichtbehinderte lernen gemeinsam. Handbuch der Integrationspädagogik* (S. 220–227). Weinheim: Beltz.

HÖLTER, G. (1987): „Netzer kam aus der Tiefe des Raumes". Entwicklungspsychologische Überlegungen. *Motologia,* 1, 2, 5–13.

HÖLTER, G. (1987b): Als Pädagoge von Therapien lernen. Überlegungen zur Erweiterung des pädagogischen Bezuges im Sportunterricht. *Sportpädagogik,* 11, 4, 16–26.

HÖLTER, G. (Hrsg.) (1988): *Bewegung und Therapie – interdisziplinär betrachtet*. Dortmund: modernes lernen.

HÖLTER, G. (Hrsg.) (1993): *Mototherapie mit Erwachsenen*. Schorndorf: Hofmann.

HÖLTER, G./DENZER, M./HAMMER, R. (1989): Bewegungsbezogene Lebensweltanalyse bei Problemkindern als Grundlage für Entwicklungsaufgaben. In: BRETTSCHNEIDER, W.-D./BAUR, J./BRÄUTIGAM, M. (Red.): *Bewegungswelt von Kindern und Jugendlichen* (S. 107–116). Schorndorf: Hofmann.

HOETZEL, A. (1987): Reintegration, Bewegung und Urbanität. *Sportunterricht*, 36, 3, 110–113.

HOFFMANN, J. (1993): *Vorhersage und Erkenntnis*. Göttingen: Hogrefe.

HOPPE, J. R. (1993): Spiel-Räume in Kindertageseinrichtungen. *Sportunterricht*, 42, 8, 324–329.

HOPPE-GRAFF, S. (1993): Epilog: Perspektiven des strukturgenetischen Konstruktivismus. In: EDELSTEIN, W./HOPPE-GRAFF, S. (Hrsg.): *Die Konstruktion kognitiver Strukturen* (S. 297–317). Bern: Huber.

HOPPE-GRAFF, S./EDELSTEIN, W. (1993): Einleitung: Kognitive Entwicklung als Konstruktion. In: EDELSTEIN, W./HOPPE-GRAFF, S. (Hrsg.): *Die Konstruktion kognitiver Strukturen* (S. 9–23). Bern: Huber.

HOROWITZ, M. J. (1966): Body image. *Archives of General Psychiatry*, 14, 456–60.

HOWES, C./MUELLER, E. (1980): Frühe Freundschaften unter Gleichaltrigen. Ihre Bedeutung für die Entwicklung. In: SPIEL, W. (Hrsg.): *Die Psychologie des 20. Jahrhunderts*. Bd. 11 (S. 423–435). Zürich: Kindler.

HUBER, G./RIEDER, H./NEUHÄUSER, G. (Hrsg.): *Psychomotorik in Therapie und Pädagogik*. Dortmund: modernes lernen.

HUININK, J./GRUNDMANN, M. (1993): Kindheit im Lebenslauf. In: MARKEFKA, M./NAUCK, B. (Hrsg.): *Handbuch der Kindheitsforschung* (S. 67–78). Neuwied: Luchterhand.

HÜNNEKENS, H. (1981): Grundlagen der Mototherapie. In: CLAUSS, A. (Hrsg.): *Förderung entwicklungsgefährdeter und behinderter Heranwachsender* (S. 195–201). Erlangen: Perimed.

HÜNNEKENS, H./KIPHARD, E. J. (1960, 1985[7]): *Bewegung heilt – Psychomotorische Übungsbehandlung bei entwicklungsrückständigen Kindern*. Gütersloh: Flöttmann.

HÜNNEKENS, H./KIPHARD, E. J. (1990): Zum Beginn psychomotorischer Maßnahmen und therapeutischer Versuche. In: HUBER, G./RIEDER, H./NEUHÄUSER, G. (Hrsg.): *Psychomotorik in Therapie und Pädagogik* (S. 27–37). Dortmund: modernes lernen.

HURRELMANN, K. (1989): Entwicklung, Sozialisation und Gesundheit – Überlegungen zu einer integrativen Theoriebildung. In: BRETTSCHNEIDER, W. D./BAUR, J./ BRÄUTIGAM, M. (Red.): *Bewegungswelt von Kindern und Jugendlichen* (S. 18–30). Schorndorf: Hofmann.

HURRELMANN, K. (1991): Wie kann die Schule auf die veränderten Lebensbedingungen von Kindern und Jugendlichen reagieren? *Grundschule*, 12, 1, 51–54.

HURRELMANN, K./MÜRMANN, M./WISSINGER, J. (1986): Persönlichkeitsentwicklung als produktive Realitätsverarbeitung. *Zeitschrift für Sozialisationsforschung und Entwicklungssoziologie*, 6, 91–109.

HUSSERL, E. (1962): *Phänomenologische Psychologie*. Den Haag: Nijhoff.

Husserliana. Edmund HUSSERL (1950): *Gesammelte Werke*. Den Haag: Nijhoff.

INHELDER, B. (1978): Zum gegenwärtigen Stand der Genfer Forschungen. Ein Nachwort. In: STEINER, G. (Hrsg.): *Piaget und die Folgen* (S. 1160–1169). Zürich: Kindler.

INHELDER, B. (1993): Vom epistemischen zum psychologischen Subjekt. In: EDELSTEIN, W./HOPPE-GRAFF, S. (Hrsg.): *Die Konstruktion kognitiver Strukturen* (S. 24–27). Bern: Huber.

INHELDER, B./SINCLAIR, H./BOVET, M. (1974): *Learning and the development of cognition*. Cambridge (MA): Harvard University Press.

IRMISCHER, T. (1979): Das Rollbrett – ein Medium vielfältiger Bewegungs- und Wahrnehmungserfahrungen. *Motorik*, 2, 3, 99–104.

IRMISCHER, T. (1984): Quellen der Psychomotorik in Deutschland. In: KNAB, E. (Hrsg.): *Motopädagogik in der Heimerziehung* (S. 29–36). Frankfurt: Lang.

IRMISCHER, T. (1987): Lehrbrief: Grundzüge der Motopädagogik. Aktionskreis Psychomotorik (Hrsg.): *Lehrbriefsammlung*. Lemgo: Selbstverlag.

IRMISCHER, T. (1989): Ursprünge. In: IRMISCHER, T./FISCHER, K. (Red.): *Psychomotorik in der Entwicklung* (S. 9–18). Schorndorf: Hofmann.

IRMISCHER, T./FISCHER, K. (Red.) (1989): *Psychomotorik in der Entwicklung*. Schorndorf: Hofmann.

IRMISCHER, T./FISCHER, K./MÜLLER, H.-J. (Red.) (1983–1988): *Arbeitsmaterialien zur Motopädagogik. Lehrbriefsammlung*. Lemgo: Aktionskreis Psychomotorik.

JANSEN, U. (1989): „Barfuß unterwegs" – Sinn-volle, natürliche und naturnahe Erfahrungen in der psychomotorischen Praxis. *Motorik*, 12, 3, 94–103.

JAROSCH, B./GÖBEL, H./PANTEN, D. (1989): Von der psychomotorischen Übungsbehandlung zur klinischen Psychomotorischen Therapie. In: IRMISCHER, T./FISCHER, K. (Red.): *Psychomotorik in der Entwicklung* (S. 147–162). Schorndorf: Hofmann.

JETTER, K./SCHMIDT, O./SCHÖNBERGER, F. (1983): Sonderpädagogische Förderdiagnostik. In: *Handbuch der Sonderpädagogik* Bd. 8 (S. 251–270). Berlin: Marhold.

JOANS, V. (1989): Zur Diagnostik des Raumverhaltens und -erlebens. *Motorik*,12, 4, 150–155.

JORASCHKY, P. (1983): *Das Körperschema und das Körperselbst als Regulationsprinzipien der Organismus-Umwelt-Interaktion*. München: Minerva.

JORASCHKY, P. (1986): Das Körperschema und das Körper-Selbst. In: BRÄHLER, E. (Hrsg.): *Körpererleben. Ein subjektiver Ausdruck von Leib und Seele* (S. 34–49). Berlin: Springer.

JUNG, R. (1992): Erfassung lateraler Dominanzen im menschlichen Gehirn. In: KLIVINGTON, K. A. (Hrsg.): *Gehirn und Geist* (S. 205–207). Heidelberg: Spektrum Akademischer Verlag.

JURDANT, B. (1988): The role of vowels in alphabetic writing. In: KERCKHOVE, D. DE/LUMSDEN, CH. J. (Eds.): *The alphabet and the brain* (pp. 381–400). Berlin: Springer.

KAGAN, J. (1979): Universalien menschlicher Entwicklung. In: MONTADA, L. (Hrsg.): *Brennpunkte der Entwicklungspsychologie* (S. 144–156). Stuttgart: Kohlhammer.

KAMINSKI, G. (1981): Überlegungen zur Funktion von Handlungstheorien in der Psychologie. In: LENK, H. (Hrsg.): *Handlungstheorien interdisziplinär*. Bd. 3. (S. 93–122). München: Fink.

KAMINSKI, G. (1983): Probleme einer ökopsychologischen Handlungstheorie. In: MONTADA, L./REUSSER, K./STEINER, G. (Hrsg.): *Kognition und Handeln* (S. 35–53). Stuttgart: Klett-Cotta.

KAUFMANN-HAYOZ, R. (1988): Entwicklung der Wahrnehmung – kein Thema für deutschsprachige Entwicklungspsychologie? *Schweizerische Zeitschrift für Psychologie*, 47, 2/3, 193–202.

KAUFMANN-HAYOZ, R. (1989): Entwicklung der Wahrnehmung. In: KELLER, H. (Hrsg): *Handbuch der Kleinkindforschung* (S. 401–425). Berlin: Springer.

KEGEL, G. (1993): Entwicklung von Sprache und Kognition. In: MARKEFKA, M./ NAUCK, B. (Hrsg.): *Handbuch der Kindheitsforschung* (S. 253–261). Neuwied: Luchterhand.

KELLER, H. (Hrsg.) (1989): *Handbuch der Kleinkindforschung*. Berlin: Springer.

KELLER, H. (1990): Spiel-Ort-Stadt. In: WEGENER-SPÖHRING, G./ZACHARIAS, W. (Hrsg.): *Pädagogik des Spiels – Eine Zukunft der Pädagogik?* (S. 111–119). München: Pädagogische Aktion.

KELLER, H. (1993a): Psychologische Entwicklungstheorien der Kindheit. In: MARKEFKA, M./NAUCK, B. (Hrsg.): *Handbuch der Kindheitsforschung* (S. 31–43). Neuwied: Luchterhand.

KELLER, H. (1993b): Kind und städtische Umwelt aus der Sicht der Entwicklungspsychologie. In: GÖRLITZ, D. (Hrsg.): *Entwicklungsbedingungen von Kindern in der Stadt: Praxisbeiträge der Herten-Tagung* (S. 95–100). Stadt Herten: Selbstverlag.

KELLER, R./FRITZ, A. (1995): *Auf leisen Sohlen durch den Unterricht. Ein Arbeitsbuch zum spiel- und handlungsorientierten Lernen im 1. und 2. Grundschuljahr*. Bd. 15 der Reihe Motorik. Schorndorf: Hofmann.

KEPHART, N. C. (1977): *Das lernbehinderte Kind*. München: Reinhardt.

KERCKHOVE, D. DE (1988): Critical brain processes involved in deciphering the Greek alphabet. In: KERCKHOVE, D. DE/LUMSDEN, CH. J. (Eds.): *The alphabet and the brain* (pp. 401–421). Berlin: Springer.

KERCKHOVE, D. DE/LUMSDEN, CH. J. (Eds.) (1988a): *The alphabet and the brain*. Berlin: Springer.

KERCKHOVE, D. DE/LUMSDEN, Ch. J. (1988b): General introduction. In: KERCKHOVE, D. DE/ LUMSDEN, CH. J. (Eds): *The alphabet and the Brain* (pp. 1–14). Berlin: Springer.

KERSTE, U. (1986): Erlebniszentrierte Bewegungserfahrung in der Natur. *Motorik*, 9, 4, 136–140.

KERSTE, U. (1989): Spielen: In und mit der Natur. *Motorik*, 12, 3, 104–112.

KESSELMANN, G. (1993): *Konzeption und Wirksamkeit in der Mototherapie*. Kassel: Universität (Selbstverlag).

KNAB, E. (Hrsg.) (1984): *Motopädagogik in der Heimerziehung*. Frankfurt: Lang.

KIPHARD, E. J. (1978): *Bewegungsdiagnostik bei Kindern*. Gütersloh: Flöttmann.

KIPHARD, E. J. (Hrsg.) (1979): *Psychomotorik als Prävention und Rehabilitation*. Gütersloh: Flöttmann.

KIPHARD, E. J. (1980a): *Motopädagogik*. Dortmund: modernes lernen.

KIPHARD, E. J. (1980b): Motorisches Problemlösen. *Sportpädagogik*, 4, 1, 52–54.

KIPHARD, E. J. (1981): Motopädagogik contra Sportpädagogik? *Motorik*, 4, 2, 70.

KIPHARD, E. J. (1983a): *Mototherapie* – Teil I. Dortmund: modernes lernen.

KIPHARD, E. J. (1983b): *Mototherapie* – Teil II. Dortmund: modernes lernen.

KIPHARD, E. J. (1984): Psychomotorik – Motopädagogik - Mototherapie. *Motorik*, 7, 2, 49–51.

KIPHARD, E. J. (1987): Motopädagogik im Krippenalter. *Motorik* , 10, 3, 85–90.

KIPHARD, E. J. (1988): Dyspraxie – das Problem kindlicher Handlungsstörungen. *Praxis der Psychomotorik*, 13, 3, 132–142.

KIPHARD, E. J. (1989a): *Psychomotorik in Praxis und Therapie. Ausgewählte Themen der Motopädagogik und Mototherapie*. Gütersloh: Flöttmann.

KIPHARD, E. J. (1989b): Motopädagogik contra Sportpädagogik? In: KIPHARD, E. J. (1989): *Psychomotorik in Praxis und Therapie. Ausgewählte Themen der Motopädagogik und Mototherapie* (S. 18–22). Gütersloh: Flöttmann

KIPHARD, E. J. (1990): Entwicklungen und Perspektiven der Psychomotorik. In: HUBER, G./RIEDER, H./NEUHÄUSER, G. (Hrsg.): *Psychomotorik in Therapie und Pädagogik* (S. 173–201). Dortmund: modernes lernen.

KIPHARD, E. J./HUPPERTZ, H. (1968): *Erziehung durch Bewegung. Leibesübungen mit behinderten Kindern*. Bonn-Bad Godesberg: Dürr.

KLEINERT-MOLITOR, B. (1989): Das Spielgeschehen als Sprachlernort – Psychomotorisch orientierte Sprachförderung. In: GROHNFELD, M. (Hrsg.): *Grundlagen der Sprachtherapie. Handbuch der Sprachtherapie*. Bd. I. (S. 222–251). Berlin: Marhold.

KLICPERA, C./HUMER, R./LUGMAYR, A./GASTEINER-KLICPERA, B. (1993): Vorhersage von Lese- und Rechtschreibschwierigkeiten zu Beginn der 1. Klasse: Frühzeitige Differenzierung unterschiedlicher Verlaufsformen. *Frühförderung interdisziplinär*, 12, 4, 176–185.

KOFFKA, K. (1935): *Principles of Gestalt Psychology*. New York: Harcourt.

KORMANN, A. (1987): Einschulung – Schulfähigkeit. In: Kormann, A. (Hrsg.): *Beurteilen und Fördern in der Erziehung. Orientierungshilfen bei Schulproblemen* (S. 77–97). Salzburg: Müller.

KOSSAKOWSKI, M. (1980): *Handlungspsychologische Aspekte der Persönlichkeitsentwicklung*. Berlin: Volk und Wissen.

KOSSAKOWSKI, M. (1984): Theoretische und praxisrelevante Probleme einer Periodisierung der psychischen Ontogenese der Persönlichkeit. *Psychologie für die Praxis*, 3, 177–192.

KOSSAKOWSKI, M. (1991): Theoretische Ansätze zur Periodisierung der psychischen Entwicklung der Persönlichkeit. In: SCHMIDT-DENTER, U./MANZ, W. (Hrsg.): *Entwicklung und Erziehung im ökopsychologischen Kontext* (S. 68–77). München: Reinhardt.

KRAPPMANN, L. (1993): Kinderkultur als institutionalisierte Entwicklungsaufgabe. In: MARKEFKA, M./NAUCK, B. (Hrsg.): *Handbuch der Kindheitsforschung* (S. 365–376). Neuwied: Luchterhand.

KRAPPMANN, L./OSWALD, H. (1990): Sozialisation in Familie und Gleichaltrigenwelt. Zur Sozialökologie der Entwicklung in der mittleren Kindheit. *Zeitschrift für Sozialisationsforschung und Erziehungssoziologie*, 10, 2, 147–162.

KREITLER, S./KREITLER, H. (1987): Conceptions and processes of planning: the developmental perspective. In: FRIEDMAN, S. L./SCHOLNICK, E. K./COCKING, R. R. (Eds.)(1987a): *Blueprints for thinking: The role of planning in cognitive development* (pp. 110–178). Cambridge: Cambridge University Press.

KRENZ, A. (1991): *Der „Situationsorientierte Ansatz" im Kindergarten*. Freiburg: Herder.

KRETSCHMER, J. (1981): Bewegungsunterricht – Aspekte einer kindorientierten Bewegungsdidaktik. In: KRETSCHMER, J.: *Sport und Bewegungsunterricht* (S. 14–79). München: Urban & Schwarzenberg.

KRÜGER, F.-W. (1988): Alternative Materialien für Bewegung, Spiel und Sport in Kindergarten, Heim und Hort. *Praxis der Psychomotorik*, 13, 2, 64–69.

KRUSE, L./GRAUMANN, C. F. (1978): Sozialpsychologie des Raumes und der Bewegung. In: HAMME-RICH, K./KLEIN, M. (Hrsg.): *Materialien zur Soziologie des Alltags. Sonderheft der Kölner Zeitschrift für Soziologie und Sozialpsychologie.* 20, 177–219.

KUCKHERMANN, R./NITSCHE, E./V. MÜLLER, G. (1991): *Intelligenz, Handlungs- und Lebensorientierung. Eine Untersuchung zur Entwicklung behinderter und nichtbehinderter Jugendlicher.* Opladen: Westdeutscher Verlag.

KÜBLER, H.-D. (1993): Zwischen Imagination und Wirklichkeit. Strukturen und Tendenzen inszenierter Kindheit. In: TIETZE, W./ROSSBACH, G. (Hrsg.): *Erfahrungsfelder in der frühen Kindheit. Bestandsaufnahme, Perspektiven* (S. 56–96). Freiburg: Lambertus.

KÜKELHAUS, H./ZUR LIPPE, R. (1982): *Die Entfaltung der Sinne.* Frankfurt: Fischer.

KÜPPER, D. (1989): Üben – eine Aufgabe des Sportunterrichts im Spannungsfeld zwischen Innovation und Tradition. In: SCHMIDT, W. (Hrsg.): *Selbst- und Welterfahrung in Spiel und Sport* (S. 114–125). Ahrensburg: Czwalina.

LAFONT, R. (1988): Relationships between speech and writing systems in ancient alphabets and syllabaries. In: KERCKHOVE, D. DE/LUMSDEN, Ch. J. (Eds.): *The alphabet and the brain* (pp. 92–105). Berlin: Springer.

LANG, A. (1988): Die kopernikanische Wende in der Psychologie steht noch aus! – Hinweise auf eine ökologische Entwicklungspsychologie. *Schweizerische Zeitschrift für Psychologie,* 47, 2/3, 93–108.

LANTERMANN, E. D. (1983): Kognitive und emotionale Prozesse beim Handeln. In: MANDL, H./HUBER, G. L. (Hrsg.): *Emotion und Kognition* (S. 249–281). München: Urban & Schwarzenberg.

LAURENDEAU, M./PINARD, A. (1970): *The development of the concept of space in the child.* New York: Wiley.

LEIST, K.-H. (1988): Neuere Aspekte der Psychologie der Wahrnehmung: Zur Umstrukturierung des Problemfeldes und ihrer Konsequenzen. In: DAUGS, R. (Red.): *Neuere Aspekte der Motorikforschung – Aktuelle Motorikforschung in der Sportwissenschaft* (S. 22–39). Clausthal-Zellerfeld: dvs.

LEIST, K.-H./LOIBL, J. (1983): Praxisrelevante Grundlagenaspekte der Bewegungswahrnehmung aus der Sicht der sportwissenschaftlichen Bewegungslehre. In: RIEDER, H./MECHLING, H./BÖS, K./REISCHLE, K. (Hrsg.): *Motorik- und Bewegungsforschung* (S. 260–264). Schorndorf: Hofmann.

LENK, H. (1978): Handlung als Interpretationskonstrukt. Entwurf einer konstituenten- und beschreibungstheoretischen Handlungsphilosophie. In: LENK, H. (Hrsg.): *Handlungstheorien – interdisziplinär* (Bd. 2.1.) (S. 279–350). München: Fink.

LEONTJEW, A. N. (1973): *Probleme der Entwicklung des Psychischen.* Frankfurt: Fischer.

LEONTJEW, A. N. (1977): *Tätigkeit, Bewußtsein, Persönlichkeit.* Stuttgart: Klett.

LERNER, R. M. (1982): Children and adolescents as producers of their own development. *Developmental Review,* 2, 342–370.

LERNER, R. M. (1988): Kontextualismus und Personen-Kontext-Interaktion in der Perspektive der Life-Span Entwicklungspsychologie. *Schweizerische Zeitschrift für Psychologie,* 47, 2/3, 83–91.

LERNER, R. M./BUSCH-ROSSNAGEL, N. A. (1981): *Individuals as producers of their development: Conceptual and empirical basis.* New York: Academic Press.

LEVY, J./TREVARTHEN, C. (1976): Metacontrol of hemispheric function in human split-brain patients. *Journal of Experimental Psychology: Human Perception and Performance,* 2, 299–312.

LEWIN, K. (1926): *Vorsatz, Wille und Bedürfnis mit Vorbemerkungen über die psychischen Kräfte und Energien und die Strukturen der Seele.* Berlin: Springer.

LEWIN, K. (1931): Environmental forces in child behavior and development. In: MURCHINSON, C. (Ed.): *Handbook of child psychology* (pp. 94–127). Worcester (MA): Clark University Press.

LEWIN, K. (1936): *Principals of topological psychology.* New York: MyGraw-Hill.

LEYENDECKER, B. (1989): Die ökologische Perspektive: Umweltpsychologie und ökologische Psychologie in der Kleinkindforschung. In: KELLER, H. (Hrsg): *Handbuch der Kleinkindforschung* (S. 89–107). Berlin: Springer.

LIBEN, L. S. (1981): Individuals' contributions to their own development during childhood: A Piagetian perspective. In: LERNER, R. M./BUSCH-ROSSNAGEL, N. A. (1981): *Individuals as producers of their development: Conceptual and empirical basis* (pp. 117–154). New York: Academic Press.

LIEGLE, W. (1988[3]): Curriculumkonzepte für die Kindergartenarbeit. In: MÖRSBERGER, H./MOSKAL, E./PFLUG, E. (Hrsg.): *Der Kindergarten*, Bd. 3 (S. 19–46). Freiburg: Herder.

LOIBL, J. (1990a): Den Blick lenken, um zu sehen. *Sportpädagogik*, 14, 1, 21–29.

LOIBL, J. (1990b): Vom gefühlvollen Sich-Bewegen und seiner Vermittlung. *Sportpädagogik*, 14, 4, 19–25.

LOVELL, K. (1959): A follow-up study of some aspects of the work of Piaget and Inhelder on the child's conception of space. *British Journal of Educational Psychology*, 29, 104–117.

LOOSCH, E. (1993): *Ganzheitsprinzip und Variabilität in der Motorik*. Kassel: Universität (Selbstverlag).

LÜSCHER, K. (1989): Von der ökologischen Sozialisationsforschung zur Analyse familialer Aufgaben und Leistungen. In: NAVE-HERZ, R./MARKEFKA, M. (Hrsg.): *Handbuch der Famlien- und Jugendforschung. Band I: Familienforschung* (S. 95–112). Neuwied: Luchterhand.

LÜTJE-KLOSE, B. (1994): Psychomotorik als Methode integrativer Sprachförderung im Kindergarten. *Motorik*, 17, 1, 10–17.

LUTHER, (1985): Identität und Fragment. Praktisch-theologische Überlegungen zur Unabschließbarkeit von Bildungsprozessen. *Theologica Practica*, 20, 4, 317–338.

MAGS (Ministerium für Arbeit, Gesundheit und Soziales): *Bewegungserziehung im Kindergarten*. Düsseldorf: Selbstverlag.

MAHLER, M. S./PINE, F./BERGMANN, A. (1991[2]): *Die psychische Geburt des Menschen*. Frankfurt/M: Fischer.

MAI, N. (1991): Warum wird Kindern das Schreiben schwer gemacht? Zur Analyse der Schreibbewegungen. *Psychologische Rundschau*, 42, 12–18.

MAIER, H. W. (1983): *Drei Theorien der Kindheitsentwicklung*. New York: Harper & Row.

MARAUN, H. K. (1983): Erfahrung als didaktische Kategorie. In: *Sonderheft Sportpädagogik*, 26–31.

MARKEFKA, M./NAUCK, B. (Hrsg.)(1993): *Handbuch der Kindheitforschung*. Neuwied: Luchterhand.

MATTNER, D. (1985): Angewandte Motologie als ganzheitliche Therapie. *Motorik*, 8, 2, 67–72.

MATTNER, D. (1987): Zum Problem der Ganzheitlichkeit der Motologie. *Motorik*, 10, 2, 19–29.

MATTNER, D. (1988): Grundüberlegungen zu einer bewegungsorientierten Therapie mit gehemmten Kindern. In: IRMISCHER, T./IRMISCHER, E. (Red.): *Bewegung und Sprache* (S. 120–126). Schorndorf: Hofmann.

MECHLING, H. (1987): Ganzheitlichkeit oder der Wille zur heilen Welt. *Motorik*, 10, 1, 1–3.

MEILI, R. (1978): Gestaltpsychologie, Piagets Entwicklungstheorie und Intelligenzstruktur. In: STEINER, G. (Hrsg.): *Piaget und die Folgen* (S. 530–546). Zürich: Kindler.

MERLEAU-PONTY, M. (1966): *Phänomenologie der Wahrnehmung*. Berlin: de Gruyter.

METZGER, W. (1975[5]): *Psychologie*. Darmstadt: Steinkopff.

MIEDZINSKI, K. (1986): Bewegen und Spielen mit Alltagsgegenständen. *Motorik*, 9, 2, 68–75.

MILLER, P. (1993): *Theorien der Entwicklungspsychologie*. Heidelberg: Spektrum Akademischer Verlag.

MILLER, G. A./GALANTER, E./PRIBRAM, K. H. (1960): *Plans and structure of behavior*. New York: Holt, Rinehard, and Winston. (dt. *Pläne und Strukturen des Verhaltens*. Stuttgart: Klett, 1973).

MILZ, I. (1988): *Sprechen, Lesen, Schreiben – Teilleistungsschwächen im Bereich der gesprochenen und geschriebenen Sprache*. Heidelberg: Schindele.

MITTERAUER, M. (1989): Entwicklungstrends der Familie in der europäischen Neuzeit. In: NAVE-HERZ, R./MARKEFKA, M. (Hrsg.): *Handbuch der Famlien- und Jugendforschung. Band I: Familienforschung* (S. 179–194). Neuwied: Luchterhand.

MOGEL, H. (1985): *Persönlichkeitspsychologie. Ein Grundriß*. Stuttgart: Kohlhammer.

MOGEL, H. (1990): *Umwelt und Persönlichkeit*. Göttingen: Hogrefe.

MONTADA, L. (1983): Entwicklungspsychologie und praktisches Handeln. In: SILBEREISEN, R. K./MONTADA, L. (Hrsg.): *Entwicklungspsychologie. Ein Handbuch in Schlüsselbegriffen* (S. 21–31). München: Urban & Schwarzenberg.

MONTADA, L. (1987): Die geistige Entwicklung aus der Sicht Jean Piagets. In: OERTER, R./MONTADA, L. (Hrsg.): *Entwicklungspsychologie* (S. 413–462). München: Psychologie Verlags Union.

Motorik (1991): *Gestaltung von Erfahrungs- und Bewegungsräumen.* 14, Heft 3.

Motorik (1993): *Spielräume für Kinder.* 16, Heft 1.

MRAZEK, J. (1984): Die Ver-Körperung des Selbst. Ergebnisse der Psychologie – heute – Leserumfrage. *Psychologie heute*, 11, 2, 50–58.

MRAZEK, J. (1987): Struktur und Entwicklung des Körperkonzepts im Jugendalter. *Zeitschrift f. Entwicklungspsychologie u. Pädagogische Psychologie*, 19, 1, 1–13.

MUNZ, C. (1989): Der ökologische Ansatz zur visuellen Wahrnehmung: Gibsons Theorie der Entnahme optischer Information. *Psychologische Rundschau*, 40, 63–75.

MUNZERT, J. (1989): *Flexibilität des Handelns. Theoretische Überlegungen und experimentelle Untersuchungen zum Konzept des Motorik-Schemas.* Köln: bps.

MUNZERT, J. (1991): Methodologische Überlegungen zur Erfassung interner Bewegungsrepräsentationen. In: SINGER, R. (Hrsg.): *Sportpsychologische Forschungsmethodik – Grundlagen, Probleme, Ansätze* (S. 94–98). Köln: bps.

MUNZERT, J. (1992): Motorik-Repräsentation, Bewegungswissen und Bewegungshandeln. *Sportwissenschaft*, 22, 3, 344–356.

MUSSEN, P. H./CONGER, J. J./KAGAN, J./HUSTON, A. C. (1993): *Lehrbuch der Kinderpsychologie* (2 Bände). Stuttgart: Klett-Cotta.

MUTSCHLER, D. (1986): „Du bist ja noch ein Kind!" Plädoyer für die Würde des Kindes. *Die Welt des Kindes*, 64, 1, 36–41.

NAVILLE, S. (1991[3]): *Vom Strich zur Schrift.* Dortmund: modernes lernen.

NEISSER, U. (1979): *Kognition und Wirklichkeit.* Stuttgart: Klett-Cotta.

NEISSER, U. (1985): The role of invariant structures in the control of movement. In: FRESE, M./SABINI, J. (Eds.): *Goal directed behavior: The concept of action in psychology* (pp. 97–108). Hillsdale (N. J.): Erlbaum.

NEUBAUER, W. (1993): Identitätsentwicklung. In: MARKEFKA, M./NAUCK, B. (Hrsg.): *Handbuch der Kindheitsforschung* (S. 303–315). Neuwied: Luchterhand.

NEUHÄUSER, G. (1990). Das Therapiekonzept der Psychomotorik aus medizinischer Sicht. In: HUBER, G./RIEDER, H./NEUHÄUSER, G. (Hrsg.): *Psychomotorik in Therapie und Pädagogik* (S. 121–135). Dortmund: modernes lernen.

NEUMAIER, A./MESTER, J. (1988): Grenzen der visuellen Leistungsfähigkeit. *Sportpsychologie*, 2, 2, 15–19.

NEUMAIER, A./MESTER, J. (1990): Wahrnehmung als Grundlage und integrativer Bestandteil sportmotorischer Handlungen. *Motorik*, 13, 1, 14–22.

NICKEL, H. (1981): Schulreife und Schulversagen. Ein ökopsychologischer Erklärungsansatz und seine praktischen Konsequenzen. *Psychologie in Erziehung und Unterricht*, 28, 19–37.

NICKEL, H. (1985a): Die ökopsychologische Entwicklungstheorie und neuere Ansätze zur Periodisierung der Ontogenese. Beitrag in der Arbeitsgruppe „Ökopsychologie der Entwicklung im Kindesalter". In: MONTADA, L. (Hrsg.): *Bericht über die 7. Tagung Entwicklungspsychologie in Trier* (S. 410–411). Trier: Universitätsdruck.

NICKEL, H. (1985b): Voraussetzungen einer gesunden Entwicklung des Kindes aus pädagogisch-psychologischer Sicht. In: HORN, H. A. (Hrsg.): *Gesundheitserziehung im Grundschulalter* (S. 1–15). Frankfurt: Arbeitskreis Grundschule e.V.

NICKEL, H. (1989): Das Problem der Schulreife – Eine systemische Analyse und ihre praktischen Konsequenzen. In: KARCH, D./MICHAELIS, R./RENNEN-ALLHOFF, B./SCHLACK, H. G. (Hrsg.): *Normale und gestörte Entwicklung* (S. 51–67). Heidelberg: Springer.

NICKEL, H. (1990): Das Problem der Einschulung aus ökologisch-systemischer Perspektive. *Psychologie in Erziehung und Unterricht*, 37, 217–227.

NICKEL, H./PETZOLD, M. (1993): Sozialisationstheorien unter ökologisch-psychologischer Perspektive. In: MARKEFKA, M./NAUCK, B. (Hrsg.): *Handbuch der Kindheitsforschung* (S. 79–90). Neuwied: Luchterhand.

NICKEL, U. (1990): *Kinder brauchen ihren Sport.* Celle: Pohl- Verlag.

NITSCH, J. R. (1982): Handlungspsychologische Ansätze im Sport. In: THOMAS, A. (Hrsg.): *Sportpsychologie. Ein Handbuch in Schlüsselbegriffen* (S. 26–41). München: Urban & Schwarzenberg.

NITSCH, J. R. (1985): Handlungstheoretische Grundannahmen – eine Zwischenbilanz. In: HAGEDORN, G./KARL, H./BÖS, K. (Red.): *Handeln im Sport* (S. 26–41). Dvs-Protokolle. Clausthal-Zellerfeld: Selbstverlag.

NITSCH, J. R. (1986): Zur handlungstheoretischen Grundlegung der Sportpsychologie. In: GABLER, H./NITSCH, J. R./SINGER, R. : *Einführung in die Sportpsychologie* (S. 188–270). Schorndorf: Hofmann.

NITSCH, J. R. (1991): Handlungstheorie und empirische Forschung. In: SINGER, R. (Hrsg.): *Sportpsychologische Forschungsmethodik – Grundlagen, Probleme, Ansätze* (S. 26–42). Köln: bps.

NUNNER-WINKLER, G. (1988): Selbstkonzeptforschung und Identitätskonstrukt – Ein Vergleich zweier Ansätze aus der psychologischen und soziologischen Sozialpsychologie. *Zeitschrift für Sozialpsychologie*, 19, 243–254.

OERTER, R. (1973[12]): *Moderne Entwicklungspsychologie*. Donauwörth: Auer.

OERTER, R. (1978): Die Dynamik von Entwicklungsaufgaben im menschlichen Lebenslauf. In: OERTER, R. (Hrsg.): *Entwicklung als lebenslanger Prozeß* (S. 66–110). Hamburg: Hoffmann & Campe.

OERTER, R. (1982): Interaktion als Individuum-Umwelt-Bezug. In: LANTERMANN, E. D. (Hrsg.): *Wechselwirkungen* (S. 101–127). Göttingen: Hogrefe.

OERTER, R. (1983): Emotion als Komponente des Gegenwartsbezugs. In: MANDL, H./ HUBER, G. L. (Hrsg.): *Kognition und Emotion* (S. 282–315). München: Urban & Schwarzenberg.

OERTER, R. (1984a): Zur Entwicklung der Handlungsstruktur im Jugendalter. Eine neue theoretische Perspektive. In: OLBRICH, E./TODT, E. (Hrsg:): *Probleme des Jugendalters* (S. 187–208). Berlin: Springer.

OERTER, R. (1984b): Psychische Entwicklung als Realitätskonstruktion. In: LEMPP, R. (Hrsg.): *Psychische Entwicklung und Schizophrenie* (S. 45–58). Bern: Huber.

OERTER, R. (Hrsg.) (1985a): *Lebensbewältigung im Jugendalter*. Weinheim: Edition Psychologie VCR.

OERTER, R. (1985b): Die Formung von Kognition und Motivation durch Schule: Wie Schule auf das Leben vorbereitet. *Unterrichtswissenschaft*, 3, 203–219.

OERTER, R. (1986): Developmental task through the life span: A new approach to an old concept. In: BALTES, R. B./FEATHERMAN, D. L./LERNER, R. M. (Eds.): *Life-span development and behavior* (Vol. 7) (pp. 233–269). Hillsdale (N. J.): Erlbaum.

OERTER, R. (1987a): Pädagogische Psychologie im Wandel: Rückblick und Neuorientierung. *Zeitschrift für Pädagogische Psychologie*, 1, 1–28.

OERTER, R. (1987b): Der ökologische Ansatz. In: OERTER, R./MONTADA, L. (Hrsg.): *Entwicklungspsychologie* (S. 87–128). München: Psychologie-Verlags-Union.

OERTER, R. (1987c): Kindheit. In: OERTER, R./MONTADA, L. (Hrsg.): *Entwicklungspsychologie* (S. 204–264). München, Weinheim: Psychologie Verlags Union

OERTER, R. (1987d): Jugendalter. In: OERTER, R./MONTADA, L. (Hrsg.): Entwicklungspsychologie (S. 265–338). München: Psychologie-Verlags-Union.

OERTER, R. (1989a): Die Rolle der Motorik in der Entwicklung des Kindes. In: BRETTSCHNEIDER, W. D./BAUR, J./BRÄUTIGAM, M. (Red.): *Bewegungswelt von Kindern und Jugendlichen* (S. 44–57). Schorndorf: Hofmann.

OERTER, R. (1989b): Frühkindliche Entwicklung aus ökologischer Sicht: Frühförderung und Früherkennung. *Frühförderung interdisziplinär*, 8, 4, 171–182.

OERTER, R. (1993): *Psychologie des Spiels. Ein handlungstheoretischer Ansatz*. München: Quintessenz.

OERTER, R./IMMELMANN, K. (1988): Kognitive und soziale Entwicklung. In: IMMELMANN, K./SCHERER, K. R./VOGEL, CHR./SCHMOOCK, P. (Hrsg.): *Psychobiologie* (S. 181–218). München: Psychologie Verlags Union.

OERTER, R./MONTADA, L. (1987): *Entwicklungspsychologie*. München, Weinheim: Psychologie Verlags Union.

OHLMEIER, G. (Hrsg.) (1979): *Frühförderprogramme für behinderte Kinder*. Dortmund: modernes lernen.

OLBRICH, E. (1982): Die Entwicklung der Persönlichkeit im menschlichen Lebenslauf. In: OERTER, R./MONTADA, L. (Hrsg.): *Entwicklungspsychologie* (S. 91–123). München: Urban & Schwarzenberg.

OLSON, D. R. (1988): Mind, media, and memory: The archival and epistemic functions of written text. In: KERCKHOVE, D. DE/LUMSDEN, Ch. J. (Eds.): *The alphabet and the brain* (pp. 422–441). Berlin: Springer.

OSWALD, H. (1993): Gruppenformationen von Kindern. In: MARKEFKA, M./NAUCK, B. (Hrsg.): *Handbuch der Kindheitsforschung* (S. 353–364). Neuwied: Luchterhand.

Pädagogische Aktion (Hrsg.): *Spielen in der Stadt*. München: Selbstverlag.

PAGE, E. (1959): Haptic perception: a consideration of one of the investigations of Piaget and Inhelder. *Educational Review*, 11, 115–125.

PAPOUSEK, H./PAPOUSEK, M. (1984): Learning and cognition in the everyday life of human infants. In: ROSENBLATT, J. S./BEER, C./BUSNEL, M.-C./SLATER, P. J. B. (Eds.): *Advances in the study of behavior* (Vol. 14) (pp. 127–163). New York: Academic Press.

PAPOUSEK, H./PAPOUSEK, M. (1985): Der Beginn der sozialen Integration nach der Geburt: Krisen oder Kontinuitäten? *Monatsschrift für Kinderheilkunde*, 133, 425–429.

PAPOUSEK, H./PAPOUSEK, M. (1987): Intuitive parenting: A dialectic counterpart to the infant's integrative competence. In: OSOFSKY, J. D. (Ed.): *Handbook of infant development* (pp. 669–720). New York: Wiley.

PASSOLT, M. (1990): Der Rollbrett-Führerschein. *Sportpädagogik*, 14, 4, 7.

PAUL, K. (1982): Bewegungsunterricht und Sport an Sonderschulen für Lernbehinderte aus Sicht einer Kultusbehörde. In: IRMISCHER, T./FISCHER, K. (Red.): *Bewegungserziehung und Sport an Schulen für Lernbehinderte* (S. 68–74). Schorndorf: Hofmann.

PAULI, S./KISCH, A. (1993). *Geschickte Hände – Feinmotorische Übungen für Kinder in spielerischer Form*. Dortmund: modernes lernen.

PAULUS, P. (1986): Körpererfahrung und Selbsterfahrung in persönlichkeitspsychologischer Sicht. In: BIELEFELD, J. (Hrsg.): *Körpererfahrung* (S. 87–123). Göttingen: Hogrefe.

PEKRUN, R. (1988): *Emotion, Motivation und Persönlichkeit*. München: Psychologie Verlags Union.

PERLMUTTER, M. (1988): Cognitive development in life-span perspective: From description of differences to explanation of changes. In: HETHERINGTON, E. M./LERNER, R. M./PERLMUTTER, M. (Eds.): *Child development in life-span perspective* (pp. 191–217). Hillsdale (N. J.): Erlbaum.

PERVIN, L. A. (1985): *Persönlichkeitstheorien*. München: Reinhardt.

PETZOLD, M./NICKEL, H. (1989): Grundlagen und Konzepte der entwicklungspsychologischen Familienforschung. *Psychologie in Erziehung und Unterricht*, 36, 241–257.

PHILIPPI, M. (1989): *Gerontomotologie. Theoretische und praktische Grundlagen einer Bewegungsarbeit mit älteren und alten Menschen*. Diss. Phil. Marburg.

PHILIPPI-EISENBURGER, M. (1990): *Bewegungsarbeit mit älteren und alten Menschen*. Schorndorf: Hofmann.

PHILIPPI-EISENBURGER, M. (1991): *Motologie*. Schorndorf: Hofmann.

PIAGET, J. (1953/1954): Les relation entre l'intelligence et l'affectivité dans le développement de l'enfant. *Bulletin de Psychologie* (1953), 143–150; 346–361; (1954), 522–535; 699–701).

PIAGET, J. (1970): *Structuralism*. New York: Basic Books. (dt.): *Der Strukturalismus*. Olten: Walter (1973).

PIAGET, J. (1971): *Biology and knowledge*. Chicago: University of Chicago Press. (dt.): *Biologie und Erkenntnis*. Frankfurt: Fischer (1974).

PIAGET, J. (1974): *Die Bildung des Zeitbegriffs beim Kinde*. Frankfurt: Suhrkamp.

PIAGET, J. (1975): *Gesammelte Werke*. 10 Bände. Stuttgart: Klett-Cotta. *Darin:*

PIAGET, J. (1975): *Das Erwachen der Intelligenz beim Kinde*. Band 1. Stuttgart: Klett-Cotta.

PIAGET, J. (1975): *Der Aufbau der Wirklichkeit beim Kinde*. Band 2. Stuttgart: Klett-Cotta.

PIAGET, J. (1976a): *Die Äquilibration kognitiver Strukturen*. Stuttgart: Klett-Cotta.

PIAGET, J. (1976b): *The grasp of consciousness*. Cambridge (MA): Harvard University Press. Original: *La prise de Conscience*. Paris: Presses Universitaires de France (1974).

PIAGET, J. (1978): *Success and understanding*. Cambridge (MA): Harvard University Press. Original: *Réussir et comprendre*. Paris: Presses Universitaires de France (1974).

PIAGET, J. (1981): *Intelligence and affectivity: Their relationship during child development*. Palo Alto (Cal.): Annual Reviews.

PIAGET, J. (1983): Piaget's theory. In: KESSEN, W. (Ed.): *Handbook of child psychology*. Vol. I: History, theory, and methods (pp. 103–128). New York: Wiley.

PIAGET, J. (1987): Sechs psychologische Studien. In: PIAGET, J. : *Theorien und Methoden der modernen Erziehung* (S. 153–278). Frankfurt: Fischer.

PIAGET, J. (1987a): *Possibility and necessity.* Vol. 1: *The role of possibility in cognitive development.* Vol. 2: *The role of necessity in cognitive development*. Minneapolis: University of Minnesota Press. Original: *Le possible et le nécessaire*. Vol.1: *L'évolution du possible chez l'enfant*. Vol. 2: *L' évolution du nécessaire chez l' enfant*. Paris: PUF (1981/1983).

PIAGET, J. (1993): *Das moralische Urteil beim Kinde*. Zürich: Suhrkamp.

PIAGET, J./INHELDER, B. (1975): *Die Entwicklung des räumlichen Denkens beim Kinde*. Gesammelte Werke: Band 6. Stuttgart: Klett-Cotta.

PIAGET, J./INHELDER, B. (1977): *Die Psychologie des Kindes*. Frankfurt: Fischer.

PIAGET, J./SZEMINSKA, A. (1975): *Die Entwicklung des Zahlbegriffs beim Kinde*. Gesammelte Werke: Band 3: Stuttgart: Klett-Cotta.

PICK, H. L. jr. (1992): Eleanor J. Gibson: Learning to perceive and perceiving to learn. *Developmental Psychology*, 28, 5, 787–794.

PLÜGGE, H. (1964): Über den menschlichen Raum. *Psyche*, 37, 10, 561–603.

POECK, K. (1965): Über die Orientierung am eigenen Körper. *Aktuelle Fragen der Psychiatrie und Neurologie*, 2, 144–167.

POECK, K./ORGASS, B. (1964): Über die Entwicklung des Körperschemas. Untersuchungen an gesunden, blinden und amputierten Kindern. *Fortschritte der Neurologie und Psychiatrie*, 32, 538–555.

POECK, K./ORGASS, B. (1971): The concept of the body schema: A critical review and some experimental results. *Cortex*, 7, 254–277.

PRECHTL, S. (1986): Kommt der Aspekt des subjektiven Bewegungserlebens in der Theorie der Motopädagogik zu kurz? *Motorik*, 9, 4, 120–126.

PROHL, R. (1991a): *Sportwissenschaft und Sportpädagogik. Ein anthropologischer Aufriß*. Schorndorf: Hofmann.

PROHL, R. (1991b): Verstehensdefizite sportwissenschaftlicher Bewegungstheorien. *Sportwissenschaft*, 21, 368–383.

PROHL, R./SCHEID, V. (1990): Das „Ganze" und die „Teile", – ein Beitrag zur Relativierung der Erklären/Verstehen-Kontroverse in der Motologie. *Motorik*, 13, 2, 79–89.

RABE-KLEBERG, U./ZEIHER, H. (1984): Kindheit und Zeit. Über das Eindringen moderner Zeitorganisation in die Lebensbedingungen von Kindern. *Zeitschrift für Sozialisationsforschung und Erziehungssoziologie*, 4, 1, 29–43.

RAUH, H. (1985): Diagnostik und Beratung in der frühkindlichen Entwicklung. In: BRANDTSTÄDTER, J./GRÄSER, H. (Hrsg.): *Entwicklungsberatung unter dem Aspekt der Lebensspanne* (S. 44–63). Göttingen: Hogrefe.

RAUH, H. (1987): Frühe Kindheit. In: OERTER, R./MONTADA, L. (Hrsg.): *Entwicklungspsychologie* (S. 131–203). München: Psychologie Verlags Union.

RAUH, H. (1993): Frühkindliche Bedingungen der Entwicklung. In: MARKEFKA, M./NAUCK, B. (Hrsg.): *Handbuch der Kindheitforschung* (S. 221–238). Neuwied: Luchterhand.

REGEL, G. (1992): Zusammenwirkende Strukturelemente offener Kindergartenarbeit. *Kindergarten heute*, 22, 3, 36-44.

REGEL, G./WIELAND, A. J. (Hrsg.) (1984): *Psychomotorik im Kindergarten*. Bd. I und II. Hamburg: EVB Rissen.

REINCKE, W. (1991): Motopädagogik im Widerstreit: Ganzheitsanspruch zwischen Obskurantismus und Fliegenbeinzählerei. *Behindertenpädagogik*, 30, 4, 338–362.

REMSCHMIDT, H. (1981): Störungen der Handlungsabläufe. In: REMSCHMIDT, H./MARTIN, M. (Hrsg.): *Neuropsychologie des Kindesalters* (S. 241–247). Stuttgart: Enke.

RHEKER, U. (1989a): Familien-Freizeitsportgruppe mit behinderten und nichtbehinderten Kindern. In: BÖS, K./DOLL-TEPPER, G./TROSIEN, G. (Hrsg.): *Geistig Behinderte in Bewegung, Spiel und Sport* (S. 123–146). Marburg: Lebenshilfe-Verlag.

RHEKER, U. (1989b): Bewegung, Spiel und Sport mit behinderten Kindern und Jugendlichen. *Motorik*, 12, 1, 19–24.

RHEKER, U. (1993): Sport für alle – auch für und mit behinderten Menschen? *Motorik*, 16, 4, 130–138.

RIEGEL, K. (1976): The dialectics of human development. *American Psychologist*, 31, 689–700.

RIES, G. (1989): Die Entwicklung von Erfolgs- und Mißerfolgserlebnissen beim Übergang vom Kindergarten in die Grundschule. – Eine Längsschnittstudie. *Psychologie in Erziehung und Unterricht*, 36, 258–264.

RITTER, M. (1987): Einführung: Wahrnehmung und visuelles System. In: *Spektrum der Wissenschaft: Verständliche Forschung* (S. 7–14). Heidelberg: Spektrum der Wissenschaft Verlagsgesellschaft.

ROGGE, J.-W. (1985): Los-Sein und Los-Machen. Über Wahrnehmungsstile, Erfahrungszusammenhänge und Aneignungstätigkeiten in den Medienkindheiten. In: BÜTTNER, C./ENDE, A.(Hrsg.): *Jahrbuch der Kindheit Bd. 2* (S. 83–97). Weinheim: Beltz.

ROGOFF, B./GAUVAIN, M./GARDNER, W. (1987): Children's adjustment of plans to circumstances. In: FRIEDMANN, S. L./SCHOLNICK, E. K./COCKING, R. R. (Eds.): *Blueprints for thinking: The role of planning in cognitive development* (pp. 303–320).Cambridge: Cambridge University Press.

ROLFF, H.-G. (1990): Kindheit heute – Leben aus zweiter Hand. Herausforderung für die Grundschule. In: FAUST-SIEHL, G./SCHMITT, R./VALTIN, R. (Hrsg.): *Kindheit heute – Herausforderung für die Schule* (S. 61–71). Frankfurt: Arbeitskreis Grundschule.

RUBINSTEIN, S. L. (1958): *Grundlagen der Allgemeinen Psychologie*. Berlin: Volk und Wissen.

RUBINSTEIN, S. L. (1977): *Sein und Bewußtsein. Die Stellung des Psychischen im allgemeinen Zusammenhang der Erscheinungen in der materiellen Welt*. Berlin: Akademie Verlag.

RÜSSEL, A. (1976): *Psychomotorik*. Darmstadt: Steinkopff.

SCHÄFER, I. (1989): Grundbausteine der psychomotorischen Übungsbehandlung. In: IRMISCHER, T./ FISCHER, K. (Red.): *Psychomotorik in der Entwicklung* (S. 19–31). Schorndorf: Hofmann.

SCHAUB, H. (1993): *Modellierung der Handlungsorganisation*. Bern: Huber.

SCHEID, V. (1989): *Bewegung und Entwicklung im Kleinkindalter*. Schorndorf: Hofmann.

SCHEID, V./PROHL, R. (1987): Die frühkindliche Bewegungsqualität und ihr Zusammenhang mit den Einflußgrößen Sensomotorik, Motivation, Aufmerksamkeit und Sozialentwicklung. *Psychologische Beiträge*, 29, 183–197.

SCHERER, H.-G. (1990): *Schilauf mit blinden und sehbehinderten Schülern. Konstruktion und Evaluation eines Lernangebots*. Frankfurt: Harri Deutsch.

SCHERER, H.-G. (1993): *Analysen und Perspektiven des Theorie-Praxis-Problems in der Sportpädagogik am Beispiel des Anwendungsbezugs bewegungswissenschaftlicher Forschung*. Habilitationsschrift Sportwissenschaft. Marburg.

SCHERLER, K. (1975): *Sensomotrische Entwicklung und materiale Erfahrung*. Schorndorf: Hofmann.

SCHERLER, K. (1976): Bewegung und Erfahrung. In: HAHN, E./PREISING, W. (Red.): *Die menschliche Bewegung* (S. 93–104). Schorndorf: Hofmann.

SCHICK, E.-M. (1981): *Zur Bewegungserziehung in der Familie*. Schorndorf: Hofmann.

SCHILDER, P. (1923) : *Das Körperschema. Ein Beitrag zur Lehre vom Bewußtsein des eigenen Körpers*. Berlin: Springer.

SCHILLING, F. (1976): *Das Fachgebiet der Motologie*. Med. Habil. Marburg.

SCHILLING, F. (1977a): Bewegungsentwicklung, Bewegungsbehinderung und das Konzept der „Erziehung durch Bewegung". *Sportwissenschaft*, 7, 4, 361–373.

SCHILLING, F. (1977b): Einführung in die Motodiagnostik des Kindesalters. *Praxis der Psychomotorik*, 3, 90–94.

SCHILLING, F. (1979a): Störungen der Bewegungsentwicklung. In: WILLIMCZIK, K./GROSSER, M. (Hrsg.): *Die motorische Entwicklung im Kindes- und Jugendalter* (S. 69–81). Schorndorf: Hofmann.

SCHILLING, F. (1979b): Bereich der Motorik. In: BACH, H. (Hrsg.): *Handbuch der Sonderpädagogik*. Bd. VII. Pädagogik der Geistigbehinderten (S. 310–327). Berlin: Marhold.

SCHILLING, F. (1979c): Zum Thema „Erziehung durch Bewegung". *Geistige Behinderung*, 18, 3, 138–140.

SCHILLING, F. (1981a): Grundlagen der Motopädagogik. In: CLAUSS, A. (Hrsg.): *Förderung entwicklungsgefährdeter und behinderter Heranwachsender* (S. 184–194). Erlangen: Perimed.

SCHILLING, F. (1982): Entwicklungspsychologische Aspekte des Sports. In: THOMAS, A. (Hrsg.): *Sportpsychologie. Ein Handbuch in Schlüsselbegriffen* (S. 91–108). München: Urban & Schwarzenberg.

SCHILLING, F. (1983): *Spielen, Malen, Lernen. Marburger Graphomotorische Übungen*. Dortmund: Modernes Lernen.

SCHILLING, F. (1984): Die pädagogische Förderung Behinderter im Aufgabenfeld Bewegung am Beispiel psychomotorischer Erziehung (Motopädagogik). In: KANTER, G. O./LANGENOHL, H./SOMMER, M. (Hrsg.): *Sportunterricht an der Lernbehindertenschule* (S. 1–19). Berlin: Marhold.

SCHILLING, F. (1986a): Ansätze zu einer Konzeption der Mototherapie. *Motorik*, 9, 2, 59–64.

SCHILLING, F. (1986b): Zur Situation von Psychomotorik, Motopädagogik und Mototherapie. *Der Kinderarzt*, 17, 726–734.

SCHILLING, F. (1987a): Motodiagnostik als Grundlage von Förderung und Therapie. *Der Kinderarzt*, 18, 947–949.

SCHILLING, F. (1987b): Anwendungsbereiche der Motodiagnostik. *Der Kinderarzt*, 18, 1058–1065.

SCHILLING, F. (1988a): Theorie und Praxis der Psychomotorischen Behandlung. In: NISSEN, G. (Hrsg.): *Allgemeine Therapie psychischer Erkrankungen im Kindes- und Jugendalter* (S. 120–127). Bern: Huber.

SCHILLING, F. (1988b): Motorische Entwicklung und Sprachförderung. In: IRMISCHER, T./IRMISCHER, E. (Red.): *Bewegung und Sprache* (S. 56–62). Schorndorf: Hofmann.

SCHILLING, F. (1989): Motodiagnostik und Mototherapie. In: IRMISCHER, T./FISCHER, K. (Red.): *Psychomotorik in der Entwicklung* (S. 55–60). Schorndorf: Hofmann.

SCHILLING, F. (1990a): Das Konzept der Psychomotorik – Entwicklung, wissenschaftliche Analysen, Perspektiven. In: HUBER, G./RIEDER, H./NEUHÄUSER, G. (Hrsg.): *Psychomotorik in Therapie und Pädagogik* (S. 57–77). Dortmund: modernes lernen.

SCHILLING, F. (1990b): „*Motopädagogische Betreuung bewegungsbeeinträchtigter Kinder*". Vorstellung (Vortrag) des Schulversuchs in Anwesenheit des Hessischen Kultusministers am 11. 5. 1990 in Marburg.

SCHILLING, F. (1990c): Vom Strich zur Schrift. Graphomotorik als Grundlage des Schreiblernprozesses. *Grundschule*, 22, 17-19.

SCHILLING, F. (1992a): Bewegung und Sport für lernbehinderte und verhaltensgestörte Schülerinnen und Schüler. In: SPEIKE-BARDORFF, S. (Red.): *Integration durch Sport* (S. 13–23). Frankfurt: Sportjugend Hessen.

SCHILLING, F. (1992b): *Psychomotorik und Schule*. Vortrag auf der Fachtagung „Psychomotorik und Schule" des Aktionskreises Psychomotorik e.V. vom 25.–27. 9. 1992 in Marburg.

SCHILLING, F. (1992c): *Konzeption und Ergebnisse des Schulversuchs: Angewandte Motologie in der Schule*. Vortrag auf der Fachtagung „Psychomotorik und Schule" des Aktionskreises Psychomotorik e.V. vom 25.–27. 9. 1992 in Marburg.

SCHILLING, F. (1992d): Linkshändigkeit, Graphomotorik und Schreibenlernen. *Motorik* 15, 3, 135–147.

SCHILLING, F. (Hrsg.) (i.V): *Psychomotorik und Schule. Abschlußbericht des Schulversuches „Motopädagogische Betreuung bewegungsbeeinträchtigter Schüler – Angewandte Motologie in der Schule"*. Schorndorf: Hofmann.

SCHILLING, F./KIPHARD, E. J. (1987): Zur Ganzheitlichkeit der Motologie. *Motorik*, 10, 1, 19–29.

SCHILLING, F./SEIDL-JERSCHABEK, G. (1992): Konzeption einer Bewegungserziehung in der Schule für Lernbehinderte (Bericht aus einem Schulversuch). In: SPEIKE-BARDORFF, S. (Red.): *Integration durch Sport* (S. 32–34). Frankfurt: Sportjugend Hessen.

SCHMASSMANN-SCHÖFFMANN, M. (1986): Wann fängt Mathematik an? *Bulletin*, 2, 41–53.

SCHMID-SCHÖNBEIN, C. (1987): Wie entsteht Einsicht in das eigene Handeln? – Spontanes handlungsbegleitendes Sprechen als frühe Form reflexiver Erkenntnistätigkeit. *Schweizerische Zeitschrift für Psychologie*, 47, 2/3, 161–170.

SCHMID-SCHÖNBEIN, C. (1989a): *Durch Handeln zum Denken*. München: Profil.

SCHMID-SCHÖNBEIN, C. (1989b): Eine Piagetsche Perspektive: Abkehr vom Stufenmodell – Ansätze der Umorientierung auf prozessuale Aspekte der Erkenntnisentwicklung. In: KELLER, H. (Hrsg.): *Handbuch der Kleinkindforschung* (S. 147–162). Berlin: Springer.

SCHMIDT, N. (1992): Erziehungsberatung. *Welt des Kindes*, 70, 4, 16–19.

SCHMIDT, W. (1989): Lernen und Lehren im Sport: Vom Gängelband zur Selbsterfahrung. In: SCHMIDT, W. (Hrsg:): *Selbst- und Welterfahrung in Spiel und Sport* (S. 73–113). Ahrensburg: Czwalina.

SCHMIDT-DENTER, U. (1978): Erziehung zur sozialen Kompetenz. In: DOLLASE, R. (Hrsg.): *Handbuch der Früh- und Vorschulpädagogik* (S. 391–406). Düsseldorf: Schwann.

SCHMIDT-DENTER, U. (1993): Eltern-Kind- und Geschwister-Beziehungen. In: MARKEFKA, M./NAUCK, B. (Hrsg.): *Handbuch der Kindheitsforschung* (S. 337–352). Neuwied: Luchterhand.

SCHMITT, R. (1991[2]): Das Zusammenspiel von Kognition und Emotion in der ästhetischen Erziehung. In: MATTHIES, K./POLZIN, M./SCHMITT, R. (Hrsg.): *Ästhetische Erziehung in der Grundschule* (S. 1–4). Frankfurt: Arbeitskreis Grundschule .

SCHMITZ, H. (1985): Phänomenologie der Leiblichkeit. In: PETZOLD, H. (Hrsg.): *Leiblichkeit* (S. 71–106). Paderborn: Junfermann.

SCHNEEWIND, K. A. (1987a): Familienpsychologie: Argumente für eine neue psychologische Disziplin. *Zeitschrift für Pädagogische Psychologie*, 1, 79–90.

SCHNEEWIND, K. A. (1987b): Familienentwicklung. In: OERTER, R./MONTADA, L. (Hrsg.): *Entwicklungspsychologie* (S. 971–1014). München: Psychologie Verlags Union.

SCHOELER, J. (1987): Post-Piagetsche Theorien der kognitiven Entwicklung (Literaturbericht). *Psychologische Rundschau*, 156–164.

SCHOTT, E. (1979): Überlegungen zur Bedeutung von „Situation" für die psychologische Forschung. In: WALTER, H./OERTER, R. (Hrsg.): *Ökologie und Entwicklung. Mensch-Umwelt-Modelle in entwicklungspsychologischer Sicht* (S. 157–170). Donauwörth: Auer.

SCHULKE-VANDRÉ, J. (1982): *Grundlagen psychomotorischer Erziehung*. Köln: Pahl-Rugenstein.

SEEWALD, J.(1987): Lebensraum und geometrischer Raum. Anmerkungen zum Raumthema auf den Spuren Merleau-Pontys. *Motologia*, 1, 2, 14–17.

SEEWALD, J. (1989): *Leiblichkeit und symbolische Entwicklung. Implizite Sinnprozesse in systematischer und genetischer Betrachtung*. Diss. Phil. Marburg.

SEEWALD, J. (1991a): Von der Psychomotorik zur Motologie. *Motorik*, 14, 1, 3–16.

SEEWALD, J. (1991b): Plädoyer für ein erweitertes Bewegungsverständnis. *Praxis der Psychomotorik*, 16, 1, 30–38.

SEEWALD, J. (1992a): Kritische Überlegungen zum Verhältnis von Theorie und Praxis in der Motologie. *Motorik*, 15, 2, 80–93.

SEEWALD, J. (1992b): Vorläufiges zu einer „Verstehenden Motologie". *Motorik* 15, 4, 204–221.

SEIDL-JERSCHABEK, G. (1991): Motoraum – ganzheitliche Förderungsmöglichkeiten in der Schule für Lernbehinderte. *Motorik*, 14, 3, 122–138.

SEIFFERT, E. (1993): Motopädagogik in der Grundschule. In: DECKER, R. (Hrsg.): *Interdisziplinär-integrative Sportdidaktik für die Vor- und Grundschule* (S. 27–32). Institut Supérieur d'Etudes et de Recherches Pédagogique. Walferdange-Luxembourg (Selbstverlag).

SEILER, T. B. (1978): Grundlegende Entwicklungstätigkeiten und ihre regulative, systemerzeugende Interaktion. In: STEINER, G. (Hrsg.): *Piaget und die Folgen* (S. 628–645). Zürich: Kindler.

SEILER, T. B. (1984): Begriffsentwicklung und die Veränderung des Verstehens. In: ENGELKAMP, J. (Hrsg.): *Psychologische Aspekte des Verstehens* (S. 55–74). Berlin: Springer.

SEILER, T. B. (1991): Entwicklung und Sozialisation: Eine strukturgenetische Sichtweise. In: HURRELMANN, K./ULICH, D. (Hrsg.): *Neues Handbuch der Sozialisationsforschung* (S. 99–119). Weinheim: Beltz.

SEILER, T. B. (1993): Bewußtsein und Begriff: Die Rolle des Bewußtseins und seine Entwicklung in der Begriffskonstruktion. In: EDELSTEIN, W./HOPPE-GRAFF, S. (Hrsg.): *Die Konstruktion kognitiver Strukturen* (S.126–138). Bern: Huber.

SEILER, T. B/CLAAR, A. (1993): Begriffsentwicklung aus strukturgenetisch-konstruktivistischer Perspektive. In: EDELSTEIN, W./HOPPE-GRAFF, S. (Hrsg.): *Die Konstruktion kognitiver Strukturen* (S. 107–125). Bern: Huber.

SEILER, T. B./WANNENMACHER, W. (1987): Begriffs- und Bedeutungsentwicklung. In: OERTER, R./MONTADA, L. (Hrsg.): *Entwicklungspsychologie* (S. 463–505). München: Psychologie Verlags Union.

SELMAN, R. L./BYRNE, D. F. (1980): Stufen der Rollenübernahme in der mittleren Kindheit – eine entwicklungslogische Analyse. In: DÖBERT, R./HABERMAS, J./NUNNER-WINKLER, G. (Hrsg.): *Entwicklung des Ichs* (S. 109–114). Königstein/Ts: Hain.

SILBEREISEN, R. K. (1986): Entwicklung als Handlung im Kontext: Entwicklungsprobleme und Entwicklungsverhalten im Jugendalter. *Zeitschrift für Sozialisationsforschung und Erziehungssoziologie*, 6, 29–46.

SKOYLES, J. R. (1988): Right hemisphere literacy in the ancient world. In: KERCKHOVE, D. DE/LUMSDEN, Ch. J. (Eds.): *The alphabet and the brain* (pp. 362–380). Berlin: Springer.

SPECK, O. (1988): *System Heilpädagogik. Eine ökologisch reflexive Grundlegung.* München: Reinhardt.

Spielraum-Spezial (1992a): *Dokumentation der Tagung „Stadt als Rahmen kindlicher Entwicklung".* 13, Heft 4.

Spielraum-Spezial (1992b): *DKHW-Expertenforum Kinderfreundlichkeitsprüfung (Bausteine für eine kinder- und familienfreundliche Gesellschaft).* 13, Heft 6.

Spielraum (1993): *Freiraumplanung: Bausteine für eine bespielbare Stadt.* 14, Heft 1.

SPIES, K./HESSE, F. W. (1986): Interaktion von Emotion und Kognition. *Psychologische Rundschau*, 37, 75–90.

Sportpädagogik (1992): *Bewegungsräume.* 16, Heft 4.

SPRINGER, S. P./DEUTSCH, G. (1987): *Linkes Gehirn. Rechtes Gehirn. Funktionelle Asymmetrien.* Heidelberg: Spektrum der Wissenschaft.

Staatsinstitut für Schulpädagogik und Bildungsforschung „ISB" (1991): *Erstschreiben.* München: Selbstverlag.

STADLER, M./SEEGER, F./RAEITHEL, A. (1977[2]): *Psychologie der Wahrnehmung.* München: Juventa.

STEHN, M./EGGERT, D. (1987): „Ganzheitlichkeit" zur Verwendung gestalt- und ganzheitspsychologischer Konzepte in der Psychomotorik. *Motorik*, 10, 1, 4–18.

STEINER, G. (Hrsg.) (1978): *Piaget und die Folgen.* Zürich: Kindler.

STOLZE, H. (1976): Bewegungserlebnis als Selbsterfahrung. In: HAHN, E./PREISING, W. (Red.): *Die menschliche Bewegung* (S. 105–113). Schorndorf: Hofmann.

SYDOW, H. (1990): Zur Entwicklung der Planungsfähigkeit im Kindesalter. *Zeitschrift für Psychologie*, 198, 431–441.

TAMBOER, J. W. I. (1979): Sich bewegen – ein Dialog zwischen Mensch und Welt. *Sportpädagogik*, 3, 2, 14–19.

TAMBOER, J. W. I. (1985): *Mensbeelden achter Bewegingsbeelden.* (Menschenbilder hinter Bewegungsbildern. Eine kinanthropologische Untersuchung aus der Perspektive der Leibeserziehung). Haarlem.

TAMBOER, J. W. I. (1989): *Filosofie van de bewegingswetenschappen* (Philosophie der Bewegungswissenschaften). Leiden: Nijhoff. (dto.) Philosophie der Bewegungswissenschaften. Butzbach: Afra (1994).

TEXTOR, M. R. (1993): Die Familie als kindliche Erfahrungswelt. In: TIETZE, W./ROSSBACH, H.-G. (Hrsg.): *Erfahrungsfelder in der frühen Kindheit. Bestandsaufnahme. Perspektiven* (S. 16–34). Freiburg: Lambertus.

THOMAE, H. (1968/1988): *Das Individuum und seine Welt. Eine Persönlichkeitstheorie.* Göttingen: Hogrefe (2., völlig neu bearbeitete Auflage 1988).

THOMAS, A. (1976): *Psychologie der Handlung und Bewegung.* Meisenheim: Hain.

THOMAS, A. (1978): *Einführung in die Sportpsychologie.* Göttingen: Hogrefe.

THOMAS, R. M./FELDMANN, B. (1986): *Die Entwicklung des Kindes.* Weinheim: Beltz.

TIETZE, W. (1989): Vorschulerziehung. In: LENZEN, D. (Hrsg.): *Pädagogische Grundbegriffe.* Bd. 2 (S. 1590–1604). Reinbek: Rowohlt.

TIETZE, W./ROßBACH, H.-G. (1993): Das Früherkennungssystem in der Bundesrepublik Deutschland (alte Bundesländer). In: TIETZE, W./ROßBACH, H.-G. (Hrsg.): *Erfahrungsfelder in der frühen Kindheit. Bestandsaufnahme, Perspektiven* (S. 126–167). Freiburg: Lambertus.

TRAUTNER, H. M. (1991): *Lehrbuch der Entwicklungspsychologie.* Bd. 2: Theorien und Befunde. Göttingen: Hogrefe.

TREBELS, A. (1988): Rezension zu TAMBOER, J. W. I.: Mensbeelden (1985). *Sportwissenschaft*, 18, 2, 211–216.

TREBELS, A. (1992): Das dialogische Bewegungskonzept. *Sportunterricht*, 41, 1, 20–29.

TREBELS, A. (1993): Bewegen und Wahrnehmen. *Sportpädagogik*, 17, 6, 19–27.

TREINIES, G./EINSIEDLER, W. (1989): Direkte und indirekte Wirkungen des Spielens im Kindergarten auf Lernbegleitprozesse/Lernleistungen im 1. Schuljahr. *Unterrichtswissenschaft*, 17, 309–326.

TURVEY, M. T./SHAW, R. E./REED, E. S./MACE, W. M. (1981): Ecological laws of perceiving and acting: A reply to Fodor and Pylyshyn. *Cognition*, 9, 237–315.

ULICH, D. (1993): Emotionale Entwicklung. In: MARKEFKA, M./NAUCK, B. (Hrsg.): *Handbuch der Kindheitforschung* (S. 263–274). Neuwied: Luchterhand.

ULLMAN, S. (1980): Against direct perception. *The Behavioral and Brain Sciences*, 3, 373–416

UNGERER-RÖHRICH, U. (1993): Bewegung, Sport und Spiel im Kindergarten. Zur Verbindung von situationsorientiertem und sportpädagogischem Arbeiten. *Sportunterricht*, 42, 8, 341–348.

VOLGER, B. (1990): *Lehren von Bewegungen*. Ahrensburg: Czwalina.

VOLKAMER, M./ZIMMER, R. (1986): Kindzentrierte Mototherapie. *Motorik*, 9, 2, 49–58.

VORTISCH, E./WENDLER, M. (1993): Vom Körperraum zum Lebensraum. Eine Sammlung von Spielanregungen zur Entwicklungsförderung von Kindern. *Sportunterricht*, 42, 8, 113–120 (Lehrhilfen).

WACHTEL, S./JENDRUSCH, A. (1990): *Das Linksphänomen*. Berlin: Links Druck Verlag.

WALTHES, R. (1991): Bewegung als Gestaltungsprinzip. Grundzüge einer bewegungsorientierten Frühpädagogik. In: TROST, R./WALTHES, R. (Hrsg.): *Frühe Hilfen für entwicklungsgefährdete Kinder* (S. 35–53). Frankfurt: Campus.

WEBER, P. (1989): Die menschliche Sprache, eine nur links-hemisphärische Funktion? *Praxis Ergotherapie*, 5, 232–247.

WEBER-KELLERMANN, I. (1987[9]): *Die deutsche Familie. Versuch einer Sozialgeschichte*. Frankfurt: Insel.

WEHRSPAUN, CH./WEHRSPAUN, M./LANGE, A./KÜRNER, A. (1990): Kindheit im Individuationsprozeß: Sozialer Wandel als Herausforderung der sozialökologischen Sozialisationsforschung. *Zeitschrift für Sozialisationsforschung und Erziehungssoziologie*, 10, 2, 115–129.

WEISS, H. (1990): Aktuelle Probleme der Frühförderung im Kontext ihrer Entwicklung als institutionell-fachliches System. *Sonderpädagogik*, 20, 4, 196–208.

WEIZSÄCKER, V. von (1947): *Der Gestaltkreis*. Stuttgart: Thieme. (Suhrkamp: 1993).

WENDLER, M. (i.Vorb.): *Grundlagen und Diagnostik der Graphomotorik*. Dissertation Motologie.

WILKENING, F. (1978): Beachtung und Addition zweier Dimensionen: Eine Alternative zu Piagets Zentrierungsannahme. *Zeitschrift für Entwicklungspsychologie und Pädagogische Psychologie*, 10, 99–102.

WILKENING, F. (1981): Integrating velocity, time, and distance information: A developmental study. *Cognitive Psychology*, 13, 231–247.

WILKENING, F. (1983): Entwicklung der Informationsintegration. Eine Antwort auf Gigerenzers Kritik. *Zeitschrift für Entwicklungspsychologie und Pädagogische Psychologie*, 15, 207–215.

WILKENING, F. (1986): Wie schnell die Zeit vergeht. Das Erfassen von Zeit und Geschwindigkeit. *Aus Forschung und Medizin*, 1, 1, 21–28.

WILKENING, F./LAMSFUSS, S. (1990): Was jeder tut und keiner weiß – Entwicklungspsychologie der intuitiven Physik. *Forschung Frankfurt*, 1, 13–22.

WÖHLER, K. (1986): Kontextbezogene Entwicklung, Entwicklungsberatung und Frühförderung. Zur Bestimmung der Frühförderung aus dem ökopsychologischen Entwicklungskonzept. *Frühförderung interdisziplinär*, 5, 111–121.

WOLF, N. (1982): Zur Situation der Bewegungserziehung an Schulen für Lernbehinderte. In: IRMISCHER, T./FISCHER, K. (Red.): *Bewegungserziehung und Sport an Schulen für Lernbehinderte* (S. 9–15). Schorndorf: Hofmann.

WYGOTSKI, L. S. (1971): *Denken und Sprechen*. Stuttgart: Fischer.

WYGOTSKI, L. S. (1978): *Mind and society: The development of higher psychological processes*. Cambridge, Mass.: Harvard University Press.

ZEIHER, H. (1983): Die vielen Räume der Kinder. Zum Wandel räumlicher Lebensbedingungen seit 1945. In: PREUSS-LAUSITZ, U. (Hrsg.): *Kriegskinder, Konsumkinder, Krisenkinder. Zur Sozialisationsgeschichte seit dem Zweiten Weltkrieg* (S. 176–195). Weinheim: Beltz.

ZIMMER, J. (1985): Der Situationsansatz als Bezugsrahmen der Kindergartenreform. In: ZIMMER, J. (Hrsg.): *Erziehung in der frühen Kindheit* (Enzyklopädie Erziehungswissenschaft Bd. 6) (S. 21–39). Stuttgart: Klett.

ZIMMER, R. (1981a): *Motorik und Persönlichkeitsentwicklung bei Kindern im Vorschulalter*. Schorndorf: Hofmann.

ZIMMER, R. (1981b): Die Bedeutungen sensomotorischer Erfahrungen für die kognitive Entwicklung des Kindes. *Motorik*, 4, 4, 139–149.

ZIMMER, R. (1983a): *Lehrbrief: Materiale Erfahrung und Umwelterfahrung*. Aktionskreis Psychomotorik (Hrsg.): Lemgo: Selbstverlag.

ZIMMER, R. (1985): Frühkindliche Bewegungserfahrungen. *Motorik*, 8, 3, 97–103.

ZIMMER, R. (1989): *Kreative Bewegungsspiele. Psychomotorische Förderung im Kindergarten*. Freiburg: Herder.

ZIMMER, R. (1992): *Bewegung, Spiel und Sport im Kindergarten – Eine Rahmenkonzeption zur Integration von Spiel und Bewegung im Kindergartenalltag*. Projektbericht Kultusministerium Nordrhein-Westfalen. Frechen: Ritterbach.

ZIMMER, R. (1993a): Didaktische Konzeptionen der Sport- und Bewegungserziehung im Elementarbereich. *Sportunterricht*, 42, 8, 330–340.

ZIMMER, R. (1993b): Kinder brauchen Spielraum. *Motorik*, 16, 1, 2–6.

ZIMMER, R. (1993c): Veränderte Kindheit – verändertes Spielen. *Kindergarten heute*, 22, 3, 42–50.

ZIMMER, R. (1993d): *Handbuch der Bewegungserziehung*. Freiburg: Herder.

ZINNECKER, J. (1979): Straßensozialisation. Versuch, einen unterschätzten Lernort zu thematisieren. *Zeitschrift für Pädagogik*, 25, 5, 727–746.

zur OEVESTE, H. (1982): Kognitive Entwicklung im Schulalter. In: BERNDT, J./BUSCH, D. W./SCHÖNWÄLDER, H. G. (Hrsg.): *Schul-Arbeit, Belastung und Beanspruchung von Schülern* (S. 100–117). Braunschweig: Vieweg.

zur OEVESTE, H. (1987): *Kognitive Entwicklung im Vor- und Grundschulalter*. Göttingen: Hogrefe.

Verzeichnis und Quellennachweise
der Abbildungen